JN262008

家族と社会の経済分析

日本社会の変容と政策的対応

山重慎二

東京大学出版会

Economic Analysis of Families and Society:
The Transformation of Japanese Society and Public Policies
Shinji YAMASHIGE
University of Tokyo Press, 2013
ISBN 978-4-13-046108-5

はしがき

　日本社会を取り巻く現状は極めて厳しい．公債残高は，国民所得の約2倍に達し，先進国の中でも最悪の財政状況にある．65歳以上の高齢者が人口に占める割合は，今世紀の半ばには約4割に達し，人口は今世紀中に半減すると予測されている．そして，2011年に発生した東日本大震災のような大震災が，おそらく今世紀中に，首都圏や太平洋沿岸地域で発生するだろう．

　本書の校正中に，上海の大学で講義をする機会に恵まれた．人口13億人を超える中国の成長は，目覚ましい．大陸から見る日本は，小さな島国である．このまま人口が急速に減少していくならば，アジアの中で，日本は，さらに小さな国になっていくだろう．活気溢れる上海の街を歩きながら，未来を早送りで見ることができる機械があるなら，日本が，アジアの中で，どのように変わっていくのか，見てみたいと思った．

　世界の先進国の中にも，国土や人口が小さな国は数多い．したがって，日本が今後小さな国になることは，それほど大きな問題ではない．問題は，人口減少の過程で起こる様々な問題に，どのように対処するかである．世界の国々，とりわけ近隣諸国との友好関係を発展させることで，危機的状況を乗り越え，新しい定常状態に移行する道筋を考えることが重要となる．

　私は，これまで日本社会の変容と政策的対応のあり方に関心を持ち，研究を続けてきた．本書は，その成果をとりまとめたものである．とりまとめの最終段階で，一橋大学での研究プロジェクト「税と社会保障の一体的改革——格差問題と国際化への対応」に参加し，科学研究費補助金の支援を受けられたことは幸運であった．共同研究者と一緒に，改革のあるべき姿について議論する中で，私自身も，日本社会の変容という観点から，望ましい政策や制度のあり方について，考察を深めることができた．

　また，本書の出版に際しては，一橋大学の武山基金から出版助成を受けることができた．その審査の過程で，2名の査読者の方から，建設的なコメントを頂けたことも幸いであった．あわせて，感謝申し上げたい．

本書の出版においては，東京大学出版会の宗司光治さんと大矢宗樹さんに，企画の段階からお世話になった．特に，大矢さんには，本書の出版のために，最初から最後まで，本当に様々な形でのご支援を頂いた．この場を借りて，あらためてお礼を申し上げたい．

　本書は，一橋大学という，恵まれた研究・教育環境を持つ大学での私の研究生活の中から生まれた．キャンパスでは，四季の移ろいとともに，様々な自然の表情を楽しむことができる．自然に囲まれ，喧噪に流されることなく，日本そして世界の様々な地域から集まってくる若い学生たちと一緒に，社会や経済について色々と議論したことが，本書には色濃く反映されている．

　東京という都市に住んでいると，地方の実態をあまり意識することなく，日本の未来を考えてしまうところがある．しかし，もう一度，全国に思いを馳せれば，厳しい現状ではあるが，日本には美しい自然があり，優れた能力と高いモラルを持つ人々が，たくさん住んでいることに気付く．

　残念ながら，「甘え」の意識が強い国民性ゆえか，税の引き上げに対する抵抗は根強く，巨額の公債が発行され，負担が先送りされてきた．私たち国民一人一人が，日本の現在，過去，未来について考え，日本の未来のために，応分の負担を受け入れ，自分に何ができるのかを考えることが，国民としての責務であろう．未来の日本は，今を生きる私たちの選択によって変わる．本書が，その思索の一助となれば，幸いである．

　本書は私にとっては初めての単著となる本である．数限りない方々の指導，助言，支援を通して私の研究は広がりを持つことになり，建設的批判を通じて私だけでは達することができなかった深みを持つことができた．ここでは，一人一人のお名前を挙げることはできないが，これまで様々な面で私の研究を支えて下さった方々に，心からお礼を申し上げたい．

　そして，本書を，私の研究者としての仕事や生活を見守り，ずっと応援してくれた母と亡き父に，感謝の気持ちを込めて捧げたい．

2013年1月

山　重　慎　二

目　次

はしがき　i

プロローグ——日本社会はどう変わったのか ………………………………… 1

第I部　社会構造の変化

第1章　日本社会の変容 ……………………………………………… 7
　　　　——20世紀の回顧

　1.1　はじめに　7
　1.2　家族・共同体の構造変化　11
　1.3　日本経済の構造変化　18
　1.4　まとめ　26

第2章　市場・共同体・政府 ………………………………………… 29
　　　　——分析の枠組み

　2.1　はじめに　29
　2.2　市場・共同体・政府の機能と限界　29
　2.3　相互依存関係　41
　2.4　まとめ　53

第3章　意思決定理論の基礎 ………………………………………… 59
　　　　——経済学的に考える

　3.1　はじめに　59
　3.2　効用最大化問題　60
　3.3　ゲーム理論入門　70
　3.4　まとめ　86

第II部　家族と共同体の経済分析

第4章　家族の形成 …………………………………………… 89
　　　　　──家族を作るということ

　4.1　はじめに　89
　4.2　出産・育児　90
　4.3　結婚・離婚　103
　4.4　まとめ　111

第5章　家族内資源移転 ……………………………………… 113
　　　　　──親子間のやりとり

　5.1　はじめに　113
　5.2　贈与・相続　114
　5.3　扶養・介護　125
　5.4　まとめ　134

第6章　伝統的共同体 ………………………………………… 137
　　　　　──相互扶助のメカニズム

　6.1　はじめに　137
　6.2　公共財の自発的供給　138
　6.3　社会規範と社会的制裁　147
　6.4　まとめ　159

第7章　新しい共同体 ………………………………………… 161
　　　　　──人々の自発的なつながり

　7.1　はじめに　161
　7.2　非営利組織　163
　7.3　ソーシャル・キャピタル　171
　7.4　まとめ　185

第III部　社会政策のあり方

第8章　少子・高齢化 …………………………………… 189
——子育て支援はなぜ必要か

- 8.1　はじめに　189
- 8.2　少子・高齢化の原因　190
- 8.3　子育て支援　200
- 8.4　まとめ　211

第9章　生活格差 …………………………………………… 215
——相互扶助の低下と潜在力支援

- 9.1　はじめに　215
- 9.2　分析の枠組み　217
- 9.3　格差への対応　229
- 9.4　まとめ　241

第10章　地域格差 ………………………………………… 245
——地方分権と政府間財源移転

- 10.1　はじめに　245
- 10.2　分析の枠組み　248
- 10.3　地域の再生　254
- 10.4　まとめ　269

エピローグ——日本社会の未来と政策 ……………………… 273

- 参考文献　285
- 初出一覧　301
- 索　引　303

プロローグ
——日本社会はどう変わったのか

　家族や共同体は，それらを取り巻く社会の変容に応じて変化していく．そして，社会もまた，家族や共同体の変化に伴い，変容を遂げていく．日本の家族も，社会の変容とともに変化してきた．とりわけ第2次世界大戦後，日本の家族は大きな変容を見せた．少子化は，そのような日本の家族の変容を象徴的に示している．そして，日本の長い歴史の中で重要な役割を果たしてきた地域共同体もまた，戦後，急速に弱体化してきている．

　このような家族や共同体の変容を正しく理解することは，望ましい政策のあり方を考える上でも極めて重要である．特に，現代社会における社会保障政策の重要性を鑑みれば，家族や共同体における伝統的な相互扶助の構造と変化について理解することは，不可欠であるように思われる．

　しかしながら，私が専門とする経済学の分野では，望ましい政策について議論する際に，家族や共同体に関する科学的分析に基づく議論が行われることは，残念ながら少ない．むしろ多くの場合，無視されてきたと言ってもよい．本書は，そのような政策的議論の危うさを一つの問題意識として，家族や共同体に関する経済学的分析に基づいて，変容を遂げる日本社会における政府の役割について議論することを目的とする．

　日本では，高齢化の進展に伴い社会保障関係費が増大し続けている．必要な増税が行われてこなかったため，巨額の公債が累積している．人口減少と高齢化は着実に進行しており，社会保障制度を含む財政制度の維持可能性に，疑問が投げかけられている．さらに，生活格差や地域格差の問題など，日本社会の安定性が脅かされるような社会問題も発生している．このような深刻な問題の背景には，家族や共同体の構造変化があり，その変化への適切な政策的対応がとられてこなかったことがある．これが本書の基本的認識であ

る．家族や共同体の変化に関する正しい理解を踏まえて，従来とは異なる発想に基づく社会政策を充実させることで，問題を克服していくことが望まれる．

実は，家族や共同体に関する経済分析は少なくない．それらが社会や経済の中で占める重要性を考えれば，その機能と構造に経済学者が関心を持ち，経済学の枠組みを用いて，新しい光を与えることを試みたとしても，不思議ではないだろう．結婚，離婚，出生，相互扶助といった家族に関する経済学的な分析は，1992年にノーベル経済学賞を受賞したベッカー（G. Becker）により，1960年代以降精力的に行われ，その後，先進国を中心に進行している少子化の流れとも関連付けられながら，発展してきた．

一方，共同体に関する経済学的な分析は，まだそれほど多くない．しかしながら，共同体の中で共有資源がどのように維持・管理されてきたかに関する研究を行ってきたオストロム（E. Ostrom）が，企業の機能と構造を分析したウィリアムソン（O. Williamson）とともに，2009年のノーベル経済学賞を与えられた．このことは，経済学においても，共同体が企業と並ぶ重要な組織・制度として認知されるようになってきたことを示唆する．

このように，近年，家族や共同体に関する経済分析が盛んに行われるようになってきたが，その背景に，ゲーム理論の発展があることも，経済学史的な観点からは重要である．家族や共同体における取引の多くは，貨幣を媒体とする取引ではない．それゆえに，経済学の伝統的な分析道具では，分析が難しい問題であった．しかしながら，家族や共同体における取引を構成員間のゲームととらえることにより，興味深い分析が行われるようになってきた．本書は，このように少しずつ発展してきた家族や共同体に関する経済分析を基礎として，日本の家族，共同体，そして政策について考察する．

本書は3部から構成される．第Ⅰ部では，主として20世紀の日本で起こった「社会の変容」を概観し（第1章），そのような構造変化を分析するための「分析の枠組み」を提示し，構造変化への望ましい政策的対応に関する基本的な方向性を示す（第2章）．そして，もう一つの準備として，理論的分析のために必要となる「意思決定理論の基礎」を紹介する（第3章）．ここでは，家族や共同体の分析において重要な役割を果たすゲーム理論の紹介も行う．

第Ⅱ部は，本書の核となる「家族と共同体の経済分析」の紹介である．ま

ず，結婚や出産といった「家族の形成」に関する理論を紹介する（第4章）．そして，贈与や扶養といった「家族内での資源移転」に関する分析を紹介する（第5章）．第Ⅱ部の後半は，共同体に関する分析に当てられる．まず，「伝統的共同体」の機能と構造に関する分析に基づき，それが不安定で弱体化しやすいことを明らかにする（第6章）．そして，弱体化した伝統的共同体の役割を代替・補完する共同体として，近年注目されるようになった非営利組織や，信頼に基づく人々のつながりを指すソーシャル・キャピタルを取り上げ，「新しい共同体」に関する経済学的分析を紹介する（第7章）．

第Ⅰ部および第Ⅱ部の分析を踏まえて，第Ⅲ部では，日本社会の変容への政策的対応のあり方に関する議論を行う．そこでは，「少子・高齢化」（第8章），「生活格差」（第9章），「地域格差」（第10章）という3つの社会問題を取り上げ，家族と共同体の経済分析に基づく政策分析および政策提案を行う．

なお，本書の読み進め方として，社会構造の変容に関する理論的分析にはあまり関心がなく，「日本社会の変容と政策的対応」に関する議論に関心がある場合には，第3章から第7章までの理論的な章をひとまず飛ばして，第8章以降に進んでもらって構わない．第8章から第10章までの政策的対応に関する議論では，根拠となる理論的成果に対する直感的な説明も与えられるため，本書における議論のエッセンスを理解してもらえるだろう．

一方，社会構造の変容と政策的対応に関して，より深い理解を可能にする理論的分析にも関心を持つ場合には，ぜひ第3章から第7章も含めて読み進めて欲しい．それを通じて，経済学の考え方が，社会の様々な現象や問題を分析する上で興味深い視点を提示しうることを理解してもらえるだろう．これらの章は，実際に私が経済学部3年生および4年生を対象とした公共政策論の講義で用いているものであり，経済学の面白さを学生に感じてもらう教材ともなっている．

なお，本書の第Ⅰ部では，家族も共同体の一つと考え，市場・共同体・政府という3つの異なる制度の関連性を理解することを試みるが，第Ⅱ部では，家族と共同体の違いを踏まえた考察を行う．私たちにとって「家族」の範囲は法的に明確であり，特別で重要な意味を持っている．一方，私たちが所属する家族以外の「共同体」に関しては，一般にその範囲や関係は明確で

なく，政府や市場なども含む「社会」の一部として，私たちは意識しているように思われる．そのような意識を踏まえて，本書のタイトルは『家族と社会の経済分析』としたが，「社会」の中でも，これまで政府や市場と比べて経済学的観点から議論されることが少なかった「共同体」を明示的に取り上げ，考察を行ったことが本書の特徴の一つとなっている．

本書に一貫して流れる重要な視点の一つは，政策や制度は，家族や共同体の変容をもたらすという視点である．家族や共同体の変容への政策的対応が，家族・共同体の変容をもたらすという循環的構造を理解することは，政策的対応を考える上で極めて重要である．政策の長期的派生効果まで視野に入れて政策立案を行うことの重要性を，示唆しているからである．

実は，家族を含む共同体と政府の間の相互依存関係を明確に意識して制度や政策を設計することの重要性は，私が1997年に公表した論文（「現代社会における政府の役割」『一橋論叢』第117巻第4号，pp.21-36）で提示したアイディアであった．それは，その後の私の政策分析・政策提案の根底に通奏低音のように流れる見方になった．そして，このアイディアを，既存の研究と関連付けながら体系的にまとめて，日本の政策のあり方に関する本を執筆したいという希望を持ち続けてきた．最初の着想から15年以上の年月が経ってしまったが，こうして何とか1冊の本として上梓できたことを嬉しく思う．

そのように長い時間がかかってしまった理由の一つは，何よりも，家族や共同体の機能と構造を明らかにし，政府の役割について考えるという問題設定の大きさにあった．家族，共同体，そして政府は，いずれも社会科学の重要な研究対象となっている．研究すればするほど，様々な研究や議論が行われていることが明らかになり，本書が完成するまでの道のりに愕然とすることも少なくなかった．

このような観点からは，本書は，現時点でもなお，今後さらに研究を進めていくための大まかな地図を描いただけとの印象を拭えない．さらに深く，調査・研究を進めていく必要があることを強く感じる．そのような段階で，本書を公表することにためらいも感じるが，私たちの社会について，そして政策について考える上で，家族や共同体に関する科学的分析を踏まえた議論を行うことの重要性と面白さを感じてもらえたら，望外の喜びである．

第Ⅰ部

社会構造の変化

第 1 章　日本社会の変容
―― 20 世紀の回顧

> 「賢者は歴史に学び，愚か者は体験に学ぶ」
> O. v. ビスマルク[1]

1.1　はじめに

　日本の人口は，2005 年頃からほぼ横ばい状態にあり，これから本格的な人口減少社会に突入することが予想されている．図 1.1 は，日本の人口の長期的推移を推計したものである．20 世紀が始まる 1901 年に約 4400 万人だった人口は，20 世紀の終わりには約 1 億 2700 万人にまで増加した．100 年間で 3 倍近い増加である．しかし，これまで急速に増えてきた人口は，急速に減少していく．21 世紀末には，約 5000 万人にまで減少すると考えられている[2]．今世紀中に，日本の人口は半分以下になると予想されているのである．

　しかも，総人口が減少していく中で高齢者の数はしばらく増え続け，高齢化率（65 歳以上人口が総人口に占める割合）は急速に上昇し，2025 年頃には約 30％，2060 年頃には約 40％ に達すると考えられている．

　この 21 世紀の初頭に起こった日本の歴史的人口転換は，20 世紀の後半に日本で起こった「少子化」という構造変化の産物である．そして，このような人口動態の変化は，日本の社会構造の変化を反映している．

---

[1]　ビスマルク（1815〜1898 年）は，ドイツ帝国初代帝国宰相（1871〜1890 年）であり，君主主義の保守的な政治家としてドイツ統一の立役者となった人物である．社会主義者への弾圧を加える一方で，国家による社会保険を整備するなどの「飴と鞭」の手法で国家統一を進めた．社会保障制度の整備を政府の役割の一つとする彼の考え方は，イギリスのベバレッジの考え方と対比されることが多いが，一つの考え方として現在なお影響力を持っている．

[2]　本書では，2012 年の国立社会保障・人口問題研究所の参考推計（出生中位・死亡中位仮定のケース）を用いる．

8 ── 第 I 部　社会構造の変化

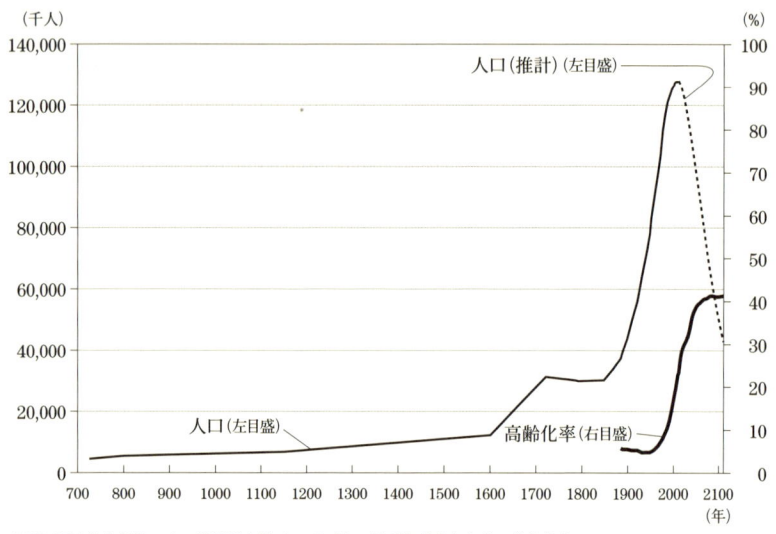

出所）国立社会保障・人口問題研究所（2008）『人口統計資料集』を基に筆者作成．

図 1.1　日本の長期の人口動態

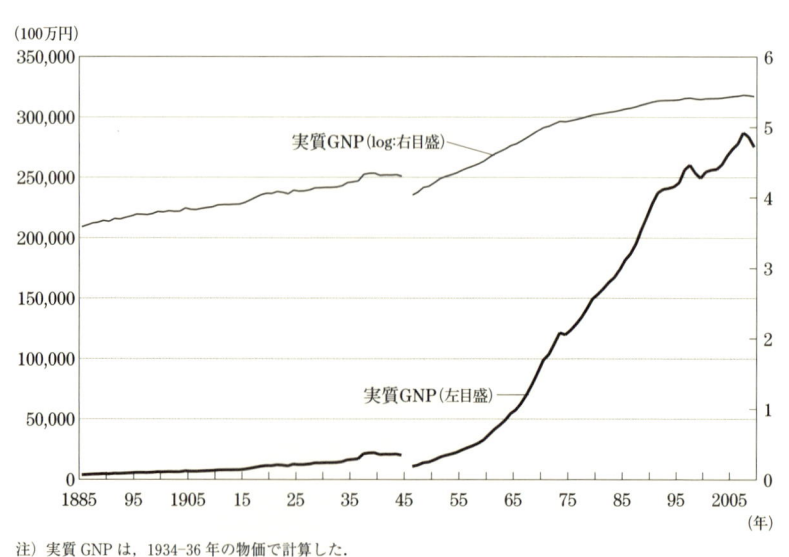

注）実質 GNP は，1934-36 年の物価で計算した．
出所）大川ほか（1974），経済企画庁経済研究所（2000），内閣府国民所得統計［2009 年度］を基に筆者作成．

図 1.2　実質 GNP の長期統計

20世紀における社会構造の変化は，日本経済の変化と連動している．図1.2は，1885年以降の実質GNPの推移を見たものであるが，物質的な豊かさに関して20世紀に起こった変化は際立っている[3]．中でも，第2次世界大戦以前（以下「戦前」）と比較した時，第2次世界大戦以後（以下「戦後」）に起こった日本社会の構造変化には目覚ましいものがある．

特に，戦後に関しては，第1次石油危機の年であり，日本の「福祉元年」でもある1973年が，大きな転換点となる．高度成長が終焉を告げるとともに，政府は社会保障という重い役割を担うことになった．1975年には赤字公債が発行され，赤字公債発行に依存した財政運営が，1980年代終わりまで続いた．この間，欧米の先進諸国は2度の石油危機から抜け出せず苦しんでいたが，日本は"Japan as Number One"（Vogel 1979）という評価が世界的に受け入れられるほどの回復を遂げ，1980年代を通して好況が続いた．しかし赤字国債に依存した財政運営がもたらした好況は，日本経済を弱体化させた．バブルの崩壊とともに始まる1990年代以降，日本経済はもはや公債発行という投薬によっても立ち直れないほどの弱さを露呈した．

図1.3は，20世紀の最後の四半世紀における財政運営の下で，未曾有の公債累積が起こったことを示している．増税に対する根強い反対のために，国は，現在も歳出の4割以上（2010年度：約44兆円）を財政赤字の発行によって賄っている．このような巨額の公的債務を抱える中で，2011年3月11日には東日本大震災が発生する．今後，首都直下地震や東海地震などによる大震災も確実に起こる．さらに，本章の後半で取り上げるように，少子・高齢化問題，貧困問題，過疎問題など，様々な社会問題が起こっており，政策的対応が求められている．急激な人口減少と高齢化が進展する中で，私たちは莫大な債務と問題を日本の若者に遺して，この世を去っていくことになる．それでよいのだろうか．

このような状況において重要なことは，これから日本という国に生まれ来る子供たちのためにも，その場しのぎの政策的対応を行うことではなく，社

---

[3] 1999年からは，GNPとほぼ同じ概念に基づく総国民所得（GNI）のデータを用いている．

図1.3　公債残高の推移

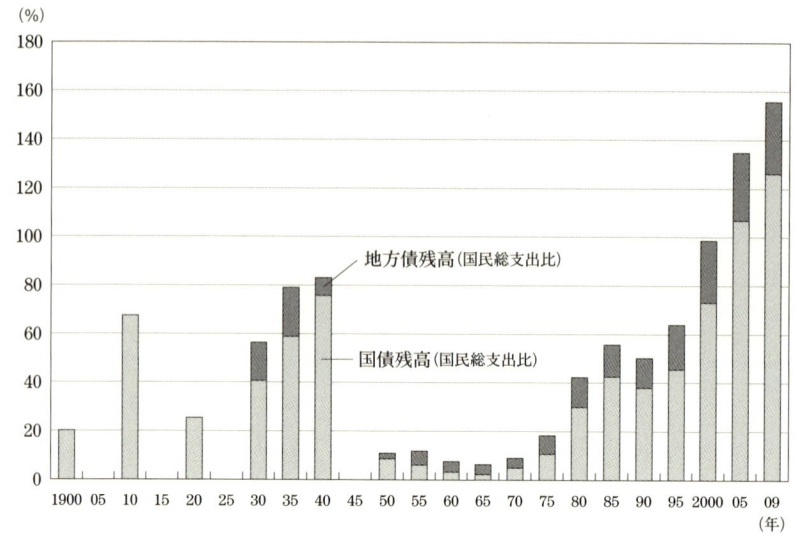

出所）林・今井・金澤編（2001），政府統計資料を基に筆者作成．

会経済の変化をもたらしている力を正しく認識しながら，21世紀における望ましい日本社会のあり方を考え，望ましい政策的対応を着実に行っていくことである．

　本章では，日本の社会構造の変化と政府の役割について考えるために，主として20世紀に生じた社会経済構造の変化を概観する．まず第2節において，家族および地域共同体に関する社会構造の変化を，1) 人口・世帯構造，2) 相互扶助の構造，という2つの観点から，いわばミクロ的な観点から概観する．続く第3節では，本書と関わりの深い経済構造の変化を，1) 地域経済構造，2) 所得分配構造，という2つの観点から，いわばマクロ的な観点から概観する．第4節はまとめである[4]．

---

[4] 本章は，山重（2001b）を基にしている．いくつかのデータについては更新したが，本章の役割が，主として20世紀の日本に起こった社会構造の変化を概観することにあるという点を踏まえて，そのままにしたデータや分析もある．

1.2 家族・共同体の構造変化

日本の社会構造の変化の中で，特に重要と考えられるのは，家族や地域社会の変化である．この変化は，次節で見る経済構造の変化とも関連しているが，まずはその変化を見ていくことにしよう．

1.2.1 人口・世帯構造

日本の人口は，縄文時代には約 10 万人～約 26 万人，弥生時代には約 60 万人であり，明治初期でも 3300 万人程度と推計されている（図 1.1）．したがって，今後，日本の人口が減少し，再び小さな国に戻っていくことは，問題とは言えないだろう．しかし，その過程で急激な人口減少と高齢化が進行することは，様々な社会，経済，財政の問題を生むと考えられる．

このような人口減少が日本で起こっている根源的理由は，少子化である．図 1.4 は，女性が生涯に産むと考えられる子供数の平均を推計した，「合計特殊出生率」の動きを示したものである．図では，実際の出生率は実線で示されており，福祉元年の翌年である 1974 年から急速に低下していることがわかる．一方，点線は，出生率に関する過去の予測を示したものである．様々な年度における推計が示されているが，2001 年までは常に実際よりもかなり楽観的な予測となっていた．このようなシステマティックな予測の誤りは，推計モデルが人々の出産に関する意思決定を考慮したモデルとなっていないことに起因すると考えられる[5]．

ところで，このような人口動態の変化をもたらした少子化については，結婚した女性が生涯に持つ子供の数の低下とともに，婚姻率の低下が重要な要因となっていることは，よく知られている（例えば八代（1999）など）．図 1.5 は，婚姻率が，出生率と同様，1973 年以降急速に低下し，低い水準に留まっ

---

5) このような人口動態推計の誤りは，政策の観点からは重要な含意を持っている．賦課方式年金を基本とする日本の年金制度では，維持可能な制度の設計は人口動態に大きく依存しており，人口動態の見込みの甘さが，年金制度の改革を遅らせ，その維持可能性を脅かす重要な一因になったと考えられるのである（山重 2008a）．

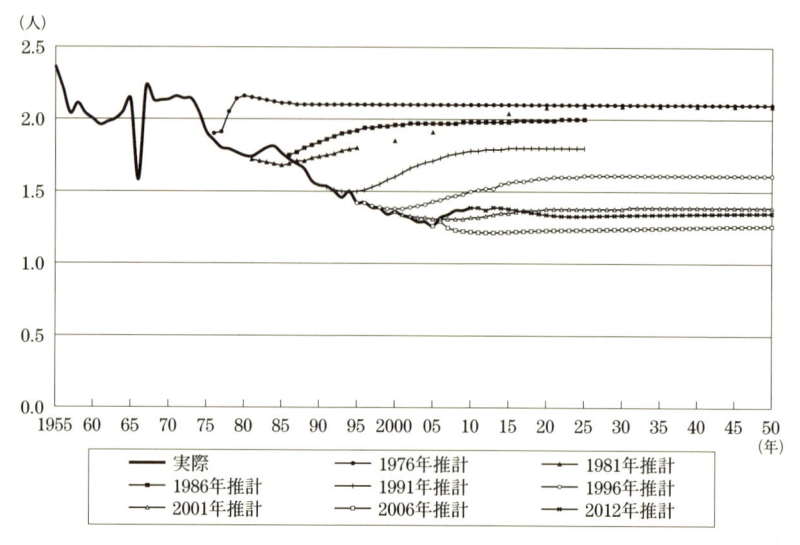

12──第Ⅰ部　社会構造の変化

出所）国立社会保障・人口問題研究所『日本の将来人口推計』各年度資料に基づき筆者作成．

図 1.4　合計特殊出生率の推移

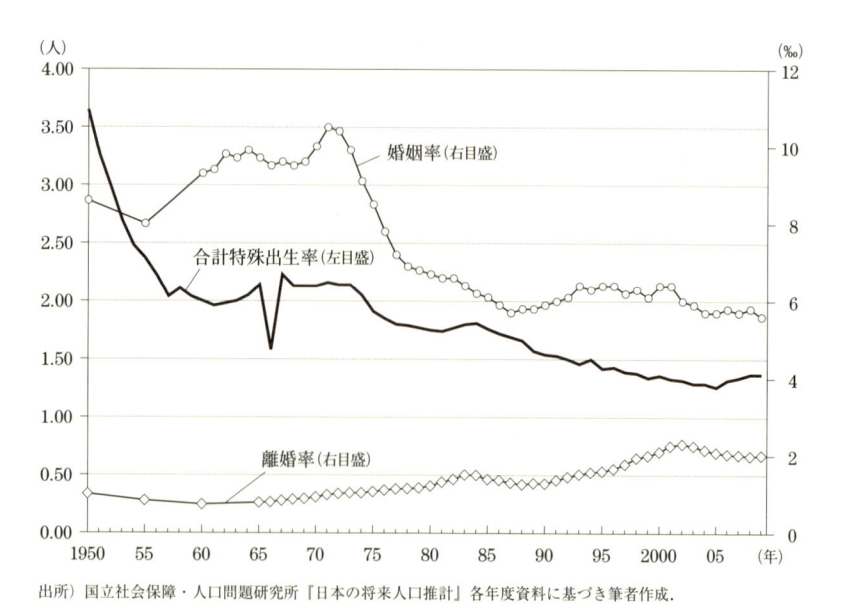

出所）国立社会保障・人口問題研究所『日本の将来人口推計』各年度資料に基づき筆者作成．

図 1.5　婚姻率・離婚率の変遷

ていることを明らかにしている．また，離婚率は1960年代から徐々に増加傾向を示している．今後，結婚した男女の約3組に1組は離婚に至るだろうとの推計もある（Raymo *et al.* 2004）．日本の高度成長，そして福祉国家への歩みとともに，家族形成の力が低下してきたことが示唆されている．

1.2.2 相互扶助の構造

本書では「共同体」を「営利を目的としない人々の集まり・ネットワーク」と定義するが，そこでは，様々な財・サービスが，通常，非金銭的な形で互恵的に取り引きされている．そのような活動を本書では相互扶助と呼ぶ．日本社会の特徴の一つは，家族，地域共同体，企業などにおける相互扶助の強さである[6]．

まず，相互扶助を目的とする，最も重要な共同体としての「家族」について考えてみよう．相互扶助という観点からは，家族による高齢者の扶養は極めて重要である．65歳以上の高齢者で子供と同居している割合を，以下では「高齢者同居率」と呼ぶが，それは，かつては8割を超えており，ほかの国々と比べて極めて高いことが知られていた（第2章図2.2も参照）．しかし，近年，この割合も急速に低下し，高齢者の単身世帯や夫婦のみの世帯の割合が増加してきた（図1.6）．

日本の高齢者の同居率の高さが示すように，日本では家族という共同体[7]の絆が強く，子が老親の面倒を見るという規範があった．政策的な観点からは，そのような規範が，高齢者のための医療費や介護施設などへの支出を抑制してきたと考えられることは重要である．さらに，同居世帯では，祖父母が孫の面倒を見ることで，保育所などへの支出を抑制しながら共稼ぎ（女性の社会進出）を支援してきたと考えられる．

そのような効果の存在を示唆する分析を紹介したい．山重（1998）では，1992年および1993年の都道府県データを用いて，各都道府県の1人当りの国民医療費は，高齢化率と正の関係があると同時に高齢者同居率と負の

---

6) 宮島（1992）は，家族と企業における相互扶助を明示的に考察した上で社会保障に関する議論を行った，貴重な研究である．
7) 一般に「家（イエ）」と呼ばれる共同体である．

14──第Ⅰ部　社会構造の変化

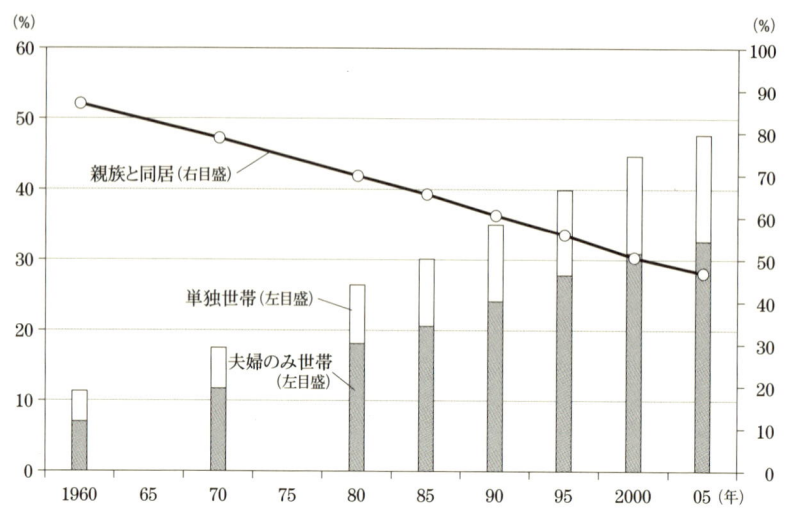

出所）各年度『国勢調査』を基に筆者作成．

図 1.6　子供と同居する高齢者の割合の低下

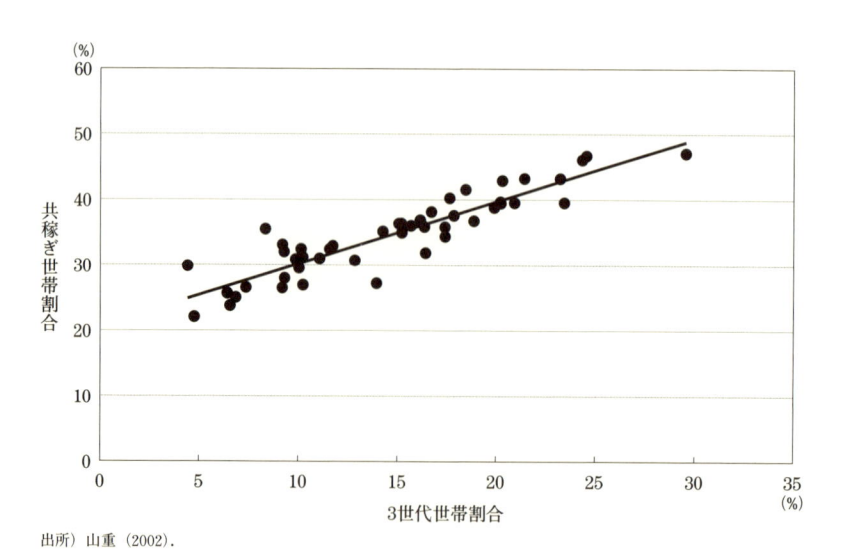

出所）山重（2002）．

図 1.7　3世代世帯割合と共稼ぎ世帯割合の関係

関係があることを明らかにした．この結果は，高齢者同居率が高い県ほど国民医療費が低くなる傾向があることを示したものであり，かなりの政府支出が節約された可能性があることを示唆する．

また，山重 (2002) は，1995 年の都道府県データを用いて，3 世代世帯割合と共稼ぎ世帯割合の間に強い正の関係があることを示した[8]．この結果は，3 世代同居を通じて高齢者が孫の世話をすることで，育児期の女性の労働参加が可能となり，3 世代同居が高い地域では保育所運営に必要な費用も抑制されていた可能性が高いことを示唆する（図 1.7）．

$$(共稼ぎ世帯割合) = \underset{(20.20)}{20.65} + \underset{(14.72)}{0.95} (3 世代世帯割合), \bar{R}^2 = 0.82$$

このような家族による相互扶助の構造も，近年大きな変化を遂げている．高齢者同居率は，1960 年代半ば以降減少を続けている．「家族」の絆が弱まっているのである．それが近年，貧しい独居高齢者の問題，社会保障関係費の増大，少子化の問題といった形で現れていると考えられる．

次に，日本における相互扶助の構造を，町内会や自治会などと呼ばれる「地域共同体」の中に見いだしていこう（中川 (1980) なども参照のこと）．これは，血縁や宗教などで結ばれた共同体ではなく，地縁によって結ばれた共同体である．そこでは伝統的に，地域の生活環境や自然環境の維持のための活動，子供や高齢者の福祉の向上，といった相互扶助活動が行われてきた（表 1.1）．

地域共同体は日本では長い間存続し，特に地方では，重要な相互扶助の機能を果たしてきた．1980 年の自治省の研究によれば（磯村・星野 1990），全国に 27 万 4738 の町内会があり，3278 の市町村の 87% においてすべての地域をカバーする町内会の制度があり，9.1% において，ほとんどすべて（9 割以上）の地域をカバーする町内会制度があった．そして，町内会の機能として表 1.1 のようなものが挙げられている．

これらの町内会において，86.2% の町内会が住民から会費を集め，70.3% の町内会が地方政府から事務事業の委託を受け，35.5% が何らかの委託金

---

8) 式中の括弧内の数字は t 値，$\bar{R}^2$ は自由度修正済み決定係数である．

表 1.1 住民自治組織の行っている事務事業 (1980 年)

事務・事業	市区町村数	比率 (%)
市区町村との連絡	3,095	94.8
市区町村に対する要望・陳情	2,919	89.4
集会所の維持管理	2,919	89.4
清掃・美化	2,782	85.2
盆踊・お祭り・運動会・旅行等の各種行事	2,687	82.3
文化・スポーツ活動	2,687	82.3
募金・献血（への協力）	2,683	82.2
街路灯・防犯灯の設置	2,157	66.1
防災・防火	2,073	63.5
敬老会・成人式・子供会	2,004	61.4
交通安全	1,684	51.6
道路の維持修繕	1,642	50.3
慶弔	1,588	48.6
会報の発行	525	16.1

出所）磯村・星野（1990）.

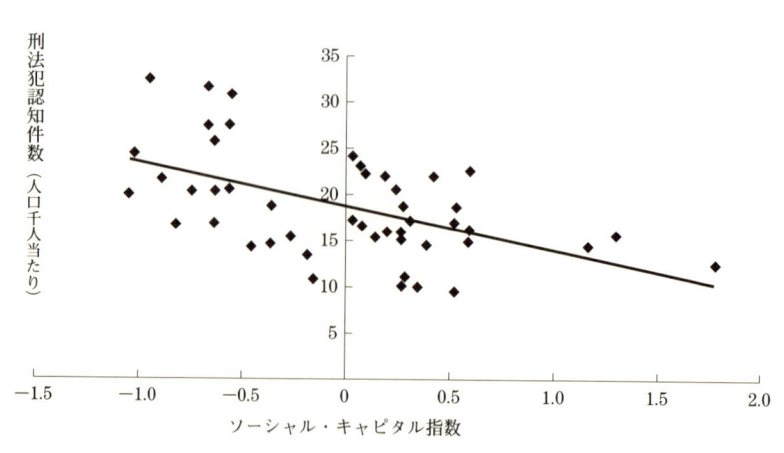

出所）内閣府（2007, 第 2 章第 2 節）

図 1.8 ソーシャル・キャピタルと犯罪発生率

を受けている（平均的な自治会収入の6.8%を占める）．これは，地方自治体が，町内会を政策的に有用なものとして利用してきたことを示唆している[9]．

このような地域共同体の機能に関しては，近年，経済学でも注目されるようになった「ソーシャル・キャピタル」という概念の中で議論することが有用である．詳細については，第7章で議論するが，ソーシャル・キャピタルとは，人々のつながり（ネットワーク）を社会における様々な活動を支える「資本」（社会関係資本）とみなして，それを豊かにすることが社会を豊かにするという考え方である．

日本での先駆的研究の一つである内閣府（2003）は，日本の各都道府県の「ソーシャル・キャピタル指数」を推計し，各都道府県の社会状態との関連について分析している．そこでは，例えば，ソーシャル・キャピタル指数は，刑法犯認知件数とは負の相関関係が存在することを見いだしている（図1.8）．一般に，地域共同体の絆が強い地域では，ソーシャル・キャピタルが高い傾向がある．地域共同体における，相互扶助（防犯や見守りなど）の成果が現れていると考えられる．

しかしながら，近年は地域共同体の絆も弱まっている．人々は，伝統的共同体における半強制的な結びつきではなく，関心に基づく自主的な結びつきを重視した共同体（ボランティア団体など）で，相互扶助を行いたいと考えるようになっている．しかし，そのような「新しい共同体」への所属が自発的なものである限り，相互扶助は，伝統的共同体での半強制的な相互扶助には遥かにおよばないだろう（第6章を参照）[10]．

また，日本では，会社が相互扶助の役割を果たしてきたと考えられている（例えば宮島（1992））．日本企業の品質管理や柔軟な生産体制といった優れた仕組みは，雇用者と労働者の間の長期的な信頼関係を必要としたため，会社

---

9) 例えば，安達（1998）の調査によれば，東京においても町会や町会連合会に対して，かなりの額の補助金が支出されていたという．例えば，台東区では9440万円（1995年），足立区では6313万円（1996年）などとなっている．

10) ただし，町内会などが実質的に機能しなくなっている地域では，地域を超えたボランティア団体（NPOやNGO）などが自発的に形成されているケースが増えていることは，歓迎される動きであろう．伝統的な共同体における相互扶助の低下を下支えする役割を果たすと考えられるからである．

が労働者に対して長期雇用や福利厚生を提供することは，企業の利益と一致していた．しかしながら，近年，グローバル化に伴う競争の激化の中で，会社も労働者との長期的関係を維持することを諦めつつある．例えば，非正規雇用の増加は，会社が労働者の雇用保障や所得保障を行う役割を縮小させていることを示唆している．今後は，その保障は基本的に政府が行わなければならなくなるだろう．

1.3 日本経済の構造変化

前節では，日本の家族や地域共同体について概観し，その構造に変化が見られることを指摘した．そして，そのような変化の背後に，経済構造の変化があることも示唆された．本節では，そのような社会構造の変化とも関連する経済構造の変化について，概観しておきたい．

1.3.1 地域経済構造

地域経済の構造に関して20世紀の日本の経済成長がもたらしたものは，地域格差であった．その大きな原因となるのが，戦後の日本経済の成長の過程で起こった地方部から都市部への人口移動である[11]．

このような人口移動は，経済成長の過程で起こりやすいことであるが（第10章2.1節），日本の場合，それは意図的に行われた形跡がある．すなわち，戦後，まず3大都市圏などを中心とする地域への産業基盤整備が重点的に行われ，企業，行政府，高等教育機関などが，この地域に集中し，地方から都市圏へ若年層の流入が起こった．日本の最も優れた物的資源と人的資源を都市圏に集中させることで，爆発的な成長を遂げるという成長戦略がとられた．図1.9は，1960年以降の都道府県別1人当たり行政投資の推移を，全国平均を100とした時の指標で見たものである．この図は，1970年代初め頃までは，東京，大阪，愛知を中心とする3大都市圏に大きな1人当たり行政投

---

[11] 地方から都市への人口移動によって生まれた地域格差は，都市の魅力を高め，さらなる人口移動を招き，地方から都市への加速度的な人口流出が起こった可能性がある（第10章2.1節）．

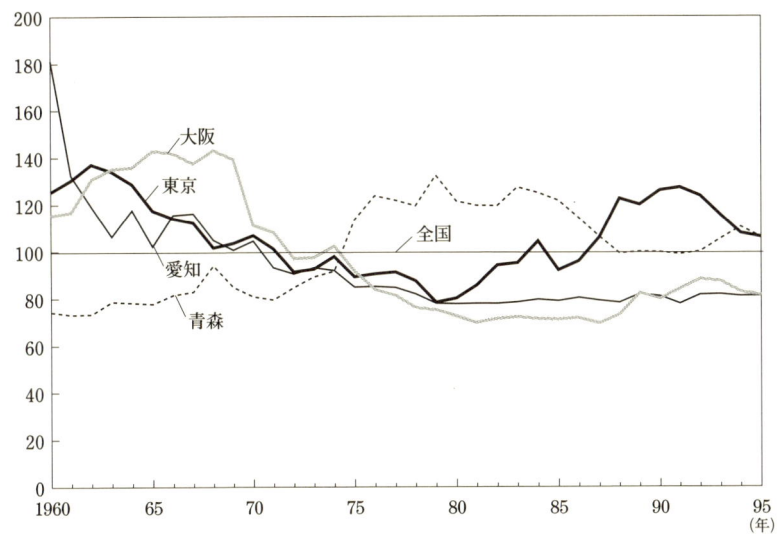

出所）自治大臣官房地域政策室編（1972, 1998），総務庁統計局（1997）を基に筆者作成．
図 1.9　1 人当たり行政投資の推移

資が行われたことを示している．

一方，図 1.10 は，1970 年代初め頃までは，人口もまた 3 大都市圏に流入してきていることを示している．限られた資源の中で，短期的に成長を遂げていくためには，このような政策が極めて有効であったに違いない．しかし，その弊害もあった．都市部における過密化と地方における過疎化である．

数次にわたる全国総合計画(全総)は，このような問題を認識し，特に 1970 年代以降，均整ある国土の姿を目指して，地方の開発を進める計画を立て実行してきた．このことは，図 1.9 において，（地方の代表例としての）青森の 1 人当たりの行政投資が，特に 1970 年代以降増加し，全国平均を上回るようになってきた変化に見てとることができる．

その一方で，1980 年初めから東京圏では，それまで減少を続けていた 1 人当たり行政投資額は一転して増加し始める．これに伴うように，1980 年代には再び東京圏への人口流入が始まる．このような動きは，愛知，大阪を中心とする中京圏，阪神圏では起こっておらず，東京への一極集中と呼ばれ

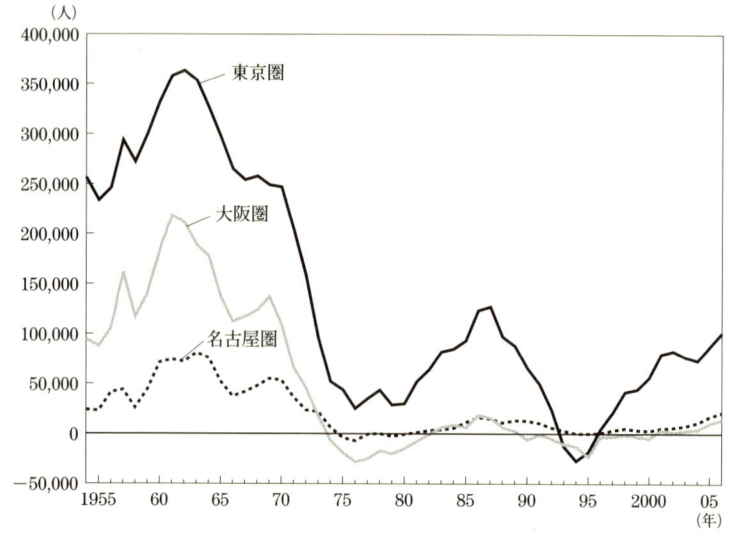

図1.10 3大都市圏への人口純流入

出所）総務省統計局『住民基本台帳人口移動報告年報』を基に筆者作成.

る新しい現象が起こったことを示している．バブルの崩壊以降，東京圏への人口流入のスピードは落ち，一時は人口流出も起こったが，1996年以降再び流入に転じ，21世紀を迎えている．

このように「1人当たり行政投資額」と「人口移動」の間に見られる相関は，必ずしも因果関係を示しているわけではないが，20世紀の最後の20年に見られる東京への1人当たり行政投資額の増加および人口流入は，東京を中心とする経済発展への政策的志向を示しているように思われる．

政策面では，このような地域格差に基づく財政格差を是正するための制度として，地方交付税交付金制度が存在していた．高度成長期には，この制度は，人的資源を集中させることで発展した都市部の果実を，それらを送りだした地方へと還元する役割を果たし，うまく機能していたように思われる．しかしながら，結果的に，この制度が，地方における過疎化を促してしまうことになった可能性がある．

特に，このような地域間再分配制度の下では，若者が都市へ流出しても，

交付税の増加により,各地方の財政は維持されるため,若者を引き止めるような努力が行われにくい.中山間地に位置する熊本県小国町の町長は,かつて次のように語った(『日本経済新聞』1999 年 8 月 15 日付のインタビュー記事からの引用).

> 所得を得る機会が失われるとか,医療・福祉を支えられなくなるとか,あるいは文化活動が維持できなくなるなどの,暮らしの基盤が崩壊してしまうようなことが起きなければ,人口が減ること自体,さほど深刻には受け止めていません.

これまで過疎地では,国からの財政的な援助によって,暮らしの基盤が崩壊してしまうような危機感を抱くことがなかったので,人口減少が必ずしも真剣に受け止められていなかったということを,この発言は示唆している.このように,過疎地では,財政支援が行われる限り,人口減少を食い止めるような努力が行われず,過疎対策がさらなる過疎化をもたらしてきた可能性がある.現在の制度は,地方の自立を促すような制度とは程遠い制度となっている.

さらに,農業や炭鉱業に対しては,交付税のみならず,様々な保護的立法措置や補助金政策が長期間にわたって行われてきた[12].税制面でも,様々な優遇や支援が行われてきた.そのような支援は,衰退産業を抱える地域に転換の時間的余裕を与えることになったが,なかなか転換できない地域を救済し続けるという政策的対応は,地方政府の甘えも生んだ.結局,十分な転換を果たせないまま過疎化が進行し,補助金が消費的に用いられ,真に投資的な有効活用が行われなかった地域が多かった.そして,地方自治体の財政破綻のような問題も引き起こすことになった(第 10 章 2.4 節を参照).

このような地域間再分配の仕組みは,高度成長期には,効率性と公平性の両面から意義のある制度であった.しかし,そのような近視眼的政策の副作用が,特に,高い高齢化率に悩まされる過疎地域や,通勤問題などに悩まさ

---

12) 農業については,例えば本間(1995),炭鉱業については,夕張市を事例とした山重(2007)などを参照のこと.

れる大都市に見られる．言うまでもなく，このような問題は，現代日本における家族のあり方や地域共同体の構造に，大きな影響を与えている．今後，望ましい地域経済構造を形作っていくためには，地方における社会資本の整備だけではなく，地方交付税制度などの見直しといった，財政制度改革も必要である．この点については，第10章で詳細に検討する．

1.3.2 所得分配構造

最後に，日本における所得分配構造の変遷を，ジニ係数という不平等度の指標で見てみたい．ジニ係数とは，所得が完全に均等配分されている時に0，所得が1人に集中している時に1という値をとり，所得分布の均等配分からの乖離が大きくなるほど値が大きくなるという特性を持つ指標である．

経済学的には「所得の均等配分」が望ましいとは考えられないので，ジニ係数が小さいほど望ましいとは一般には言えない．しかしそれは，社会における所得の散らばりを示す指標の一つであり，社会状態を示す重要なシグナルである．特に，ジニ係数が大きくなる場合，不遇な状況に陥る可能性が高い人々が多くなることを意味しており，政策的に注目すべき重要な指標の1つである．以下では，慣例に従って，ジニ係数が小さくなることを「平等化」，大きくなることを「不平等化」と言うが，そのような表現自身にとらわれるのではなく，それが意味する社会状態について考えることが重要である．

さて，日本における所得分配の構造変化を，ジニ係数で見たのが，図1.11である[13]．戦前には一貫して不平等化傾向を示したが，終戦直後に様々な改革によって一気に平等化し，その後，1955年頃から1960年頃までは不平等化が進んだ．1960年代および1970年代には，平等化が進んだが，1980年以降，再び不平等化が進んできている．

終戦直後の日本における平等化の要因について，谷沢・南（1993）は，1) 戦争被害・超インフレ，2) 財閥解体，3) 財産税・富裕税，の3つを指摘している[14]．一方，図1.11に見られる，1980年代の不平等化の動きについて

---

13) 所得分配の構造についての推計は，データの特性上，様々な問題があることが知られているが（例えば，寺崎（1993）などを参照のこと），以下の定性的な結果に関しては，多くの研究でほぼ一致しているように思われる．

図1.11 ジニ係数の推移

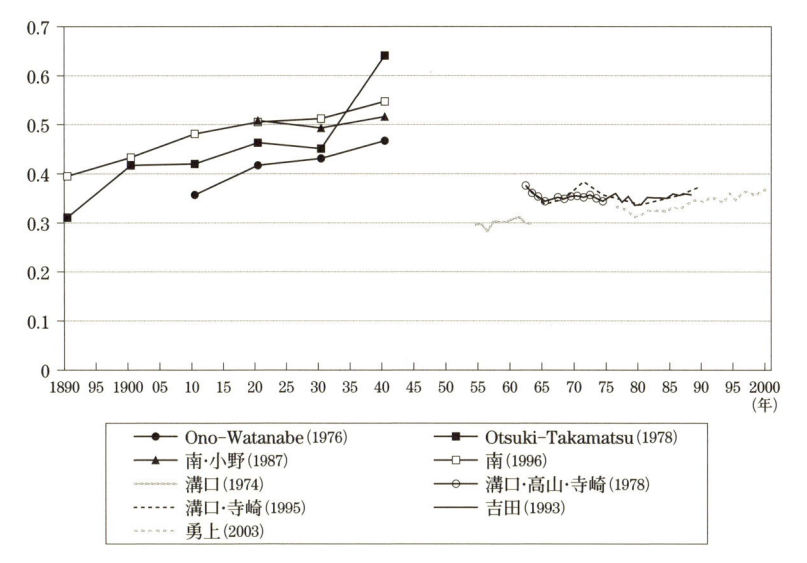

出所）勇上（2003，図表1-1および図表1-2）を基に筆者作成．

凡例：
- ●— Ono-Watanabe（1976）
- ■— Otsuki-Takamatsu（1978）
- ▲— 南・小野（1987）
- □— 南（1996）
- ‥‥ 溝口（1974）
- ○— 溝口・高山・寺崎（1978）
- ---- 溝口・寺崎（1995）
- ── 吉田（1993）
- ‥‥ 勇上（2003）

は，どのように説明されるのだろうか[15]．

その要因に関する大竹（1997；2005）や経済企画庁国民生活局（1999）などの分析は，1）賃金所得の不平等化，2）資産所得の不平等化，3）高所得共稼ぎ世帯の増加，4）人口の高齢化，5）世帯規模の縮小化，6）1987年以降

---

14) 興味深いのは，1946〜1951年度の6年間実施された財産税，およびシャウプ勧告に基づき1950〜1952年度の3年間実施された富裕税，による再分配である．まず財産税は，臨時財産調査令に基づき金融・証券業界の全面的協力の下で実施された個人資産税で，免税点が低く，最高税率が90%と極めて高く，かなりの資産の再分配（およびその結果としての所得再分配）が行われる要因になったと考えられている．一方，富裕税もまた財産税同様，純資産に対する個人資産税であったが，免税点が高く，最高税率も3%と低く，再分配効果は財産税と比べると小さかったと考えられる．

15) 経済企画庁国民生活局（1999）や大竹（2005）などが示すように，この傾向は基本的には1990年代も継続している．なお，不平等度の国際比較に関しては，橘木・八木（1994），橘木（1998）などのように，現在，日本は最も不平等な国の一つであるという指摘もある一方，経済企画庁国民生活局（1999）のように先進国の中では中ぐらいであるという指摘もある．所得分配の国際比較に関しては，データの問題から，慎重でなければならないことがよく知られている．この問題に関しては，大石・伊藤（1999）の分析がわかりやすい．

の税制改革,といった要因が,それぞれ「不平等化」に貢献していることを明らかにしている.各要因の貢献度については様々な議論があり,その詳細については大竹 (2005) などを参照してもらうこととして,ここでは,政策的対応との関連で重要となる 4) から 6) の要因について触れておきたい.

まず「4) 人口の高齢化」は,ジニ係数の増加をもたらした最も重要な要因の一つであると考えられている.世代内の所得格差は,日本では高齢者ほど大きいという特徴があるからである(例えば,大竹 (2005, 第 1 章)).また,高齢者同居率の低下,婚姻率の低下,離婚率の増加などによる「5) 世帯規模の縮小化」は,所得の不平等度を上げる効果を持つ[16].そして,このような社会構造の変容に伴う不平等化傾向の中で行われた「6) 1987 年以降の税制改革」は,税制による所得再分配効果を低下させることになった.

税制による再分配効果の推移を見るために,Ishi (1993 ; 2001) による所得の再分配係数(所得分配のジニ係数が課税前と課税後で何パーセント変化したかを計測したもの)の研究を見ておきたい.図 1.12 から明らかなように,戦後の再分配係数はかなり大きかった.しかし,1952 年以降,急速に低下し,1957 年以降は低い水準で変動していることがわかる.この時期は,佐藤・宮島 (1990) が「シャウプ税制の崩壊」と呼ぶ時期に一致しており,財産税や富裕税の廃止,相続税における累積課税制度の廃止や累進性の緩和,資産所得の軽減化といった一連の税制改革の結果であると考えられる.特に 1987 年以降,自主申告者に関して再分配係数の急速な下落が見られるが,これは 1987 年の抜本的税制改革の影響であろう.

もちろん憂慮すべき問題は,不平等度の上昇ではない.それが示唆するものである.特に,高齢化や世帯規模の縮小化は,人々の自助努力や相互扶助では所得や支出の変動リスクを吸収できない世帯の増加を示唆しており[17],「不平等化」というよりも,「社会的リスクの増大」という意味で,ジニ係数

---

16) 例えば,同居率の低下は,所得の高い子世帯と所得の低い親世帯への世帯の分割を通して,不平等度指数を引き上げる.寺崎 (2000) による実証研究なども参照のこと.
17) 一時的な所得の減少や支出の増加に対して,高齢者の場合は労働供給を増やしたり,不必要な支出を抑制するといった自助努力で対応することが難しい.子や配偶者と同居していれば,そのようなショックは同居者に支えてもらうことで吸収できるが,世帯規模が小さくなるとそのような相互扶助も期待できなくなる.

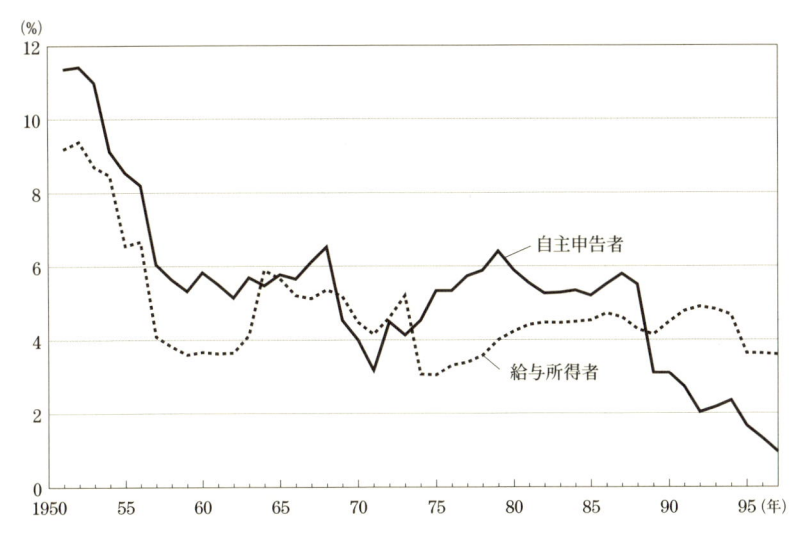

図1.12 税制の所得再分配効果の時系列的推移

出所）Ishi（1993；2001）を基に筆者作成．

の上昇傾向は，政策的にも注目する必要がある（第9章2節を参照）．

実際，貧困状態に陥っている高齢者世帯は増加している[18]．貧困の状況に陥った場合に，人々の生存権を保障する仕組みとして生活保護制度があるが，近年，被保護者数には継続的な増加傾向が見られる（図1.13）．その要因として，（その他世帯に含まれる）勤労者層の受給者の増加も指摘されるが，量的に大きいのは高齢者の被保護世帯の増加である．

言うまでもなく，貧困に陥るリスクが緩和される仕組みが存在していれば，実際に貧困に陥る可能性は小さくなる．従来は，人々は，配偶者との離婚や死別，事故や病気，加齢などに伴う貧困のリスクを，親戚関係などの拡大家族による相互扶助や地域とのつながりなどを通して吸収してきた．しかし，そのような仕組みは，前節で見たように，近年の核家族化，少子化による親戚縁者の縮小，親戚との付き合いの減少，地域における人間関係の希薄化，といった社会構造の変化に伴い，近年大きく縮小している．このような社会構造の変化もまた，所得格差やワーキング・プアの拡大といった問題と密接に関わっていることを理解しておくことが重要である．この点については，

(人)
600,000

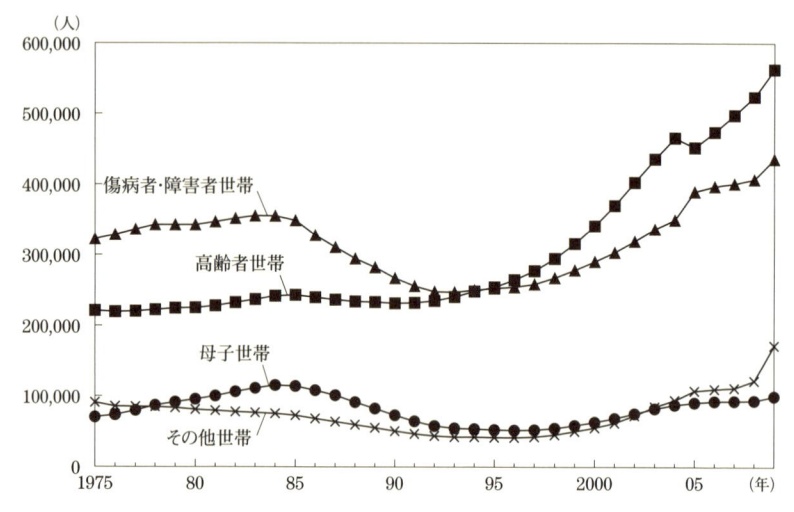

500,000

400,000　傷病者・障害者世帯

300,000　　　高齢者世帯

200,000

100,000　　　母子世帯
　　　　　その他世帯
0
1975　　80　　85　　90　　95　　2000　　05　（年）

出所）国立社会保障・人口問題研究所「「生活保護」に関する公的統計データ一覧」を基に筆者作成．

図 1.13　生活保護の動向

第 9 章で詳細に検討する．

1.4　まとめ

　縄文時代にはわずか 2 万人程だった日本の人口も，現在は 1 億 2000 万人を超え，日本は世界の中で最も豊かな国の一つになった．明治以降の経済成長，とりわけ戦後の日本の経済成長は，アジアにおける奇跡の一つとして語り継がれていくことになるだろう．
　しかしながら，そのような経済成長の過程において，日本社会は徐々にではあるが大きく変容してきた．特に，持続的な増加傾向を示してきた日本の人口は転換点を迎え，人口減少が始まりつつある．この背後には，出生率の急速な低下があるが，その背景には「日本の家族」の変容がある．日本人は，

---

18)　生活保護を受けている約 140 万世帯のうち，高齢者の世帯は全体の 43% を占めている（2010 年度）．高齢者層の所得格差の問題については，八代（1999）や白波瀬（2009）も参照のこと．

これまでのように家族に依存することなく，そして地域社会にも依存することなく，個として生きていく傾向を強めている．男女の区別も重要でなくなりつつある．

　人々は，住み慣れた地域を離れ，仕事を求めて都市に移り住み，地域経済の構造も変容を遂げた．家族や地域の相互扶助の低下や地域構造の変容は，経済的な成功を収めた人々にとってはそれほど重要な意味を持たないだろう．しかしながら，市場経済において十分成功できなかった人々にとっては，かつては家族や地域社会が相互扶助として提供してきたセーフティ・ネットの消滅を意味する．

　そのような不安定性を埋めるように，政府による「社会保障」が求められ，政府はその要望に応えるように社会保障制度の充実を図ってきた．しかしながら，成長率の低下や高齢化に伴い，税収や社会保険料収入は伸び悩む．税率や保険料率も政治的に十分引き上げることができず，巨額の公債が蓄積され，社会保障制度の維持可能性も疑問視されている．さらに，社会構造の変容や若者の意識の変容は着実に進む一方で，文化や社会規範の変化は緩やかであり，例えば「男性は外で働き女性は家を守る」といった規範が，女性の社会進出を阻み，非効率的な状態が長期にわたって継続している実態もある．

　このような問題を抱える中で，日本はどのような方向に進むべきなのか．そして，政府はどのような対応を行っていくべきなのか．本書の最終的な問題意識は，これらの疑問にある．その答えを探る上で最も重要となるのは，家族や共同体の変容をどのように理解するかという点にある．それはなぜ変化し，その変化をどう評価したらよいのか．次章では，経済学的分析に基づいて，家族や共同体の機能と構造に関する理解を深め，それらと市場および政府との関連を明確にすることで，これからの日本の進むべき方向，そして政府の役割について考えていくことになる．

第2章　市場・共同体・政府
―― 分析の枠組み

> 「福祉国家とは福祉を生産する3つの機構のうちの1つにすぎない．残る2つとは，市場と家族である」
> エスピン-アンデルセン『福祉国家の可能性――改革の戦略と理論的基礎』[1]

2.1　はじめに

　本章では，私たちの社会における資源の配分に大きな役割を果たす「市場」「(家族を含む) 共同体」「政府」という3つの制度 (institutions) について，それぞれの機能と限界，そして制度間の相互依存関係を明らかにする．市場経済を基礎とする現代社会では，市場における資源配分を主軸として，共同体および政府による資源配分を補完的なものとして考えていくと，わかりやすい．このような視点は経済学的分析の特徴の一つであるが，本書では，伝統的な経済学において必ずしも十分に考慮されてこなかった「共同体」による資源配分についても，深く考察していく．

　市場および政府以外のサービス提供者として，家族が重要な役割を果たしてきたことは，エスピン-アンデルセン (2001) も指摘するところであるが，本書では，さらに地域共同体などの共同体が果たしてきた役割の重要性を指摘し，それらを市場や政府と対比させることで，社会構造の変容および政府の役割に関する理解を深めていく．

2.2　市場・共同体・政府の機能と限界

　まず，資源配分に関する市場，共同体，政府の機能について，その限界とともに整理しておこう．

---

1)　エスピン-アンデルセン (2001, p.97).

2.2.1 市場の機能と限界

市場の機能を理解する上で重要となるのが，厚生経済学の第1命題である．ここで，効率的とは，無駄が全く存在しない状態という意味で用いられ，経済学では「パレート効率的」と呼ばれる[2]．

命題 2.1（厚生経済学の第1命題） すべての財・サービスが市場で取引されるならば，完全競争市場では効率的な資源配分が実現する．

市場での資源配分が効率的になるという定理は，近代経済学の根底にある基本定理である．しかし，この命題では，市場における資源配分が効率的となるための2つの条件に気付くことが重要である．それらは，「すべての財・サービスが市場で取引されること（Universality of Markets）」，および「市場は完全競争の状態にあること（Perfect Competition）」という条件である．

実際には，私たちの社会でこれら2つの条件が満たされることはない．いずれかの条件が満たされていないために，資源配分が非効率的になってしまう．このような問題は「市場の失敗」の問題と言われる．以下では，効率性の問題に加えて公平性の問題も「市場の失敗」の一つに含めて，6つの「市場の失敗」の問題について，簡単に見ておく[3]．

(1) 市場の失敗：不完全競争の問題

市場では，売手は，商品を他の商品から差別化することで，可能な限り高い独占利潤を獲得しようとする．また，そのような努力が行われない場合でも，異なる場所で売られる同じ種類の商品は，実は異なる商品と考えられるので，一般に売手は少なくとも局所的な独占者として振る舞う．そして，市場が完全競争状態にない場合，一般に市場均衡価格よりも高い価格で取り引

---

2) 「パレート効率的な配分」とは，正確に言えば「ある個人の厚生を引き上げようとすれば，誰かの厚生を引き下げざるをえないような状態にある資源配分」のことである．
3) 市場および政府の機能と限界についての以下の説明に関しては，山重（2005）も参照のこと．

きされ，取引量は縮小し，資源配分は非効率的になってしまう．市場はそのような独占者の出現を阻止する力を備えていないため，政府介入が求められる．

(2) 市場の失敗：外部性の問題

ある行為が，市場を介せずに，無料で他の経済主体に影響を与える時，外部性あるいは外部効果を持つという．騒音，大気汚染，水質汚染，子供数の抑制などは，負の外部性の例であり，教育，技術開発，治安維持，環境整備，金融システムの安定性などは，正の外部性がある例である．外部性が存在する時，「ただ乗り問題」が発生する．その結果，負の外部性の場合には，社会的に見て過大な行為が，正の外部性の場合には，過小な行為がとられることとなり，非効率性が発生する．

外部性の問題は，外部効果に関わる財産権が明確に定義されていないために発生する．一般に，市場が機能するためには，財産権が明確に定義され，保証される必要がある．それゆえ，「政府」の存在が不可欠である．しかし，あらゆる財・サービスの財産権を，明確に定義することは不可能である．外部効果が局所的ならば，当事者間で「ただ乗り」を阻止する交渉が行われ，外部性はあまり問題とならない（本章3.1節(1)を参照）．しかし，外部効果が広範にわたる場合，関係者の交渉は困難となるため，政府が，公共財供給，税・補助金，規制などの方法を使って，外部性の問題を解決することが正当化される[4]．

(3) 市場の失敗：規模の経済性の問題（自然独占の問題）

財やサービスを提供するための固定費用が大きい場合，供給量を増やすことで平均費用が減少していくという，「規模の経済性」が存在する．規模の経済性が存在する時には，安い価格で多くの人に利用してもらうことが効率

---

[4] なお，「市場の失敗」の問題を緩和するための政策や制度が，外部性を生み出し，資源配分を非効率化する可能性がある．例えば，賦課方式年金の下では，子供の存在が外部性を持つ（第3章3.5節を参照）．また，税制を通じて，私たちの労働は外部性を持つ．政策の設計においては，政策に付随する外部性を考慮した設計が求められる．

的である.しかし,社会的に見て最適な価格では,固定費を賄えず赤字を覚悟しなければならない.つまり,民間主体では効率的な供給は行えない.例えば,電力やガスなどの供給,あるいは,交通・通信などのネットワーク事業は,必要とされる設備が巨大となるため,一般に規模の経済性が存在している.そこで,多くの人に利用してもらえるように,追加的な費用(限界費用)を賄えるだけの価格で供給されることが望ましいが,それでは設備などの固定費用が賄えず,赤字が発生する.安い価格で多くの人々に利用してもらうことの受益が国民一般におよぶと考えられる場合,多くの国で政府がその供給に関与している.

(4) 市場の失敗:不完備情報の問題

取引に際して,財・サービスの質などに関する情報が供給者と需要者の間で異なる場合,「情報の不完備性」あるいは「情報の非対称性」が存在するという.その場合,市場での取引は効率的に行われない.例えば,医療や介護や年金の保険契約では,病気になる確率,要介護状態になる確率,長生きする確率などは,個人と保険会社の間で情報格差がある.その場合,保険料が全員同じなら,リスクの高い人ほど市場に残るという「逆選択の問題」が発生する(第3章注3.6も参照).その結果,市場での保険料は非効率的に高くなり,市場が成立しない可能性もある.この場合,保険への加入を強制とすることで,基本的人権を保障しながら資源配分の効率性を高めることが可能となる.その他,例えば,人々の能力や企業の収益性などに関する情報の非対称性が深刻ならば,労働市場や金融市場も効率的に機能しなくなる.この問題の影響が国民全体に広くおよぶと考えられる場合,多くの国で政府が介入している.

(5) 市場の失敗:不完備契約の問題

市場取引が行われるということは,取引契約が結ばれるということである.したがって,市場取引が行われるためには,法体系が整備され,契約違反が行われた場合に,適切な制裁が与えられる司法制度が必要である.しかしながら,取引に際して,起こりうるすべての状況に対応した契約を結ぶことは

難しく，契約は不完備となりやすい．このように完璧な契約を取り交わすことが難しいという問題は，「契約の不完備性」の問題と呼ばれている．この問題が深刻な場合，市場取引は一般に過小になってしまう．この問題も，市場では解決できない問題であり，「市場の失敗」の問題の一つと考えられる．

(6) 市場の失敗：公平性および人権保障の問題

市場経済の特徴の一つは，「持てる者は豊かになれる」ということである．実は，市場経済では「同じ初期賦存（財産や能力）を持つ者が他者を羨むことはない」という意味で「水平的公平性」が保障されるが，「持たざる者が持てる者を羨むことはない」という意味での「垂直的公平性」は，一般に実現されない[5]．

市場は，人々の生存さえ保障しない．市場で売れるものを持たない人々は，純粋な市場経済では死んでいかなければならない．市場という資源配分メカニズムは，残酷である．しかし，市場による資源配分は公平性の観点から問題があるからといって，それを完全に否定する必要はない．厚生経済学の第2命題は，一定の条件の下で，効率的な資源配分のうち公平性の観点から望ましい配分は，初期資産を適切に再分配した上で，人々に市場で自由に取引させることで実現できることを示唆している[6]．

確かに，効率性の視点からは，初期資産の再分配を行う方がよく，結果の平等化は行わない方がよい．しかし，人々の初期賦存を完全に知ることができない以上，事前の公平性の確保は不可能である．結果の平等化を，ある程度行うことで初めて，不公平感は緩和されるだろう．基本的人権の保障だけでなく，初期資産の格差に由来する格差を是正するための再分配を行うことには，社会的合意が存在すると考えられる．

注2.1（公平性） 経済学は，効率性および公平性の観点から望ましい状態を実現することを，目標とする．公平性を厳密に定義することは難しいが，

---

5) Yamashige (1997) を参照のこと．
6) 例えば，奥野・鈴村（1988, 第17章）を参照のこと．

本書では「機会の平等」が保障されている状態を公平な社会状態と考える[7]．「機会」の定義もまた容易ではないが，経済学的観点からは，人々が意思決定を行う際に直面する選択集合を「機会」と定義することは，自然である[8]．そして，標準的な経済モデルでは，選択集合としては「予算集合」を想定できる．予算集合は人々の所得獲得能力（賃金率）に依存するが，人々の能力には生まれながらの差が存在するため[9]，「機会の平等」は生まれながらにして保障されていない（第3章注3.4を参照）．本書では，そのような機会の不平等を小さくすることは，政府の役割の一つと考える．

2.2.2　政府の機能と限界

「市場の失敗」の問題を，いかに改善できるかは，社会の質に大きな影響を与える．伝統的な近代経済学では，市場の失敗の問題を改善する制度として，政府が想定されてきた．

(1)　政府の機能

明日から政府がなくなるとしたら，何が起こるだろう．おそらく，混沌とした状態が発生するだろう．場合によっては，哲学者のホッブズ（T. Hobbes）が示唆した「万人の万人による闘争」とも言える，略奪戦争の状態に陥るかもしれない．あるいは，伝染病の蔓延，火災や災害による財産の喪失，信用取引に基づく経済活動の停止，といった状態に陥るかもしれない．食事もできず，適切な医療も受けられず死んでいく人も出てくるだろう．これらはいずれも，「市場の失敗」の問題によって起こる悲惨な状況である．

そこで人々は，基本的な人権を脅かさないようにしようという社会契約を

---

[7]　これは，資源配分の公平性の定義としては全く不完全である．「機会の平等」が保障されていない場合の配分の公平性については，判断できないからである．公平性の程度については，「機会の平等」の程度を比較できる指標があれば，議論することができるだろう．

[8]　配分の公平性の観点から，本書で採用する公平性の考え方と深い関連を持つのは，「羨望のない配分（envy-free allocation）」を公平な配分とする考え方である．奥野・鈴村（1988，第35章），Yamashige（1997）および山重（2000）などを参照のこと．

[9]　例えば Mackintosh（1998）や滝沢（1971）などを参照のこと．

結び，契約不履行者に対する制裁を行うために，「リヴァイアサン（聖書のヨブ記に登場する怪獣）」に喩えられるほどの強大な権限を持つ「政府（国家）」が作られた（社会契約説）．したがって，経済学的な観点からは，政府の役割は，上述のような「市場の失敗」の問題の改善にあると考えられる．

しかしながら，「市場の失敗」の問題を改善しようとする政府も完璧ではなく，「政府の失敗」と呼ばれる問題を抱える．したがって，市場への政府の介入が正当化される場合でも，それが望ましいとは限らない．政府の規模や介入の望ましいあり方は，介入による「市場の失敗」の改善という便益と，「政府の失敗」の発生という費用を，バランスさせるように決まってくる．

(2) 政府の失敗

民主主義社会では，主権者は国民であり，政府は国民によって選ばれた代理人（代表）によって運営される組織として機能する．したがって「政府の失敗」の問題は，基本的に組織の問題であり，政府組織のガバナンス[10]の問題と考えられる．そこで，なぜガバナンスが失敗するのかが問題となる．

第1に，主権者である国民の多くは，政府を監視するインセンティブ[11]を持たないという問題がある．政府の場合，政府を変える力を持たない「小さな有権者」は，監視を通じて問題に気付いたとしても，政府を選べない状況では便益を得ることはできない．したがって，費用を伴う監視を行うインセンティブが弱くなる[12]．そして，利得を最大化しようとする政治家が，そのような「情報の不完備性」の下で社会的に見て望ましくない政策を決定・実施するため，「政府の失敗」の問題が発生すると考えられる．

第2に，政府活動の成果は，定量化が困難な場合が多く，完全な契約を結ぶことが難しいという問題がある．とりわけ，政府の活動では「公共性」という目に見えない要素が重要であり，その活動が適正に行われているかを判

---

10) 組織のガバナンスとは，「組織を規律付ける権限と責任を持つ者が，組織の規律付けを行うこと」と定義される．
11) インセンティブ（誘因）とは「人々を動機付ける力・要因」を指す言葉である．
12) この点は，「小さな株主」であっても，投資先を選ぶことで便益が得られるため，企業を監視する誘因を持つことと対照的である．

断し，適切に規律付けることが難しい．それゆえ「不完備契約」の問題が発生し，望ましい状態を実現することが難しくなり，「政府の失敗」の問題が生まれやすい．

さらに，政府には強力な権限が与えられるがゆえに，その暴走を抑制するため，多くの民主主義社会で三権分立のような仕組みが導入されている．そこでは，国民，政治家，官僚，裁判官など，多様なプレーヤーが，様々な交渉などを通じて意思決定を行うため，主権者にとって望ましい資源配分を実現することが難しくなることは，公共選択（Public Choice）に関する様々な研究が示している．

そして，このような政府組織の問題の上位にある問題として，公共的意思決定の難しさがある．民主主義社会では，政府の意思決定は，人々の選好を何らかの手続きを通じて集計したものであることが求められる．しかし，社会選択（Social Choice）に関する研究は，民主的で効率的な社会選択のルールを作ることは難しいことを，明らかにしている（アロウの不可能性定理[13]）．たとえ政府が公共のために最大限の努力を行ったとしても，多様な選好を持つ国民が望む社会状態を効率的に実現することは，難しいのである．

さらに，現在を生きる人々が，増税に反対し，財政赤字を累積させ，負担を将来世代に先送りしてきたという事実（第1章図1.3）は，将来世代が現在の政治過程に参加できないという民主主義社会の限界を反映している．このような根源的な問題を「政府の失敗」と呼ぶことには躊躇もあるが，政府が望ましい資源配分の実現に失敗するという意味で，社会選択の問題もまた，「政府の失敗」の問題の一つと考えられる．

結局，「市場の失敗」と「政府の失敗」の問題が総合的に小さくなるように，政府の規模や役割を見直していくことが，バランスのとれた見方となる．しかしながら，そのような最善の努力を行ったとしても，市場と政府だけでは解決されない非効率性，そして不公平性が残るだろう．このような観点から，市場と政府では解決できない隙間の問題を埋める制度としての共同体の機能そして限界について，次に考えてみる．

---

13) 奥野・鈴村（1988, 第36章）などを参照のこと．

2.2.3 共同体の機能と限界

本書では,共同体として,血縁,地縁,関心などによって結びつくネットワークをイメージする.家族,地域共同体,非営利組織などが,代表的な例である.共同体とは何かを定義することは難しい.しかしながら,市場および政府との対比で共同体という組織を考える本書では,共同体を「営利を目的としない人々の集まり・ネットワーク」と定義しておきたい.

血縁や地縁で結びつく共同体は,古くから存在する共同体であり,本書では「伝統的共同体」と呼ぶ.一方,人々の関心によって自発的に結びつく共同体は,近年その重要が広く認識されるようになった共同体であり,「新しい共同体」と呼ぶ[14].

「新しい共同体」は,近年,「伝統的共同体」の限界を乗り越えようとする試みの中で生まれてきたと考えられる.そのような議論については,第7章に譲ることにして,以下では,家族と地域共同体という「伝統的共同体」の機能と限界について考えてみたい.

(1) 家族の機能

まず,共同体の中でも,最も基本的で歴史も古い「家族」という共同体の機能について,考えてみる.人々は,なぜ結婚し,子供を産み,新しい家族を形成するのだろうか.以下では,家族が果たす機能について理解するために,Weiss (1997) を参考に,結婚のもたらす便益と費用について簡単に整理しておきたい[15].

経済学的に言えば,結婚から期待される便益が費用を上回る時,人々は結婚すると考えられる.まず,結婚の便益として,共同生活による「規模の経済性」がある.1人で暮らすより2人以上で生活する方が,1人当たりの生

---

14) なお,日本では,会社における終身雇用の構造を前提として生まれる人々のネットワークが,「会社共同体」として言及されることがある.このような共同体は,労働組合などでの労働者の連帯のネットワークも含めると,日本に限らず世界に数多くの事例を見いだせる.また,世界各国で,宗教によって結びつくネットワークも存在する.
15) Becker (1973;1974a;1985;1993) や Grossbard-Shecktman (1984;1993) なども参照のこと.

活費が小さくなるという便益である．例えば，家，耐久財，子供などが共同消費可能である．共同消費するものが夫婦のいずれにも正の効用をもたらすものである限り，結婚は高い便益をもたらす[16]．

また，結婚は「財・サービス市場の補完」をする．私たちは愛情を欲するが，私たちが求める愛情は，一般に市場では取り引きされていない．子供を売買する市場も，多くの場合欠如している．市場の失敗あるいは政府による規制のために欠如する市場（Missing Markets）は，数多くある．市場で，いつでも，どこでも，何でも適正な価格で買えるという状況にはない．結婚では，家事サービスなどの家庭内生産が行われることが多いが，結婚は，生活に必要なサービスをいつでも効率的に得る仕組みと考えることもできる．

「資本市場の補完」という便益も考えられる．将来の所得獲得能力に関する情報の非対称性のゆえに，金融市場は存在していても，適正な利子率での借り入れを行えない場合が少なくない．この時，結婚していれば，家族内で財産を持つ人から借り入れを行う，あるいは，1人が働き，教育からの収益が高い人が教育投資を行うといった形で，生涯にわたる消費可能性フロンティアが拡大する可能性がある．

さらに，共同生活を通じて「保険市場の補完」が可能となる．一般に，情報の非対称性のゆえに，保険市場は完全ではない．保険市場が全く存在しない場合，独身なら所得変動リスクをそのまま1人で引き受けるしかないが，結婚しているならば，一般に，1人当たりの所得の変動は独身の時よりも小さくなる．リスクとしては，病気，怪我，失業などに起因する所得変動のリスク，あるいは，看病や介護を必要とする状態になるといったリスクなどもある．家族を形成することで，共有できるリスクは少なくない[17]．

経済学的な観点から，家族の機能をあらためて考えてみると，家族は様々な「市場の失敗」の問題を緩和し，効率性を改善するための制度として機能していることがわかる．

---

16) ただし，共同消費するものの中に負の効用をもたらすものがあるとすれば，結婚は必ずしも独り暮らしよりもよいとは限らない．

17) Kotlikoff and Spivak (1981) なども参照のこと．

(2) 地域共同体の機能

地域共同体も一つの共同体として，市場の失敗の問題を緩和する役割を果たしてきた．特に，それは，家族では十分対応できない「市場の失敗」や「政府の失敗」の問題を，緩和するような役割を果たしてきた．例えば，第1章の表1.1は，日本の町内会や自治会が，地域において様々な公共財を提供してきたことを明らかにしている．また，日本の地域共同体に伝統的に存在した「村八分」の仕組みは，地域共同体の機能について有用な情報を提供してくれる（第6章3.3節も参照）．「村八分」という慣習は，規範を守らなかった者や世帯に対して，「村」で行われる共同行為のうち2つを除き，一切の交流が断たれる制裁の仕組みである．

「村」で行われる共同行為としては，成人式，結婚式，出産，病気の世話，建築，水害時の手伝い，年忌法要，旅行，葬式，消火活動が挙げられ，最後の2つが村八分においても許される行為とされている．これら2つの行為は，伝染病の原因ともなる死体の放置や，火事の延焼を防ぐといった外部効果の抑止という意味があり，制裁の中にあっても村の利益を守るために認められた行為と考えられる．

ここで注目したいのは，共同体の共同行為として挙げられている10の行為である．これらは，前項で見た家族の機能（出産や病気の世話など）や，家族では十分に果たしきれないと思われる機能（水害時の手伝いや消火活動など）である．つまり，地域共同体は「家族」という共同体の機能を補完するような役割を果たしていた．そして，村八分が一定の制裁力を持っていたということは，かつては，上記のような共同体の活動が，個人の生活においても重要な意味を持っていたことを示唆している．

また，第6章でも詳しく紹介するように，Ostrom (1990) は，西洋諸国を含む世界各地で，共有資源を管理する地域共同体において，資源の乱獲の問題（第3章3.5節を参照）を回避するための活動が行われていたことを，明らかにしている（第6章注6.7も参照）．これも「外部性」という市場の失敗の問題が，地域共同体によって緩和されてきたことを示す事例である．

さらに近年，経済学でも，地域共同体が，市場で十分に提供されない保険を提供してきたことが明らかにされ，それがどのような仕組みの中で提供さ

れてきたかに関する分析が，行われるようになってきた（第9章2.2節を参照）．保険市場の問題は，一般に情報の非対称性の問題によって生じる．ここでも，地域共同体が市場の失敗の問題を緩和する役割を果たしてきたことが明らかにされている．

(3) 共同体の失敗

　共同体は，家族であれ，地域共同体であれ，付加価値を生み出す組織として機能してきた．特に，それらは，参加者の間での交渉費用が小さく，情報の非対称性も小さいといった特性を持つがゆえに，「市場の失敗」の問題が発生していた財・サービスを，うまく提供する役割を果たしてきた．しかしながら，共同体は明示的な契約に基づかず，主として互酬性（reciprocity）の原理に基づいて機能する場合が多いため，効率的な財・サービスの生産に失敗しやすいことも指摘されてきた．

　最大の問題は，共同体の中で生み出される財・サービスに，人々が「ただ乗り」したいと考えるインセンティブを，いかに抑制するかである．契約に基づく組織であれば，適切な行為が行われない場合に法律に基づく罰則が課されるため，不適切な行為は抑制される．しかし，明示的な契約がない共同体の場合，そのような仕組みがない．そこで，例えば日本では「村八分」といった共同体の掟で，不適切な行為を抑制する仕組みが生まれた．しかし，まさにその仕組みの中に「共同体の失敗」が生じる可能性が存在する．

　「共同体の失敗」には，3つの失敗があると考えられる[18]．第1に，「不完備契約」あるいは「不完備情報」のために，不適切な行為に十分な制裁を加

---

18) 家族と地域共同体の違いは，前者が法で定められた契約関係があるのに対して，後者は明示的な契約関係にないことが多いという点にある．ただし，家族の場合も，企業とは異なり，その中で様々な活動が行われるため，すべての行為を契約で縛ることは不可能であり，明示的な契約に基づかず互酬性の原理に基づいて機能することが多い．したがって，家族という共同体の場合，日常的な接触のゆえに「不完備情報」の問題は小さいが，「不完備契約」の問題は大きいという特徴がある．一方，地域共同体は，「不完備契約」の問題に加えて「不完備情報」の問題も大きく，「共同体の失敗」の問題は大きくなりやすい．ただし，その点の違いを除けば，家族と地域共同体は，構造的にはそれほど大きな違いはなく，基本的には同じ「共同体の失敗」の問題に直面すると考えられる．

えられず,共同体が効率的な財・サービスの生産を行えなくなるという問題がある(第6章3節を参照).第2に,共同体内では効率的な取引を行えたとしても,共同体の閉鎖性ゆえに,経済全体の効率化に貢献する労働参加や人口移動が抑制され,効率的な取引やイノベーションが生まれにくくなり,経済全体に非効率性がもたらされるという問題がある(例えば,Coleman(1990,第22章)を参照).

さらに,共同体の中で効率性を維持するために,村八分のような非人道的な制裁が加えられたり,個人の特性を無視した伝統的役割分担が強いられることがある.そのような不公平性の問題は,第3の「共同体の失敗」の問題と考えられる.特に,共同体の効率性を維持するために制裁は不可欠であるが,それが時として非人道的になることは,日本の家族や地域共同体の問題と考えられることは少なくない(第6章3.3節).

様々な市場の失敗や政府の失敗が指摘される中,共同体による財・サービスの供給に期待が集まっている.家族を含む共同体の機能と構造に関しては,第Ⅱ部でさらに深く議論することになる.

2.3 相互依存関係

近代社会の成立とともに,市場の失敗の克服を一つの目的として,政府は積極的に資源配分に影響を与えるようになる.近代においてなぜ政府が大きな役割を果たすことになったのかという問題は,興味深い問題である.以下では,まず市場と共同体の間のダイナミックな相互依存関係に注目し,政府の規模の拡大を説明する.そして,その政府の規模の拡大が共同体に与える影響を考察し,本書で「政府の雪だるま式拡大」と呼ぶ,政府拡大のメカニズムに関する仮説を提示する.その基本的な考え方は,図2.1によって与えられる[19].

まず,市場の発達により,様々な財・サービスを購入できるようになると,

---

19) 言うまでもなく,これら3つの制度の関係は,図2.1で示された以上に複雑である.例えば,共同体の弱体化が市場経済の浸透に与える影響など,今後さらなる考察・分析が必要である.

```
 ┌──────────────┐  (1)  ┌──────────────┐  (3)  ┌──────────────┐
 │ 市場経済の浸透 │ ────→ │ 共同体の弱体化 │ ←──── │  政府の拡大   │
 └──────────────┘       └──────────────┘ ────→ └──────────────┘
                                          (2)
```

図 2.1　市場・共同体・政府の相互依存関係

家族や地域共同体が従来提供してきた財・サービスの価値が低下する．そして，私たちが家族や地域共同体から排除されても，さほど生活に困らなくなる．この結果，家族や地域共同体が非協力的な個人に課す制裁の効果が大きく低下し，「ただ乗り」問題が起こり，互酬関係は失われ，家族や地域共同体は崩壊していく（市場の発達に伴う個人主義化）．これが図 2.1 において「(1) 市場経済の浸透→共同体の弱体化」として表現された，因果関係である．

そして，家族や地域共同体が弱体化し，相互扶助が行われなくなると，政府に福祉的役割が求められる．例えば，家族や地域共同体の中で行われてきた高齢者の介護や育児は，共同体の相互扶助機能の低下のために十分に行われなくなるが，子供や高齢者を放っておくわけにはいかないので，政府が援助することが社会的に要請されるようになる．これが，図 2.1 で「(2) 共同体の弱体化→政府の拡大」と書かれた，因果関係である．

ところが，政府が人々に手を差し伸べ始めると，それは重大な「派生効果」を持ってしまう．つまり，政府の援助がない時には助け合っていた家族や地域共同体まで，その必要性を感じなくなり，人々は，ますます家族や地域共同体を離れ，家族や地域共同体の弱体化が加速する．これが，図 2.1 の中の「(3) 政府の拡大→共同体の弱体化」という，因果関係である．ここで特に興味深いのは，最後の 2 つの因果関係によって生まれる循環によって，政府の雪だるま式拡大が起こる可能性があることである．市場経済の浸透に伴う政府支出の拡大傾向（いわゆるワーグナーの法則[20]）は，このような循環現象の存在によって説明される．

以下では，このような市場・共同体・政府の相互依存関係を理解する上で有用な，経済学の理論を紹介した上で，上記(1)〜(3)のそれぞれの因果関係の存在を示唆する歴史的事実を見ていく．

2.3.1 相互依存関係に関連する基礎理論

家族や地域共同体などの共同体は,「市場の失敗」の問題を改善する重要な機能を果たしてきたが,「市場の失敗」の問題に関しては,政府もまた改善の努力を行うことが期待されている.「市場の失敗」の問題への政府介入と,共同体の活動の間の関係を理解する上で重要となる,「コースの定理」と「クラウディング・アウト命題」という2つの理論について,以下では簡単に紹介しておきたい.

(1) コースの定理

私たちの生活は,様々な外部性の問題に満ちあふれている.例えば,家庭でも地域でも公共空間が存在し,その維持管理のために,家庭そして地域社会で協力し合ってきた.Coase (1960) は,このように外部性が存在する場合でも,法制度が完備されており,外部性の問題を解決するための交渉費用(取引費用とも呼ばれる)が小さいならば,関係者の間での交渉と協力を通じて効率性が実現するだろうと主張する.

命題 2.2(コースの定理) 外部性の問題に関わる人々の間での取引費用がゼロならば,人々の交渉によって効率性が達成される.

この定理の基本的な考え方は,「パレート効率性」の定義から明らかである.すなわち,外部性が存在する場合に非効率性が発生するということは,関係者全員の厚生が改善する余地があるということである.したがって,交渉の費用がゼロならば,全員が交渉に参加し,非効率性が完全になくなるまで交渉が行われ,最終的に効率的な状態に達すると考えられるのである.

---

20) ワーグナー(1835~1917年)はドイツの財政学者で,経済の拡大とともに政府規模は増加するという法則を提唱した.そのような現象が発生する理由として,ワーグナーは経済活動の複雑化や貧富の差の拡大による社会紛争を予防するための社会経費の増加という要素を挙げている(Wagner 1883).しかし,近年の先進国における政府規模拡大の要因は,社会保障関連の支出の増加であり,経費膨張のメカニズムについては,再検討の余地があるように思われる.

この定理は、「共同体」とは直接関連付けられることなく議論されるが、定理の背後には、外部性が存在する場合には政府が介入すべきであるという、伝統的な経済学の考え方（例えば、Pigou (1920) など）への批判がある。「コースの定理」では、市場および政府という資源配分の制度以外に、人々の間での交渉を通じた資源配分のメカニズムが考えられているのである。

共同体との関連で言えば、一般に、交渉費用が小さいと考えられる共同体内で発生する外部性については、共同体の中で効率的な資源配分が実現する可能性が高い、ということである。共同体の絆が強いほど、交渉費用は小さく、外部性の問題を政府の介入なしに解決できる可能性が高い[21]。一方、共同体の絆が弱まると、交渉費用も高くなる。その結果、効率化のための交渉が行われにくくなり、非効率的な状況が続きやすい。コースの定理は、共同体の変容の意味を考える上でも、重要な意味を持っている。

(2) クラウディング・アウト命題

「市場の失敗」の問題に政府が積極的に介入する場合、従来、家族や地域共同体が提供してきた財・サービスを押しのけて減少させる（クラウド・アウトする）効果を持つと考えられる。このような効果については、経済学では古くから「クラウディング・アウト命題」として知られてきた。政府介入が持つこのような効果が、共同体の機能のさらなる低下をもたらし、政府拡大につながったと考えられる。

以下では、公共財とは、誰でも好きなだけ無料で便益を享受できる財・サービスを指す。例えば、公共空間の美化活動や治安維持活動などは公共財の一例である[22]。

命題 2.3（クラウディング・アウト命題） ある公共財を、人々が自発的に供給している時に、政府がその公共財を供給するならば、人々は公共財供給

---

21) 家族や伝統的な地域共同体のように、共同体の絆が強い場合、外部性を伴う代表的な行為（例えば、共有地や共有資源の利用など）については、共同体がルールを定め、効率性を実現するための交渉を行う必要がないようにしている場合も少なくない。

22) 経済学の専門用語では、非排除性と非競合性を持つ純粋公共財のことを意味する。

を減少させる.

この命題については,第6章2.4節および2.5節で詳しく検討するが,最も極端な理論的結論は,政府による追加的な公共財供給が大きくなく,すべての人が私的な公共財供給を続けるならば,公共財の私的供給と公的供給の和は,政府介入の前後で全く変わらないという結果である(中立性命題とも呼ばれる).この結果は,公共財の公的供給は同量の私的供給の減少をもたらすことを意味している.

そのような完全なクラウディング・アウトが発生する可能性は,一般に低いと考えられる.しかし,民間の経済主体が行っていた活動を政府が行うようになると,人々は活動水準を低下させてしまうというクラウディング・アウト効果は,一定程度確認されている.その存在を正しく認識することは重要である.

2.3.2 歴史的考察

前項で見た基礎理論も念頭に置きながら,以下では,社会構造の変化に関する歴史的考察に基づいて,市場・共同体・政府の間の相互依存関係に関する仮説の妥当性を,例証してみたい.

(1) 市場経済の浸透と共同体の弱体化

家族の機能の一つは,子が親の扶養や介護を行うというものである.図2.2は,65歳以上の高齢者で子供と同居している人の割合を指す「高齢者同居率」の推移を示している.かつては多くの先進国でも高齢者の同居率は高かったことがわかる[23].しかし,その割合は,先進国の多くで低下している.

家族という制度は,人類の歴史とともに,普遍的に存在していたものであり,かつての家族の構造がどのようになっていたのかについては,様々な研

---

23) 図2.2のデータの出所であるSundström(1994)でも,同居率の低下が,高齢者が家族の介護を受けることを難しくしていると指摘している.しかしその一方で,子供が高齢者の近くに住むことも多く,高齢者が本当にケアを必要とする場合,子供がケアを提供するケースは少なくないことを指摘している.家族間の相互扶助の弱体化は,データが示唆するほどは大きくないかもしれない.

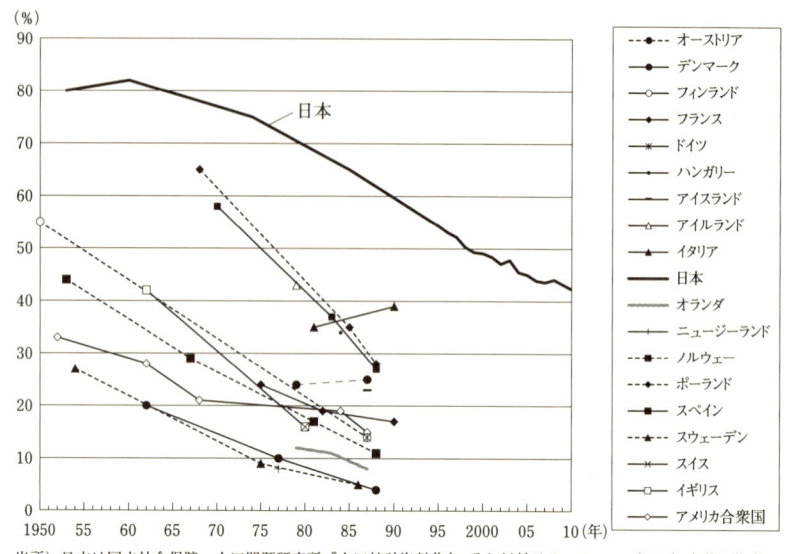

出所）日本は国立社会保障・人口問題研究所『人口統計資料集』．それ以外は Sundström（1994）を基に作成．

図 2.2　高齢者同居率の推移（国際比較）

究や議論が行われている（例えば，落合ほか（2009）など）．例えば，デュルケムやウェーバーなどは「産業革命の進展とともに，それまで存在していた大規模で直系的な家族が夫婦を中心とした小規模な家族（核家族）に変わっていくという理論」（野々山編 2009, p.4）を提示した．つまり，産業革命に端を発する工業化と賃金労働という市場経済の進展により，個人の収入と財産の重要性が増すとともに，仕事を求めて人々が都市部に移動するといったことが起こり，家族が小規模なものに解体されていったと考えられている[24]．

さらに，市場経済の発達に伴う共同体の弱体化については，西欧諸国でも

---

24) 実は，歴史人口学の創始者の一人であるラスレットらは「西ヨーロッパのどの地域においても，夫婦家族（核家族）以外の親族を含んでいる世帯は，4 分の 1 以上は見られなかった」（野々山編 2009, p.78）として，西ヨーロッパでは産業化以前から，核家族が優勢であったという新しい結果を提示し，大きな議論となったという．しかし，ここで問題となっているのは，産業革命以前の核家族の割合である．産業革命が核家族化を進展させる要因となったことについて，否定的なデータが示されているわけではない．多くの社会学者が指摘する通り，西洋諸国においても「市場経済の浸透」が，家族の小規模化の一因となったと考えられる．

多くの学者が観察するところであった[25]．例えば大塚（2000, p.v）は，「資本主義の発展史を研究しようとする場合，われわれはどうしてもこの「共同体の解体」の問題を避けてとおることはできない」と述べ，マルクスの議論を紹介している．

　市場経済の浸透とともに，「共同体」が解体していく過程に関する説明と呼応する事例として，次に，日本の「入会地（いりあいち）」をめぐる地域共同体の変遷について，見てみたい．「入会地」とは，入会集団（通常「村」）が，区域を決めないで，どこでも自由に立ち入り，採草，放牧，燃料用雑木や用材の採取を行うことを認める共有地のことで，明治初期まで数多く存在していた．ただし成文ないし不文の共同体的規則があり，立ち入りの主体，採取物の種類，採取の方法や時期は定められていた．すでに見た「村八分」では，規範を守らない者に対して，この生活基盤として重要な意味を持つ入会地の利用を認めないことが多く，共同体の規範を構成員に遵守させる仕組みの一つとして機能していた．

　この入会地の形態が，明治初期以降大きく変容した．中でも，入会集団に属する世帯ごとに，一定の利用区域を確定し，自分に割り当てられた区域のみ独占的に利用できる利用形態にする「割山」は，全国各地で見られた[26]．明治初期以降，入会地の個人分割が行われるようになった背景には，土地に対する私的所有権を確立する，明治政府の「地租改正」の影響があるとされるが，市場経済の発達という要因も大きいとの指摘は多い．例えば，原田（1969）は，入会林野の「個人分割利用は，農村内部の個別経営の自生的発展に支えられ，農民の私的経済自体が商品経済の浸透に自己を対応させるための道である」との中尾（1965, p.168）の指摘を紹介している．また，入会

---

25)　西洋諸国においても，共同体が重要な役割を果たしていたことは，様々な文献が示唆するところである．例えば，落合ほか（2009, p.15）は，ベルギーとイタリアでの調査の結果から，同一コミュニティ内に居住する親族の有無によって，女性や子供の死亡確率や移動確率に影響が出てくることを明らかにすることで，親族のネットワークの重要性を示唆する研究成果を紹介している（原論文は，Derosas and Oriseds（2002）に所収の論文）．第9章2.2節で紹介する事例も参照のこと．

26)　人々の自由な共同利用を禁止し入会集団が，団体として直轄して山林を利用する「留山」という形態や，特定の個人が団体との契約に基づいて林野を利用する契約利用形態なども見られた．

地分割の原因として，農業経済の発展に伴い「地縁共同体に対する各家の結合関係が相対的に弱体化されざるを得なかった」という構造変化があったという西川 (1957) の指摘を重要なものとして紹介する．そして，次のような戒能 (1943) の指摘を紹介する[27]．

> 入会地が縷々村民間に分割され，開墾・植林其他純私経済的経営に移り，各家庭に於ける夫々の収益を増加することには寄与したかも知れないけれども，同時に全村落又は全部落に通ずる一種の総予備財産を喪失し，農村内部の分解を一層促進せしめる作用をもたらしたと云ふ事実を，無視する余地はない（以下略）．

このように，明治以降の入会地解体の背景には，「商品経済」の浸透により，地域共同体の弱体化が進み，入会地を分割することが最適との判断があったと考えられる．さらに興味深いのは，それが，地域共同体の弱体化を促進する効果を持ったとの認識である．市場経済の浸透に伴い，地域共同体が共有財産を失い，地域共同体が弱体化していったことが示唆されている．

(2) 共同体の弱体化と政府の規模の拡大

市場経済の発達により，家族や地域共同体が弱体化すると，相互扶助が行われにくくなり，生活・社会環境の悪化が発生する．そして，この問題を解決することが政府に要請される．これが，図 2.1 で「(2) 共同体の弱体化→政府の拡大」と書かれた因果関係である．

共同体の弱体化が政府の役割の拡大を要請し，その要請に政府が応えるという事例を，ドイツ，イギリス，そして日本における福祉国家の黎明期に関する事例研究の中に，見いだしてみたい．西欧諸国における福祉国家への歩みについて整理した文献は，少なくない．そして，その多くが，資本主義の発展との関連を強調する．例えば，東京大学社会科学研究所編 (1984, pp. 10–11) は次のように述べている．

---

27) 原田 (1969, p. 38) を参照のこと．

第2次大戦後に社会保障制度が確立したといっても，それを構成する個々の制度の多くは，戦後の産物ではなく，歴史的に古くから存在した．(中略) それらのうち最古の制度は，公的扶助の前身をなす救貧法であり，これは1601年に集大成されたイギリスのエリザベス救貧法をはじめとして，各国で資本主義の初期に発足した．それ以前の中世的社会では，個々人の生活は家族の内部では完結せず，共同体によって強く規定され補完されてきたが，この共同体が商品経済の発達につれ弛緩し変質したため，大量の貧民や浮浪者が発生することとなった．こうした事態への対応策として救貧法が生まれ，一方で社会の治安維持のために彼らを厳しく取締まるとともに，他方で彼らの生活をともかくも扶助せざるをえなかった．

ここでは「(1) 市場経済の浸透→共同体の弱体化」という動きの中で，「(2) 共同体の弱体化→政府の拡大」というプロセスが，資本主義社会の安定性を確保するために実際に進展したことが示唆されている．

例えば，上記の引用にもあるイギリスの「救貧法」は[28]，全国の教区ごとに任命される救貧監督官に，家族による支援が得られない貧困者を救済する義務を課す一方で，その財源確保のために資産に対して地方税を課す権限を与えていた．背後には「囲い込み」(共有地の私有財産化)の結果，追い出された農民たちが，都市において無産者として貧困に陥るリスクが高まった状況があった．

その後，工業化の進展とともに，労働者はさらに土地を離れていくが，そこでは，労働者が直面するリスクを共有する共済金庫という民間の保険の仕組みも生まれた．当時，このような共済保険は地域・職種ごとに分立していたが，カバーされる労働者は限られており，未熟練労働者を中心に貧困問題が発生していた．

さらに，19世紀後半になると，循環的な恐慌が発生する中で，労働者が失業し，共済保険の仕組みもうまく機能しなくなった．大量の労働者が貧困に陥る状況が生まれ，社会問題となり，社会主義勢力が台頭する状況が生ま

---

28) 以下の説明は，東京大学社会科学研究所編 (1984) に基づいている．

れた.そこで,「共済」の仕組みを統合・普遍化して国家の包括的な管轄の下に置こうという動きが見られた.そこに登場したのがビスマルクであった.ビスマルクは,社会主義勢力を弾圧する一方で,疾病保険(1883年),労災保険(1884年),年金保険(1889年)といった社会保険制度[29]を整備するという「飴と鞭」の政策を採っていった.19世紀の後半にドイツでビスマルクが創設した社会保険は,ヨーロッパ各国で広がりを見せることになった.

イギリスでも,工業化の進展とともに同様の状況に直面した.特に19世紀後半に発生した循環的恐慌の下で失業者が生み出され,社会問題となり,1906～1911年にかけて,学校給食法,学校保健法,老齢年金法,職業紹介法,国民保険法などが次々と成立し,失業者・貧困者対策が行われた.

その後,1930年代になると大不況が発生する.それは失業問題のみならず,「保険原則に立脚する失業保険その他の社会保険が破綻する」という問題も引き起こした.第2次世界大戦に突入すると,「総力戦の遂行は,状況が困難であればあるほど国民的統合の確保をますます必要とし,そのため階級を超えた全国民の生活の保障が公約されざるをえなかった」(東京大学社会科学研究所編 1984, p.15).そして,第2次世界大戦中の1942年には,ベバリッジ報告が公表された.この報告書は「ゆりかごから墓場まで」というスローガンの下,最低生活の保障と均一拠出と均一給付の考え方を柱としたもので,戦後の各国の社会保障の理論と政策に大きく影響を与えることになった.

日本の社会保障も,戦前から,ヨーロッパ諸国と同様の社会・経済・政治状況の下で徐々に整備されてきた.その歴史的展開については,例えば加茂(2010,第Ⅱ部第2章)に譲ることとして,以下では,抜本的な拡充が図られることになった戦後の展開を,簡単に見ておきたい.

日本では,1950年代後半から始まる高度成長期に,人口の都市部への集中が始まる.そして人口を都市部へ送り出した地方では,高齢者の夫婦あるいは単身者からなる高齢者のみの世帯が,徐々に増加していくことになった.このような若者の都市への流出に伴い,地方では,取り残された高齢者の生

---

29) 年金保険は,30年以上保険料を払い込んだ70歳以上の老齢者に給付を行うもので,その3分の1が公費負担であった.

活保障の問題が徐々に深刻になり，それが 1960 年代における社会保障制度の充実につながった．この点について，吉原・和田（1999, 第 18 章）は次のように指摘している．

> 昭和 30 年代の終わりころから目立ちはじめた経済の高度成長のひずみは，種々の社会問題を発生させ，とりわけ老人の生活に深刻な影響を与えた．第 1 次産業の比重の低下，若年層を中心とした農村から都市への人口流出により，農村には年寄りや高齢者のみが残り，過疎化が進んだ．（中略）老人問題に対する国民の関心の高まりとともに，国の老人対策としてまず登場してきたのが全国民を対象とした国民年金制度の創設であった．

こうして，1959 年には国民年金法が制定され，1963 年には老人福祉法が制定される．そして「昭和 40 年代に入ると老人問題の重要性がさらに各方面から指摘されるようになり」（吉原・和田 1999, p.231）老人医療費の無料化を始める自治体が現れる．そして国も 1973 年から，大部分の 70 歳以上の老人の医療費を無料化する．社会保障制度の充実という流れの一つの頂点は，1973 年の福祉元年宣言であるが，それは，高度成長期の地域経済の構造変化により，若者が都市部に流出し，家族の支援を受けにくくなった地方の高齢者が求めた変化であったという認識を持つことは重要である．

このように，家族や共同体の弱体化とともに，政府が拡大していくという議論は，社会学者によっても行われてきた．例えば，Coleman（1990, p.607）は次のように述べている．

> 近代社会は，村社会の構造と非常に異なっている．（中略）家族はもはや福祉の主たる基盤（unit）ではなくなった．高齢者のケアを行う責任は，社会全体で担うこととされた．人々の病気のケアも国家や雇用者の責任とされた．（中略）家族は，その規模と機能が大幅に縮小し，福祉の役割の多くを担うことができなくなった．（中略）そして，国家が，その規模と機能を拡大させ，ほとんどの福祉の機能を担うことになった．

福祉国家が，家族福祉に取って代わった．

　ここでは，すでに，先進国における政府の拡大が家族の役割を低下させ，家族の変容をもたらしたという示唆が行われている．この点について，最後に見ていこう．

(3) 政府の規模の拡大と共同体の弱体化

　前節で見た「(2)共同体の弱体化→政府の拡大」というメカニズムは，いわば政府拡大への「需要」が高まるということであり，実際に政府が拡大するか否か，つまり政府の拡大が「供給」されるか否かは，政治的な意思決定に委ねられることになる．ドイツ，イギリス，日本では，そのような需要に応えるような政府の拡大が起こった．しかし，例えばアメリカなどでは，市場の発達に伴い政府拡大に関する同様の需要が，ある程度生まれたと考えられるが，それほど大きな政府の拡大は起こらなかった．

　ここで，政府が人々の福祉のために手を差し伸べ，政府の拡大が起こり始めると，それは重大な「派生効果」を持つことになる．すなわち，政府の援助がない場合には助け合っていた家族や地域共同体まで，その必要性を感じなくなり，人々は，ますます家族や地域共同体を離れ，家族や地域共同体の弱体化が加速するという，図2.1の中の「(3) 政府の拡大→共同体の弱体化」という効果が生まれることである．

　この効果に関しても様々な証言があるが，例えば，Myrdal (1941, p.5) は，次のように述べ，社会保障制度の充実が，家族の弱体化をもたらし，結婚や出産の意欲を低下させる要因となることを示唆している．

> 家族の保護機能もまた，その役割が低下している．病院への入院，施設への収容，社会保障などは，高齢者や病気になった人への家族のケアを置き換えるものとなっている．その一方で，このような動きは，制度としての家族の危機を悪化させることになるとともに，個人の結婚や出産の価値を引き下げるものとなっている．

政府の拡大が，家族や共同体の弱体化をもたらすという関係は，日本の事例の中にも見いだせる．1973年の福祉元年宣言により，日本でも，政府の福祉的役割の拡大が，国民に約束された．そのような社会保障の充実が，老親の扶養に関する規範意識の低下を招いた可能性を示唆する，幾つかの興味深いデータがある．

例えば，厚生省人口問題研究所（1996）および国立社会保障・人口問題研究所（2003；2007）は，1993年から5年ごとに，家族に関する意識調査を行っている．その中に「高齢者の経済的負担は，公的機関より家族が担うべき」という考え方について，妻に意見を尋ねる質問項目がある．この考え方については，すでに1993年時点で69.1%の妻が反対と答えている．同じ質問に関する反対の意見は，1998年および2003年には，それぞれ70.3%および71.4%となっており，反対意見が高い水準で継続的に増加している[30]．

さらに1998年には，「年老いた親の介護は家族が担うべきだ」との考え方への賛否が問われた．反対割合は，1998年には25.2%であったのに対して2003年には34.4%に大きく上昇した．この上昇については，国立社会保障・人口問題研究所（2007）は「第2回と第3回調査の間に介護保険法が施行され，介護の社会化の認識が広まったことの影響と思われる」としている．

社会保障制度の充実を一因として家族間扶養の規範意識が低下した結果，例えば，若年者の都市部への移動を抑止するアンカーの力は弱まり，都市部への継続的な人口移動，そして周期的な景気の波に浮動するような人口移動が起こったと考えられる．1960年代以降の社会保障制度の充実は，そのような人口移動の構造を生み出すことで，家族構造のみならず，地域経済にも影響を与えてきたと考えられる（第10章も参照）．

2.4 まとめ

本章では，日本における，社会構造の変容と政策的対応に関する議論を行

---

[30] 残念ながら1993年以前の調査はないが，例えば1993年時点の反対意見割合は，年齢層の上昇とともに低下傾向を示していることから，「子による親の経済的扶養」の規範意識の低下傾向が示唆される．

うための枠組みを提示するために,市場,政府,共同体の機能と限界について考察した.そして,資源配分に大きな影響を与える,これら3つの制度の相互依存関係について考察した.そこでは,市場経済の浸透が,共同体の弱体化をもたらし,それが政府の拡大をもたらすという仮説,そして,政府の拡大が共同体のさらなる弱体化を招き,それが政府のさらなる拡大を招くという,循環的政府拡大の可能性に関する仮説を提示した.そして,そのような仮説と整合的な理論,および歴史を紹介することで,本書の議論の枠組みを確立することを試みた.

以下の第3章から第7章では,本章での議論をさらに理論的に精緻化していく.そして,そこでの理論的考察も踏まえて,第8章から第10章では,日本社会の構造の変容と政策的対応のあり方について,具体的に議論していく.そのような議論に入る前に,本章の最後に,これからの望ましい政策的対応のあり方に関しても,本書の基本的考え方を提示しておきたい.本書の基本的な視点は,家族や共同体を要素とする社会の構造変化が見られる現在,政策のあり方についても根本的に見直す必要があるということである.

このような観点から,約70年前に,ミュルダール(Myrdal 1940)がスウェーデン社会の構造変化への政策的対応のあり方について考察し,見いだした結論は[31],これから日本が進むべき道を考える上で,深く響くものがある[32].ここで社会政策という言葉は,社会保障,子育て支援,労働政策,教育政策など,人々の生活に深く関わる政策を表す用語と考えられる.

> 私が,治療的社会政策から予防的社会政策への転換を強調するのは,公的支出の中で,社会政策の費用を,収益がなく,非生産的な消費の費用とみなすことを止めるべきと考えるからである.(中略)人口をめぐる議論が,このような社会政策における重要な移行,すなわち,治療から予防へ,消費的なものから生産的なものへ,弱者の援助からすべての人々の間での広範囲な助け合いへ,を加速させる最も重要な要因となっている.一定のサービスについては,経済状況によらず,資産調査を行うこ

---

31) Myrdal(1940)のpp.206-210(抜粋)の筆者訳.
32) ミュルダールに関しては,藤田(2010)の研究が大変優れている.

となく,すべての子供,すべての家族に,無料で提供され,それが,国の中での連帯という観点から,国の予算を通じて財源調達されること.これが問題への解決策である.(中略)ここでは,再分配は,現金給付ではなく現物給付で行われる.

　言うまでもなく,70年前のスウェーデンと現在の日本は異なった状況にあり,ミュルダールの結論をすべて受け入れることが望ましいとは考えない[33].しかしながら,ここに見られる「治療的社会政策から予防的社会政策へ」,そして「消費的社会政策から生産的社会政策へ」という基本的な方向性は,今後の日本における社会政策のあり方を考える上で,極めて重要な示唆を与えてくれる.

　ミュルダールは,出生率の低下という社会の変化を分析する中で,スウェーデンの社会経済システムの不安定性を見いだした.そして,政策のあり方について考えていく中で,「国の富の主要な部分は,常にその国民のクオリティの中に存在する[34]」という,シンプルな事実に気付く.そうであるならば,国を強くするための社会政策は,伝統的な貧困政策のように,治療が必要になった国民の生活保障を行う救済的・消費的政策ではなく,すべての国民のクオリティを高めるような予防的・投資的政策でなければならない.その場合,その目的にあう現物給付の方が,使われ方が明確でない現金給付より効果的である.本書でも,そのような意味を持つ社会政策を「予防的・投資的社会政策」と呼び,その重要性を繰り返し主張する.

　市場経済の浸透は,家族や共同体の弱体化をもたらした.そして,その結果生まれた高齢者の貧困の問題などへの治療的対応として,政府は高齢者の生活保障を行うという,救済的社会政策を行ってきた.しかしながら,その

---

33) 例えば,引用の後半では,資産調査を行わないことやサービスの無料化など,いわゆる社会保障サービスの「普遍化」が望ましいとの判断が見られる.しかし,日本が巨額の公債を抱え,急速な高齢化の中で今後とも厳しい財政運営が求められることを考えると,価格や情報をうまく活用して,効率的に公平性を改善することが必要と考える(第8章注8.1や第9章3.2節など).

34) 原文は次の通り."The principal part of the wealth of a nation always lies in the quality of its population."

(%)

図 2.3　女性労働の特徴

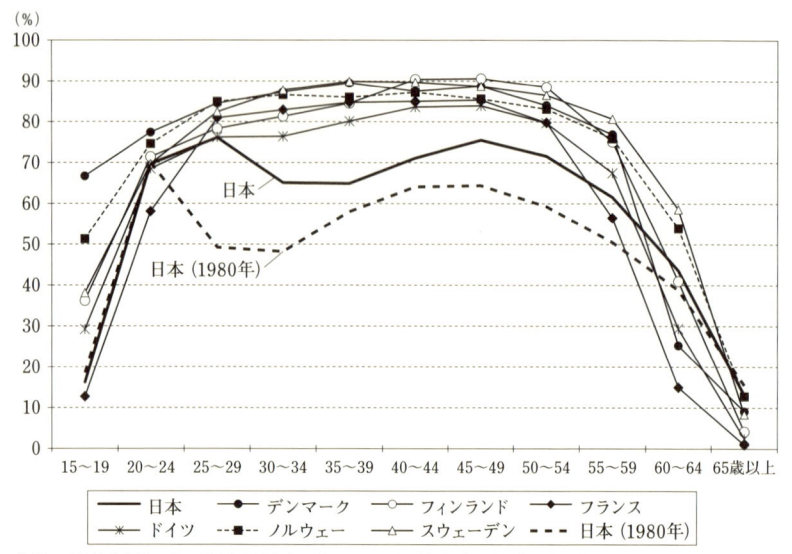

出所）国立社会保障・人口問題研究所（2011），および総務省統計局労働力調査長期統計（2011）を基に作成．

ような治療的対応は，さらに家族や共同体を弱体化させることになった．そのような状況において，経済システムを安定させ，国を強くするための社会政策とは，ミュルダールが議論したように，家族や共同体の弱っているところを補強・補完するような，予防的・投資的社会政策であると考えられる．

日本では，人口減少と高齢化が急速に進む一方で，巨額の債務が累積している．このような厳しい状況で，持続可能な社会を築いていくための唯一と思われる選択は，すべての人々が，持てる潜在力を伸ばし，その能力を活かして働く社会を目指すことである．キーワードは「労働」である．家族のためだけでなく，社会の人々に喜んでもらえる仕事に参加し，報酬を得るという働き方である．ミュルダールが「一国の富の主要な部分は，常にその国民のクオリティの中に存在する」と言う時，そこには働く国民のイメージがあったに違いない．現在の日本は，そのような社会状態にあるだろうか．

図 2.3 は，日本の女性の労働参加が，欧州諸国の女性と比べて低い水準に留まっていることを示している．労働参加していない女性の多くは，家事などの仕事をしていると考えられるが，それが，彼女らの潜在力を活かした働

き方になっているだろうか．日本の女性の労働参加が，子育て期に低下する「M字型」になっていることが注目されることが多いが，それが低水準にあることにも注目すべきである[35]．日本でも，より多くの女性が，労働市場に参加することで，1人当たりの所得は増加し，税収も増え，国が強化される．

そして，その過程では，ミュルダールが指摘するように，「家族や子供のニーズのほとんどは，さもなければ雇用されていなかった，あるいは，過小雇用されていた生産要素を仕事につかせ，経済システムを安定化させるようにプログラム全体が設計されることで生み出される」ということが起こり，新たに雇用が生まれるだろう[36]．

もちろん，女性の他にも，潜在力が十分開発・活用されていない若者，そしてまだ元気なのに，労働市場から退出した高齢者の存在を認知することは，重要である．すべての人々が，持てる潜在力を伸ばし，それを活かして働ける社会とするためにも，予防的・投資的社会政策は重要となる．

---

35) 労働力率は，15歳以上の人口に占める，有業者の割合を示す．女性の労働力率は，20世紀を通じて，50％前後の水準で一定であった．近年，子育て期の女性の労働参加の減少幅が小さくなり，「M字」にも変化が見られる．男女の役割分担の構造も，緩やかではあるが，確実に変化している（図2.3を参照）．

36) Myrdal (1940, p.210)．なお，このような新しい社会・経済システムにおいて，家族が子育てや高齢者介護の大部分を行うという伝統的な生活様式は変容を余儀なくされる．しかし，すべてのケアが家庭外のサービスで提供されることにはならないだろう．家族は今後ともその構成員のケアを行う重要な制度として機能する．

第3章　意思決定理論の基礎
―― 経済学的に考える

> 「我々の主たる目的は，利益の合致あるいは相反，完全あるいは不完全な情報，自由で合理的な意思決定や偶然の影響といった問題を明らかにする頑強なアプローチがあるということを示すことにある」
>
> フォン・ノイマン＆モルゲンシュテルン『ゲームの理論と経済行動』[1]

3.1　はじめに

本章では，第Ⅱ部で展開される社会構造の変化に関する経済学的考察を理解するための準備を行っておく[2]。まず第2節では，人々の意思決定に関する経済学的分析として，効用最大化問題を紹介した上で，不確実性下の意思決定について解説する．私たちの日常生活における意思決定を分析する上で，不確実性の考慮は欠かせない．とりわけ，私たちの生活には様々なリスクが存在しており，家族や共同体との関係を考える上でも，リスクへの対応という観点は重要になる．

続く第3節では，人々の相互依存関係を分析することを目的とするゲーム理論の基礎を，紹介する．冒頭で紹介した引用が示唆するように，ゲーム理論は私たちの行動を理解するための極めて頑強な分析道具である．本書が分析対象とする家族や共同体では，一般に非市場的取引が行われるが，そのような取引の構造を理解する上で，ゲーム理論の基礎的理解は避けて通ることはできない．第3節の最後では，家族や共同体の問題を考える際に有用となる，「共有地の悲劇」の問題について紹介し，制度や政策の設計において有用となる「共有地の悲劇」の解決方法について，整理しておく．第4節は，まとめである．

---

1) von Neumann and Morgenstern (1944, p. xxxi)．筆者訳．
2) 厳密な理論分析にあまり関心がない場合には，本章から第7章までを読み飛ばして，第Ⅲ部に進んでもらって構わない．本書の基本的な議論は理解できるだろう．

3.2 効用最大化問題

本節では,まず,個人の意思決定問題の基本となる,効用最大化の考え方を紹介する.そして,不確実性がある場合の効用最大化問題について考え,人々のリスクへの対応に関する議論を整理しておく.

3.2.1 効用関数

人々の行動を分析する上で有用となる考え方は,人々の満足度は効用関数という関数によって表現されるという考え方である.いま,人々に満足感を与える要素のリストを X で表せば,効用(満足度)は,$U(X)$ という関数の値によって表現されるというのが,その基本的な考え方である.

ここで X の例として,$X=$(余暇時間,消費)というリストを考えてみよう.以下では記述の簡単化のため,余暇時間を L,消費の水準を C で表す.まず,L も C もゼロの状態から考えると,それぞれの増加は,私たちの満足感を高めることになるだろう.したがって,$U(L,C)$ という関数は,変数 L および C の増加関数と考えられる.次に,消費や余暇時間が増加していく時の,私たちの満足感の上昇度について考えてみると,それは徐々に落ちてくると考えられる.このような傾向は,人間の一般的特性の一つと考えられている.経済学では,追加的な変化のことを,限界的(marginal)な変化と呼ぶ.したがって,上記の特性は「限界効用が逓減していく」と表現される.

さて,限界的な変化は,数学的には関数の微分として表現される.特に,関数が,幾つかの変数によって定義されている場合,他の変数の値を固定した上で,ある変数の値のわずかな変化による関数の値の変化に,注目する場合がある.例えば $U(L,C)$ という効用関数で,C は変化させず,L だけを変化させた時の満足度の変化を計算したい場合である.L の変化が微小である場合,数学的にはその計算は,関数 U の変数 L による「偏微分」として知られており,$\partial U(L,C)/\partial L$ あるいは $U_L(L,C)$ という記号で表記される.

3.2.2 予算制約下の効用最大化

一般に，人々が効用を増加させるためには，支出が必要になる．そして総支出の上限は，所得によって制約される．人々は，予算制約の下で，効用を最大化していると考えられる．最も単純な予算制約は，$pC = w(H-L) + I$ と書ける．ここで，p は消費財の価格，w は賃金率，H は利用可能な最大時間，I は不労所得である．ここで，L は利用可能時間より小さく（$L \leq H$），労働時間は利用可能時間と余暇時間の差（$H-L$）と考えられるので，上記の予算制約式の右辺第1項は，賃金率と労働時間の積，すなわち労働所得となる．この労働所得に不労所得を加えた総所得に等しくなるように，人は消費支出を行うと仮定される．

さて，上記の予算制約は，$pC + wL = wH + I$ と書き換えられる．この表現は，余暇時間が消費財と同様，「購入」されているという解釈を可能にする．その際の余暇時間の価格は，賃金率 w である．余暇時間を1時間購入することで，労働時間が1時間失われ，賃金率に等しい所得を失うからである．このように，ある行為をとることで失われる機会の価値は，その行為に付随する費用と考えられ，「機会費用」と呼ばれる[3]．

この予算制約の下で，効用を最大化する問題は，次のように表現される．

$$\max_{L,C} U(L,C) \quad s.t. \quad pC + wL = wH + I \tag{3.1}$$

ここで $\max_{L,C}$ は，その後の関数を変数 L と C を使って「最大化 (maximize) せよ」ということを，途中の $s.t.$ は，英語の"<u>s</u>ubject <u>t</u>o"，すなわち「以下の条件の下で」ということを意味する数学の記号である．

このような制約付き最大化問題は，ラグランジュ関数

$$\mathcal{L} \equiv U(L,C) + \lambda(I + wH - pC - wL) \tag{3.2}$$

---

[3] 経済学において重要な考え方の一つは，時間は有限な資源であるという認識である．時間は目に見えないために，私たちは浪費してしまうことも少なくない．しかし，時間は，各個人にとっては有限であるがゆえに，価値を持つ．経済学では，1時間の金銭的価値は，その間に働いていたら得られたはずの賃金で表現されると考える．時間の有限性を意識することは，私たちの生活を豊かにする上でも重要である．

を定義し，L, C, λ という3つの変数でそれぞれ偏微分したものをゼロと置く「1階条件」を解くことによって求められることが，知られている（変数 λ はラグランジュ乗数と呼ばれる）．すなわち，

$$\frac{\partial \mathcal{L}}{\partial L} = 0 \quad : \quad U_L - \lambda w = 0 \tag{3.3}$$

$$\frac{\partial \mathcal{L}}{\partial C} = 0 \quad : \quad U_C - \lambda p = 0 \tag{3.4}$$

$$\frac{\partial \mathcal{L}}{\partial \lambda} = 0 \quad : \quad pC + wL = wH + I \tag{3.5}$$

という3本の方程式を解くことによって，L, C, λ という3つの変数を求めることができる[4]．特に (3.3) および (3.4) を用いて得られる次の式は，重要な意味を持っている．

$$\frac{U_L}{U_C} = \frac{w}{p} \quad \text{または} \quad \frac{U_C}{p} = \frac{U_L}{w} \tag{3.6}$$

ここで，U_C/p は，消費を1円分増やした時に期待される，効用の増分を表している．一方，U_L/w は，余暇を1円分増やした時の，効用の増分を表している．そこで，前者が後者を上回るならば，余暇を減らし消費を増やす方がよい．逆に，後者が前者を上回るならば，消費を減らし余暇を増加させる方がよい．いずれのケースも最適でなく，最適な点では両者が一致しているはずというのが，(3.6) 式の意味するところである．

注 3.1（効用最大化問題の図解） 予算制約式は $C = (-w/p)L + (wH + I)/p$ と書けるので，切片 $(wH + I)/p$ および傾き $(-w/p)$ の直線となる．ただし，消費は $C \geq 0$，余暇時間は $H \geq L \geq 0$ という条件を満たさなければならないので，図 3.1 では，予算制約式は，例えば線分 aH あるいは線分 bJ のように表される．もちろん，後者が高い不労所得に対応した予算制約にな

---

4) 一般に，関数 $f(x) = ax^b$ の微分は，$f'(x) = abx^{b-1}$ となる（a, b は定数）．$f(x) = ax$ の場合，$b = 1$ なので，$f'(x) = ax^0 = a$ となる．なお，解が本当に効用最大化の解となっているかどうかを知るためには，上記の1階条件に加えて，いわゆる「2階条件」を確認しなければならない．注 3.3 を参照のこと．

図 3.1 効用最大化

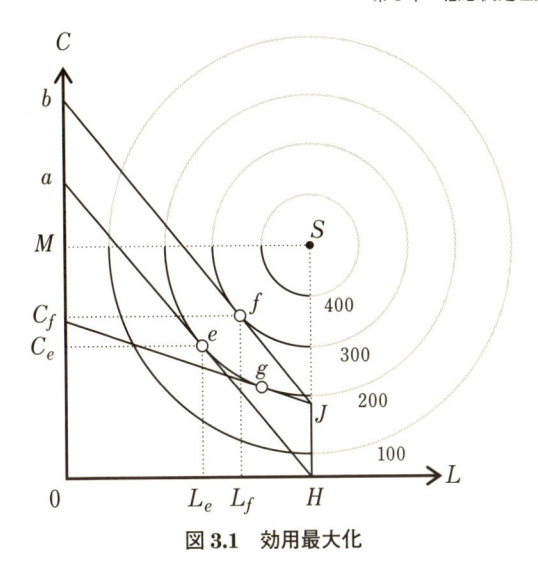

る．余暇と消費の組み合わせ (L, C) は，この線分上から選ばれなければならない．効用が最大となる組み合わせを求めるために，効用関数を同じ図に描いてみたい．効用関数は，$U(L, C)$ なので，この平面上にそびえ立つ山のようなグラフとなる．この山を2次元の図で表すために，等高線を用いる．図 3.1 に描かれた 4 つの円が，効用の山の形状を表す等高線である．この図では，地点 S で山が最も高くなっていることがわかる．経済学では，この等高線のことを，無差別曲線と呼ぶ．この曲線上の点では効用の高さは同じなので，個人にとっては「無差別」な点の集まりだからである[5]．

ここで，もし予算制約を考えないでよいなら，この個人は効用が最大になる点 S を選択するだろう．しかしながら，予算制約線上の点を選択しなければならないので，無差別曲線が予算制約線と接する点で，選択を行うことになる（図 3.1 の点 e，点 f，点 g など）．なお，この点では，予算制約式の傾き（w/p）と，無差別曲線の傾き U_C/U_L（限界代替率と呼ばれる）が一致す

---

5) 図 3.1 では，消費および余暇の追加が効用を引き下げ始める「飽和点」が，それぞれ M および H で与えられているが，飽和点を超える領域を人々が選択することは考えられないので，一般に，無差別曲線は飽和点を超えない領域でのみ描かれる．

ることになる．この特徴は，上で見た1階条件 (3.6) に対応している．

注 3.2（代替効果と所得効果） 図 3.1 の点 e と点 f を比較すると，所得の増加が，最適な消費と余暇をそれぞれ増加させていることがわかる．所得の増加により最適水準が増加する財・サービスは，「正常財」と呼ばれる．本書では，消費も余暇も正常財と仮定する．所得の増加が余暇を増加させることで，労働の減少をもたらすという「所得効果」は，本書では重要な意味を持つ．次に，賃金率（または消費の価格）の変化の効果を見るために，点 f と点 g を比較してみる．点 g は，線分 bJ よりも傾きが小さい予算線上で，効用を最大にする点である．ここで賃金率が上昇し，予算線が線分 bJ となった場合の最適点の g から f への変化は，「$g \to e$」と「$e \to f$」の2つに分解できる．後者（$e \to f$）は，すでに見たように所得の変化による最適水準の変化を表すので，「所得効果」と呼ばれる．一方，前者（$g \to e$）は，相対的に安くなるもの（ここでは消費）に代替していく効果を表していると考えられるので，「代替効果」と呼ばれる．ここでは，賃金率の上昇は，余暇の価格（機会費用）を上昇させるので，余暇時間を減らし消費を増やす「代替効果」を持つが，それとともに，それが所得を増加させる効果を通じて余暇と消費を増やす「所得効果」を持つ．したがって，賃金率の上昇は，必ず消費を増加させるが，余暇を増加させるか否かはわからない．

注 3.3（最適化問題と 1 階微分・2 階微分） 本書では，制約なしの最適化問題も出てくる．例えば，関数 $f(x)$ を，変数 x を動かして最大化する問題を考えてみる．関数 $f(x)$ の値が最大となる点がある場合，$f(x)$ は山の形をしており，その頂上が最大値となる．山の頂上の特徴は何かといえば，もはや登ることができないということである．数学的に言えば，頂上では山の傾きが 0 になっているということである．関数 $f(x)$ が微分可能で，$f'(x)$ をその微分（$df(x)/dx$）とすれば，$f'(x) = 0$ が最大点では成立していなければならない．この条件が，「1 階条件」と呼ばれるものである．

実は，この条件は，山の谷底でも成立している．山の頂上と谷底を比べてみると，山の傾きが徐々に小さくなるのが頂上であり，山の傾きが徐々に大

きくなる（ゼロに近づく）のが谷底である．関数の傾きの傾きは数学的には2階微分と呼ばれ，$f'(x)$ を x で微分したもの（$\mathrm{d}f'(x)/\mathrm{d}x$ あるいは $\mathrm{d}^2f(x)/(\mathrm{d}x)^2$ と書かれる）であり，$f''(x)$ と表記されることが多い．$f'(x)=0$ が成立している時，最大点では $f''(x)<0$ が成立している一方，最小点では $f''(x)>0$ が成立している．これが「2階条件」と呼ばれる条件である．

注3.4（予算集合と機会の平等）　本節では，予算制約式を用いて，効用最大化問題を定式化したが，それは一般に「予算集合」を用いて定式化できる．いま，集合 S を，$pC+wL \leq wH+I$ という不等式を満たす点 (L,C) の集合（数学的には $S=\{(L,C)\in R_+^2 : pC+wL \leq wH+I,\ L \leq H\}$ と書ける）とすれば，それは予算集合を表している[6]．この集合は，図3.1では，三角形 $0\,Ha$ や台形 $0\,HJb$ で表される領域に対応している．消費者は，この予算集合の任意の点を選べるので，それは消費者の「選択集合」となる．ただ，消費および余暇の増加とともに効用が上昇していくのであれば，効用最大化を考える上で実質的な選択集合となるのは，予算集合の中で等号が成立する部分，すなわち，予算制約式で表される部分である．したがって，通常，効用最大化問題では，予算制約式を予算集合と考えて，問題が解かれることになる．

　この予算集合は，人々が行動を決める際の選択集合である．第2章注2.1で議論したように，このような選択集合が人々の間で完全に一致しているならば，「機会の平等」が達成されていると考えることができる．そのような機会の平等が保障されている状況で，人々の選好（効用関数）が異なり，異なる消費（所得）が選択されたとしても，誰も他の人を羨むことはない．他の人の選択は，自分も選べたはずだからである[7]．ただし，そのような「機会の平等」は，残念ながら一般には保障されない．予算集合に大きな影響を与える所得獲得能力（賃金率）には，生まれながらにして差が存在していると考えられるからである．

---

[6]　効用最大化問題は，$\max_{(L,C)\in S} U(L,C)$ とシンプルに書ける（数学記号 $\in$ は，以下の集合に「属する」という意味を表す）．

[7]　このように機会の平等と羨望のない配分（envy-free allocation）の考え方の間には，密接な関係が存在していると考えられる．Yamashige（1997）も参照のこと．

3.2.3 不確実性下の意思決定

　私たちの生活の中で，不確実性の考慮は欠かせない．そこには様々なリスクが存在し，そのリスクへの適切な対応ができない場合には，貧困に陥る可能性さえある（第9章2.1節）．そして，本書が関心を抱く家族，共同体，政府は，個人が十分対応できないリスクを共有する主体として，重要な役割を果たしてきた．以下では，そのような重要な意味を持つ不確実性の下での意思決定について，簡単に説明しておきたい．

(1)　危険回避行動

　最も単純なケースとして，2つの状態，状態0および状態1があり，確率π_0およびπ_1で，各状態が起こると仮定する（$\pi_0+\pi_1=1$）．ここで，「公平なくじ（Fair Lottery）」を「期待利得がゼロのくじ」と定義する．例えば，状態0が発生した時に100万円失い，状態1が生じた時に100万円をもらえる「100万円くじ」があり，2つの状態がそれぞれ50％の確率で起こるならば，それは「公平なくじ」となる．

　人間に一般的に見られる特徴の一つとして，このような「公平なくじ」を回避するという傾向がある．例えば，100万円しか財産を持っていない状況で，上記の「100万円くじ」に挑戦するかと聞くと，多くの人は挑戦しないと答える．その答は「0.5の確率で100万円失い，0.5の確率で101万円をもらえるくじ」とした場合でも，一般に変わらない．つまり，多くの人は，期待利得が正のくじさえ回避しようとする[8]．

　確かに「100万円くじ」に挑戦する「危険愛好家（risk-lover）」もいるが，多くの人は公平なくじを回避しようとする．このような「公平なくじを回避する傾向」を，「危険回避的（risk-averse）」と呼ぶが，人間の選好は多様で

---

[8]　上記の問いに対する答えは，現在の所持金・資産に影響される．例えば，100億円の財産を持つ人は，上記のような「100万円くじ」に挑戦するか否かという質問に対して，中立的，つまり「どちらでもよい」という態度を示すかもしれない．資産水準の変化に伴い危険回避度が変化することは広く認識され，（相対的および絶対的）危険回避度に関する研究が行われている．

あるにも関わらず，リスクに関しては多くの人が「危険回避的」であることは興味深い．実は「危険回避的」な行動は，人々が金銭的期待値ではなく，効用の期待値を最大化するように意思決定を行っているとする「期待効用仮説」と，「限界効用は逓減する」という仮定の下では，自然な行動として説明できる．

このことを説明するために，財産水準 W（単位は万円）に依存する効用関数 $u(W)$ を考え，人々は財産に関して「限界効用が逓減する」特性を持つと，仮定する[9]．ここで，限界効用が逓減する場合には，100万円を得ることによる効用の増加（u_+）よりも，100万円を失うことによる効用の減少（u_-）の方が，大きくなる．この結果，金銭的な期待利得はゼロでも，このくじを買うことで，効用の期待値（$0.5u_+ + 0.5u_-$）はマイナスになる．したがって，人々が期待効用に基づいて意思決定を行っているとすれば，限界効用が逓減している限り，公平なくじを受け入れることはないと説明できる．

さて，いま100万円を持つ個人が，「100万円くじ」を強制的に持たされたとする．危険回避的な個人にとって，そのような財産の変動は回避したいことである．したがって，財産の変動を回避できるのであれば，いくらかの「保険料」を支払ってもよいと考えるだろう．危険回避的な個人に関しては，$0.5u(200) + 0.5u(0) < u(100)$ が成立するので，$0.5u(200) + 0.5u(0) = u(100-\rho)$ が成立する保険料 $\rho > 0$ が存在し，それが，この個人が最大支払ってもよい保険料となる[10]．危険回避的な人々が，財産の変動を避けるために，いくらかの財産を犠牲にしてもよいと考えていることが，保険をビジネスとして成立せしめている．

---

[9] このような効用関数は，「von Neumann-Morgenstern 効用関数」と呼ばれる．消費が財産を使って行われ，消費からの限界効用が逓減するならば，財産に応じた効用関数についても，「限界効用逓減の法則」を仮定することは自然だろう．

[10] この ρ は，期待損失がゼロのリスクを回避するために最大限支払ってもよいと考える保険料である．期待損失がプラスの場合，最大限支払ってもよいと考える保険料は，期待損失に一定額 $\rho > 0$ を上乗せした額になる．期待損失に上乗せして支払ってもよいと考える額 ρ は，リスク・プレミアムとも呼ばれる．

(2) 不確実性への対応

財産の変動を小さくするための基本的な手法は，予想される変動を相殺するような何かを，持つことである[11]．特に，病気や事故など，財産や効用の損失が発生する原因が明確である場合には，その原因が発生した時に，財産や効用の損失を補塡する特別な手段を持つことで，予想される変動を小さくできる．そのような手段を，ここでは保険と呼ぶことにする．前述のように，人々は財産の変動を回避したいと考えるので，損失の期待値と保険料が一致するような公平な保険であれば，喜んで購入するし，若干のリスク・プレミアムを支払ってでも，保険を購入したいと考える．

しかしながら，注 3.6 で説明するように，市場では，情報の非対称性ゆえに十分な保険が提供されないため，私たちは，日常の人間関係の中で様々な「保険」を持とうとする．家族や友人との関係を良好に保つ理由の一つは，市場では十分に提供されない保険を確保することにあると，考えられる（第 9 章 2.2 節も参照）．

注 3.5（保険の原理） 悪い状況の発生のタイミングが，個人間で異なるならば，複数の人の間でリスクを集積（プール）し，共有（シェア）する契約を結び，悪い状況に陥った個人への支援を，陥っていない他の個人が行うことで，状況を安定させることが可能になる．これが，「保険」の基本的な考え方であり，リスク・プーリングあるいはリスク・シェアリングと表現される．ただし，自然災害や不況のように，悪い状況が多くの人に一斉に発生してしまうショックの場合には，効果的なリスク・シェアリングを行うことができなくなる．この場合，世代あるいは国境を越えたリスク・シェアリングを行うために，永続性や国際交渉力を持つ政府の存在が重要になる場合も少なくない．そのような観点から政府の役割を論じたものとして，Gordon and Varian（1988）や Shiller（1999）などがある（山重（2011b）も参照）．

注 3.6（逆選択の問題） 人々の間でリスクの程度は異なり，そのリスクの

---

11) 予想される変動を相殺することで，不確実性に対応する手法としては，保険以外にも，投資信託やデリバティブといった金融商品の購入なども考えられる．

程度は，一般に保険会社には正確にはわからない．このような「情報の非対称性」がある場合，保険会社は平均的なリスクに基づいて保険料を設定することが，考えられる．ここで，個人は自分のリスクに関して，比較的正確な情報を持っているとすれば，平均的なリスクに対応する保険料を支払ってもよいと考える個人は，平均よりも高いリスクを持つ個人であろう．つまり，保険会社が期待するリスクの低い個人は，市場から退出し，リスクの高い個人のみが，市場に残ってしまうという，「逆選択の問題」が起こる（第2章2.1節(4)も参照）．

　この問題が発生する時，市場に残る個人のリスクの平均値は，社会全体のリスクの平均値を上回ってしまうため，保険料も当初より引き上げなければならない．その結果，市場に残る個人の中でも，リスクが平均より低い人は，保険料が高すぎると感じて，市場から退出する．こうして，市場に残る人の平均的なリスクが上昇していく結果，保険料も高騰せざるをえず，保険を購入できる人は限られてしまう．極端な場合，保険契約が全く結ばれないという事態も起こりえる（Akerlof 1970）．保険市場における，このような市場の失敗ゆえに，家族や地域社会は，保険商品を代替する機能を果たしてきたと考えられる．ここに，市場の発達と，家族・社会の間に密接な関係が生まれる一因が，潜んでいる．

注3.7（モラル・ハザード問題）　保険契約において，被保険者の行動に関する情報が不完備である場合は，少なくない．その場合，保険があることで安心して，人々がリスクの高い行動をとる可能性がある．言うまでもなく，そのような行動がとられることは，保険会社の観点，あるいは社会的観点から見れば望ましくないことであり，モラル・ハザード問題と呼ばれる（「モラル」については本章3.5節(2)も参照のこと）．被保険者が，リスクの高い行動をとらないようにするための基本的な手段は，完全な保険ではなく，不完全な保険を提供することである．その場合，被保険者は一定のリスクをとることを強いられるので，危険回避的な個人は，リスクの低い行動をとるインセンティブを持つ．保険契約において，少額の損失に関する免責，あるいは損失の一定割合の自己負担などを設けることが多い．不完全な保険を提供す

ることで，リスクの高い行動を抑制する手法と考えられる．

3.3 ゲーム理論入門

非市場的な取引が活発に行われている家族や共同体の機能や構造を分析する上で，ゲーム理論は極めて有用なツールとなる．以下では，その基本的な表現や考え方を紹介しておこう[12]．ゲームの分析は，大きく分類すると，プレーヤーが同時に意思決定を行う「同時手番ゲーム（Simultaneous-Move Game）」と，プレーヤーが順番に意思決定を行う「逐次手番ゲーム（Sequential Game）」に分けられる．複雑なゲームも，これら2つのタイプのゲームの組み合わせと考えることができる．

以下では，本書において重要な役割を果たす「寄付ゲーム」を用いて，基本的な考え方を説明していく．

3.3.1 同時手番ゲーム

いま，全く面識のない2人の個人に，それぞれ1万円札を渡し，「寄付箱」に1万円を寄付するか否かを個別に問う．寄付箱に投入されたお金は，6割増になり，誰が寄付したかを問うことなく，2人に均等に分配される．これは，寄付の便益は社会全体で広く享受されるというイメージに対応している．

2人とも寄付する場合，寄付箱では2万円が3万2000円になり，2人に1万6000円ずつ分配される．一方，1人だけ寄付する場合，寄付箱では1万円が1万6000円になり，2人に8000円ずつ分配される．両者とも寄付しない場合には何も起こらない．あなたがプレーヤーの1人になった場合，1万円を寄付するだろうか．

このゲームでは，2人とも寄付することで，2人の利得の総和は最大になる．したがって，2人とも寄付した方がよい．しかしながら，実は，個人の効用（利得）は最終的にもらえるお金に等しいという仮定の下では，合理的な意思決定は，寄付しないことである．これが，ゲーム理論が示唆すること

---

[12] ゲーム理論の優れた入門書として，岡田（2008）がある．さらに発展的なテキストとしては岡田（2011）などがある．

である．実際試してみると，寄付しないという選択をする人は多い．

問題を整理して考えるために，表 3.1 のような利得表（Payoff Matrix）を描いてみよう．このゲームは，同時手番ゲームなので，2 人の個人にとっての戦略は，「寄付する」と「寄付しない」のいずれしかない．個人 1 の戦略を左端の列に記述し，個人 2 の戦略を一番上の行に記述する．そして，それぞれの戦略の組み合わせからなる 4 つの結果に応じて，それぞれの個人の受取額が，残りのマスの中に記述される．各マスの数字のうち，左側の数字が，個人 1 の最終受取額，右側の数字が，個人 2 の最終受取額である．

表 3.1 寄付ゲームの利得構造(1)

(単位：万円)

個人 1／個人 2	寄付する	寄付しない
寄付する	1.6, 1.6	0.8, 1.8
寄付しない	1.8, 0.8	1, 1

2 人とも寄付しない場合，右下隅のマスに示されるように，それぞれ 1 万円が手元に残る．一方，2 人とも寄付する場合，中央のマスが示すように，それぞれ 1 万 6000 円を最終的に受け取る．これに対して，例えば，個人 1 が「寄付する」を選び，個人 2 が「寄付しない」を選ぶなら，個人 1 は 8000 円を受け取り，個人 2 は 1 万 8000 円を受け取ることができる（逆の戦略の組み合わせでは利得の組み合わせは逆）．

(1) 支配戦略

ここで，個人 1 の立場に立って考えてみる．いま個人 2 が寄付すると仮定してみると，自分が寄付した場合の利得は 1 万 6000 円，寄付しなかった場合の利得は 1 万 8000 円である．つまり，「寄付しない」ことによって，高い利得が得られる．次に，個人 2 が寄付しないと仮定してみると，自分が寄付した場合の利得は 8000 円，寄付しなかった場合の利得は 1 万円である．この場合も，「寄付しない」方が高い利得が得られる．

このように，他のプレーヤーの戦略に関わらず，ある戦略が最高の利得をもたらす時，その戦略は「支配戦略（Dominant Strategy）」と呼ばれる．寄付

ゲームでも,「寄付しない」という戦略が支配戦略となっている．合理的な意思決定においては，相手の戦略いかんによらず，採択すべき戦略と考えられるのである．

寄付ゲームでは，各個人が寄付することが，全体から見て最も望ましいにも関わらず，利己的な個人の合理的な意思決定な決定の結果，誰も寄付しないという非効率的な状態が選択されることが，予想される．このような問題は，ゲーム理論では「囚人のジレンマ」の問題と呼ばれている．

(2) ナッシュ均衡

次に,「寄付ゲーム」において寄付を2人とも行わない場合には，それぞれから1万円を取り上げるというルールの修正を行う．この結果，利得表は，表3.2のようになる．

表3.2 寄付ゲームの利得構造(2)

(単位：万円)

個人1／個人2	寄付する	寄付しない
寄付する	1.6, 1.6	0.8, 1.8
寄付しない	1.8, 0.8	0, 0

この新しいルールの下では,「寄付しない」という戦略は，もはや支配戦略ではない．再び，個人1の立場から考えてみよう．個人2が寄付する時，自分が寄付した場合の利得は1万6000円，寄付しなかった場合の利得は1万8000円である．つまり,「寄付しない」ことが最適戦略となる．一方，個人2が寄付しない時，自分が寄付した場合の利得は8000円，寄付しなかった場合の利得は0円であり，この場合は,「寄付する」ことが最適戦略となる．つまり，支配戦略は存在しない．

このゲームでは，2つの「均衡」があると考えられる．まず，個人2が「寄付する」を選ぶ場合，個人1が「寄付しない」を選ぶことは，最適である．一方，個人1が「寄付しない」を選ぶ場合，実は個人2にとって「寄付する」ことが，最適となる．したがって，個人2が「寄付する」を選び，個人1が「寄付しない」を選ぶという状況では，お互いが最適戦略をとっていること

になるので，2人ともそれぞれの戦略を変えるインセンティブを持たない．

同様の特性は，個人2が「寄付しない」を選び，個人1が「寄付する」を選ぶという状況においても，成立する．このような安定的な状況が，「ナッシュ均衡」と呼ばれる均衡である．ナッシュ均衡を特徴付けるのは，戦略の「相互最適性」である．すなわち，ナッシュ均衡では，それぞれのプレーヤーの戦略が，他の個人の戦略に対して最適な戦略となっているという特徴がある．

ナッシュ均衡を，少し一般的な表現で定義しておこう．2人のゲームで，個人1と個人2の戦略の集合を A_1 および A_2 で表す．戦略の組み合わせ (a_1, a_2) の下での個人1および個人2の利得を，関数 $u_1(a_1, a_2)$ および $u_2(a_1, a_2)$ で表す．戦略の組み合わせ (a_1^*, a_2^*) がナッシュ均衡と呼ばれるのは，次の2つの条件が成立する時である[13]．

$$u_1(a_1^*, a_2^*) \geq u_1(a_1, a_2^*) \qquad \forall a_1 \in A_1 \qquad (3.7)$$

$$u_2(a_1^*, a_2^*) \geq u_2(a_1^*, a_2) \qquad \forall a_2 \in A_2 \qquad (3.8)$$

これら2つの条件式は，戦略 a_1^* および a_2^* が，他のプレーヤーの戦略を所与とした上で，各プレーヤーの効用を最大化する戦略であることを示している．したがって，戦略の集合が実数の集合で，効用関数が各変数で微分可能であれば，以下の2つの1階条件（本章注3.3を参照）がナッシュ均衡を特徴付けることになる．

$$\frac{\partial u_1(a_1^*, a_2^*)}{\partial a_1} = 0 \quad \text{および} \quad \frac{\partial u_2(a_1^*, a_2^*)}{\partial a_2} = 0 \qquad (3.9)$$

3.3.2 逐次手番ゲーム

前項で見たように，同時手番ゲームでは，複数のナッシュ均衡が存在することが少なくない．いずれの均衡が選ばれるのかについては，一般的な理論は存在しない．ここで，手番が与えられた場合，いずれかの均衡が選択される状況が生まれる可能性もある．

---

13) 例えば $\forall a_1 \in A_1$ という表記は，「集合 A_1 に属する任意の戦略 a_1 に対して (for all a_1 in A_1)」という意味である．

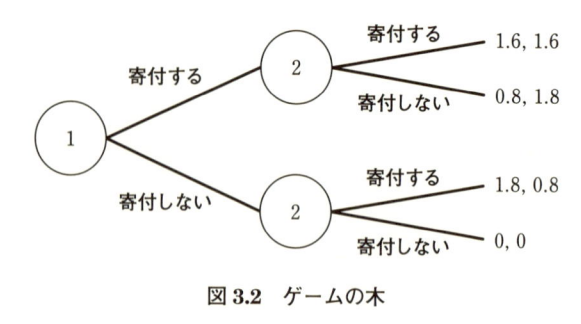

```
                    寄付する  1.6, 1.6
          寄付する  ②
      ①           寄付しない 0.8, 1.8
          寄付しない         寄付する  1.8, 0.8
                    ②
                    寄付しない 0, 0
```

図 3.2　ゲームの木

　例えば，表 3.2 で，個人 1 が先に寄付するか否かを決定し，その行動を見た上で，個人 2 が寄付するか否かを決めるゲームを考える．このような逐次手番ゲームは，一般にゲームの木（Game Tree）を描くことで，わかりやすく分析できる（図 3.2）．

　このような逐次手番ゲームでは，ゲームの最終段階から「後ろ向きに解く方法（backward induction）」が，合理的な意思決定の手法と考えられる．そこで，最後に選択する個人 2 の判断を，まず考えてみる．図 3.2 で，個人 1 が「寄付しない」を選んだら，「寄付する」という選択を行った方が，利得が高い（0.8＞0）．一方，個人 1 が「寄付する」という選択を行った場合，「寄付しない」ことで，高い利得を得られる（1.8＞1.6）．

　そのような行動を予想して，個人 1 は意思決定を行う．「寄付する」および「寄付しない」という選択に付随する利得は，それぞれ 8000 円および 1 万 8000 円である．したがって，個人 1 は「寄付しない」ことを選択するだろう．このゲームでは，先手として意思決定を行う個人 1 は，ただ乗りの恩恵を受けられる．

　ここで，個人 2 が，自分の手番が後であることを不利だと感じて，ゲームが始まる前に個人 1 に対して，「私は絶対に寄付しない」と宣言したとしよう．もし，個人 2 が本当に寄付しないのであれば，個人 1 は自分が「寄付する」方が利得が高い．個人 2 の宣言は，期待通りの効果を持つだろうか．

　ゲーム理論では，「絶対に寄付しない」という個人 2 の宣言は，功を奏しないと考える．個人 1 がその宣言を無視すると考えられるのは，個人 1 が「寄付しない」ことを選べば，高い利得を目指す合理的な個人 2 は，「寄付す

る」を選ぶはずであり，そのような宣言は合理的な個人の意思決定として，「信用できる脅し（credible threat）」ではないからである．それは，「空脅し（empty threat）」と考えられるのである．

　脅しという戦略は，人をコントロールするために頻繁に用いられる戦略である．その戦略が用いられる際，重要なのは「脅し」が信用できるものであるか否かである．脅しを信用あるものとするためには，その戦略が合理的と考えられる状況（利得構造）が存在しなければならない．時として，私たちは，脅しが「空脅し」ではなく，「信用できる脅し」となるような状況を，自ら作り出すこともある．

注3.8（コミットメント）　戦略の宣言が信用されるための方法が存在する場合，戦略の「コミットメント」が可能であるという．そして，それを可能にする仕組みを，コミットメント・ディバイスと呼ぶことがある．本節での例で言えば，個人1の意思決定の前に，個人2が手元にある1万円を，自分の好きなものを購入するために使ってしまい，寄付することができなくなるという状況を作れるならば，「寄付しない」という脅しは，「信用できる脅し」となる．これは，自分の好きなものを事前に購入することで，「寄付しない」という行為へのコミットメントを示すことができたということであり，個人1の意思決定の前に購入可能な消費財の存在は，コミットメント・ディバイスとして機能することになる．なお，その消費財が，もともと購入予定のものであったのであれば，そのようなコミットメントは非効率性を生まない．しかし，そうではなく，コミットメントを示すために購入するのであれば，非効率性が発生することになる．このように，ゲームを有利に進めるために，非効率的な行動がとられるケースは少なくない．

　上記のように，逐次手番ゲームは「後ろ向きに解く」ことで，合理的と考えられる結果を予想できる．その解は，一般に「部分ゲーム完全均衡（Subgame Perfect Equilibrium）」と呼ばれる均衡で実現する結果に対応する．部分ゲームとは，逐次手番ゲームの進行に伴って，次々に生まれる「残りのゲーム」のことである（ゲーム全体も含む）．すべての部分ゲームにおいてナッシュ均

衡が成立する戦略の組み合わせが「部分ゲーム完全均衡」と呼ばれる．ゲームを後ろ向きに解くことで，すべての部分ゲームで，他のプレーヤーの戦略を所与とした時の最適行動が見つけられるため，結果的に「部分ゲーム完全均衡」の結果を見つけられることになる．

注3.9（「ソフトな予算制約の問題」あるいは「サマリア人のジレンマ」）
図3.2のゲームを少し修正し，「ソフトな予算制約の問題」として知られる問題を紹介しておこう．その問題は，公企業や地方自治体の放漫経営の構造を説明する際に用いられることが多いが，ここでは，本書が関心を抱く親子関係を例として説明する．個人1を子供，個人2を親と考える．「寄付する」および「寄付しない」は，子供については「努力する」および「努力しない」という行動に，親については「救済する」および「救済しない」という行動に，読み替える．ここで想定しているのは，成人した子供が，自立した生活を営むよう努力するか否か，という問題である．それが問題となるのは，子供が自立できなくなった時に，親が救済する可能性があるからである．

　子供が自立の努力をする場合，親にとっては「救済しない」を選択する方が，望ましい．一方，子供が自立の努力をしない時に，親としては「救済する」方が利得が高いとすれば，状況は図3.2のゲームの構造と同じになる．この状況では，子供は自立の「努力をしない」ことを選択し，その結果，親は「救済する」という選択を行うことになる．ここで，親が「絶対に救済しない」と脅しても，無駄である．親の選好を知る子供は，それが「空脅し」であることを，正しく認識するからである．このように，事後的に救済を行えるプレーヤーがいるために，人々が自立の努力をしなくなってしまう問題は，「ソフトな予算制約の問題」として知られている．救済を期待するプレーヤーの「予算制約」は，ハードなものとなっておらず，事後的な資金投入を期待したソフトなものとなるからである[14]．言うまでもなく，子供の自立を望む親としては，このような状況はジレンマである．そのジレンマは，しば

---

14) ソフトな予算制約の問題に関するわかりやすい説明として，柳川（2000，第7章）も参照のこと．

しば恵まれない人を救う心優しい人々として新約聖書に出てくるサマリア人が直面することになるジレンマという意味で,「サマリア人のジレンマ」(Buchanan 1975) とも呼ばれている（第9章1節も参照のこと）．なお，この問題は，子供の努力を常時モニターして努力を促すことができれば，回避できる可能性もある．その意味で，モラル・ハザード問題（注3.7）の一つと考えることもできる．

3.3.3　繰り返しゲーム

同時手番ゲームが繰り返し行われる時,「繰り返しゲーム (repeated game)」と呼ばれる．特に無限回繰り返されるゲームでは，1回限りの同時手番ゲームでは均衡となりえなかった行動がとられる可能性があることが，知られている．そのような結果を，表3.1で表現される寄付ゲームを用いて，例証していこう．以下では「寄付する」という行動が，無限繰り返しゲームでは選択される可能性があることを示す．

繰り返しゲームにおける戦略とは，過去の行動の歴史のそれぞれに対して，どのような行動をとるかを示したものである．寄付することが，お互いに合理的となりうる代表的な戦略として,「トリガー戦略 (Trigger Strategy)」と「しっぺ返し戦略 (Tit-for-Tat Strategy)」という2つの戦略が知られている．

表現の簡略化のために,「寄付する」という行動を C,「寄付しない」という行動を D で表す．まず，トリガー戦略とは，次のような戦略である．

1) 最初は「寄付する」という行動からスタートする．
2) 両者が「寄付する」という行動をとる限り，毎期「寄付する」という行動をとる．
3) いずれかが「寄付しない」という行動をとったら，それ以降は「寄付しない」という行動をとる．

一方，しっぺ返し戦略とは，上記1) は同じであるが，その後は相手プレーヤーの前の期の行動を真似る戦略である（注3.10も参照のこと）．以下では，トリガー戦略を取り上げて，2人のプレーヤーがトリガー戦略をとることが，

部分ゲーム完全均衡となりうることを示す．

両者がトリガー戦略 (σ_1, σ_2) をとっていれば，各プレーヤーはまず「寄付する」という行動からスタートし，その後も「寄付しない」という行動を選択する状況は生まれないので，「寄付する」という行動をとり続ける．両者とも寄付し続けるので，この時の個人 i の総利得は，次のように計算される．

$$U_i(\sigma_1, \sigma_2) = u_i(C, C) + \delta_i u_i(C, C) + \delta_i^2 u_i(C, C) + \cdots = \frac{1}{1-\delta_i} u_i(C, C)$$

ここで，δ_i は個人 i の割引因子（$0 \leq \delta_i < 1$）と呼ばれるもので，個人 i が将来の利得を現在の利得と比較して，どれくらい割り引くかを表している．その値が1に近いほど，個人 i は将来の利得を，現在と同等に重視していると考えられる．そのように計算される総利得は，割引現在価値と呼ばれる．上記の計算式に具体的な利得の値を代入すると，両者がトリガー戦略をとり続ける時の利得の割引現在価値は，$U_i(\sigma_1, \sigma_2) = 1.6/(1-\delta_i)$ となる．

ここで，相手がトリガー戦略をとっている時に，トリガー戦略をとるよりも高い利得を得られる可能性のある戦略として，最初から「寄付しない」という行動をとり続けるという戦略を考える．相手（以下では個人2）はトリガー戦略をとっているので，ゲームの結果は次のようになる．

個人1：$D, \ D, \ D, \ D, \cdots$

個人2：$C, \ D, \ D, \ D, \cdots$

1期目に「寄付しない」ことで高い利得が得られるが，相手は次の期以降「寄付しない」という行動をとり続ける．これが利己的な行動の代償である．相手が「寄付しない」という行動をとり続けるので，2期目以降の最適行動は，「寄付しない」ことである．このような戦略からの利得を計算してみると，次のようになる．

$$u_i(D, C) + \delta_i u_i(D, D) + \delta_i^2 u_i(D, D) + \cdots$$

$$= u_i(D, C) + \delta_i [u_i(D, D) + \delta_i u_i(D, D) + \cdots]$$

$$= u_i(D, C) + \frac{\delta_i}{1-\delta_i} u_i(D, D)$$

ここで,具体的な利得の値を代入してみると,次のようになる.

$$\overline{U}_i = 1.8 + \frac{\delta_i}{1-\delta_i} \quad (1)$$

ここで,トリガー戦略をとることがナッシュ均衡になるのは,相手がトリガー戦略をとっているときに,自分もトリガー戦略をとる方が,それ以外の最もよい戦略の利得以上の利得をもたらす場合である.実は,上記のような戦略よりも高い利得をもたらす戦略は,存在しない.つまり,相手がトリガー戦略をとっている時に $U_1(\sigma_1, \sigma_2) \geq \overline{U}_1$ および $U_2(\sigma_1, \sigma_2) \geq \overline{U}_2$ が成立するならば,自分もトリガー戦略をとることが最適になる.この条件を解くことによって,各プレーヤー i ($i=1, 2$) について,次の条件式を得る.

$$\frac{1.6}{1-\delta_i} \geq 1.8 + \left(\frac{\delta_i}{1-\delta_i}\right) \quad \Rightarrow \quad \delta_i \geq \frac{1}{4}$$

したがって,割引因子が十分大きく,人々が将来の利得も重んじるならば,無限繰り返しゲームにおいて,人々はトリガー戦略をとり,効率的な状態を実現できる.利己的な行動に対して,非効率的な状態に陥る行動がとられるならば,低い利得を被ることになる.そのような一種の「制裁」に伴う利得の低下を重視するのであれば,各個人は「寄付する」という協力的行動をとり続けた方がよいという判断に至ると,考えられるのである.

なお,お互いにトリガー戦略をとることは,ゲームの進行に伴って出てくる任意の部分ゲームにおいても,ナッシュ均衡となっている.したがって,それは部分ゲーム完全均衡となる.

注3.10(しっぺ返し戦略のケース) トリガー戦略は,非協力的な行動がとられた場合,その後,ずっと非協力的な行動をとることで,未来永劫「制裁」を続ける厳しい戦略である.一方「しっぺ返し戦略」では,相手が非協力的な行動をとったら,自分も非協力的な行動をとり制裁を行うが,その後,相手が協力的な行動に戻れば,自分も協力的な行動に戻る.したがって,制裁の程度としては弱い.その制裁の弱さゆえに,協力的な行動がとられるために

は，トリガー戦略の場合よりも，人々が将来を重んじることが求められる．

しかし，このように相手の失敗を許す戦略は，Axelrod (1984) らの研究が示唆するように，様々なタイプの戦略との対決において，高い成果を生み出す戦略でもある．しっぺ返し戦略は，相手の過ちに対して制裁を行うものの，反省すればそれを許すことで，様々な行動パターンへの効果的な対応が可能になっていることが，その理由であると考えられる．「目には目を，歯には歯を」という戦略としても知られるしっぺ返し戦略は，人がただ乗りすることを防ぐ戦略として有効である．失敗を許すということの重要性を示唆する結果としても，興味深い（岡田（2008，第 7 章および第 11 章）を参照）．

3.3.4 協力ゲーム（交渉ゲーム）

私たちの生活の中で，共同事業などの成果の配分を，交渉を通じて決めることは多い．その配分がどうなるかは，協力ゲームと呼ばれる領域で研究されてきた．その最も基本的な成果であるとともに，現在でも頻繁に用いられる「ナッシュ交渉解」(Nash 1950) について紹介する．

まず，「寄付ゲーム」において，寄付箱からの還元金は 2 人の個人にまとめて与えられ，その配分は 2 人の間で決めてもらうと仮定する．2 人の利得の和の最大値は 3 万 2000 円なので，交渉による配分を (u_1, u_2) で表すと，それは $u_1 + u_2 = 3.2$ という制約を満たしていなければならない．この式は，実現可能な効用の組み合わせを示しており，「効用フロンティア」と呼ばれる．この制約を所与とした時，ナッシュ交渉解 (u_1^N, u_2^N) は，次のような最大化問題の解として与えられる．

$$\max_{u_1, u_2} (u_1 - d_1)(u_2 - d_2) \quad s.t. \quad u_1 + u_2 = 3.2 \qquad (3.10)$$

ここで d_1 および d_2 は，交渉決裂時（disagreement point）における各個人の利得である．この交渉が，寄付を行うか否かの決定の前に行われるとすれば，それぞれ 1 万円を手にしている状態，すなわち $d_1 = d_2 = 1$ が，交渉決裂時の利得の組み合わせである．

この問題は，予算制約下の効用最大化問題と，同じ構造を持っており，交渉決裂点 (d_1, d_2) を原点として双曲線群を描き，効用フロンティアとの接点

を求めることで，ナッシュ交渉解が求められる．交渉決裂点が $d_1 = d_2 = 1$ の場合，ナッシュ交渉解は還元額を半分ずつ分けるということであるが，交渉決裂点が，例えば $d_1 = 1$ および $d_2 = 0$ となった場合，交渉決裂点での効用が高い個人1が，より高い配分を受けられる．したがって，交渉決裂時に厳しい状況に陥る個人は，低い交渉力しか持たず，交渉において不利な立場に立たされるという，直感的にも説得力のある特徴を，ナッシュ交渉解は持っている．

3.3.5　「共有地の悲劇」の問題

(1)　問題の所在

「寄付ゲーム」は，一般に「囚人のジレンマ」ゲームと呼ばれる問題の一つである（3.1節(1)）．その本質的な問題は，個人の利己的な行動の結果，社会的に見て非効率的な状況に陥る可能性が存在することである．実は，この問題は，社会の様々な問題を議論する際には，「共有地の悲劇」の問題とも呼ばれている．

「共有地の悲劇」の問題とは，誰でも無料で利用できる共有地では，人々が節度ある利用をすれば，その価値を維持できるにも関わらず，人々が自らの利益を求めて最大限の利用をする結果，共有地が失われてしまうという悲劇のことを指している（Hardin 1968）．問題の本質は，共有資源への「ただ乗り」であり，同様の構造を持つ問題は，枚挙にいとまがない．資源枯渇問題から地球環境問題まで，地球上の様々な問題を「共有地の悲劇」問題として解釈することが，可能である．以下では，本書で議論する家族と社会の問題を中心に，3つの事例を紹介しておきたい．

事例1（相互扶助）

近年，家族や伝統的な地域共同体の絆が薄れ，見守りや助け合いといった相互扶助機能が期待できなくなっている．この問題も，「共有地の悲劇」の問題として理解することができる．つまり，共同体の中で扶助を必要とする人を「助ける」という行為は，各自が社会の状態をよくするために「寄付する」という行為と，同じと考えられる．相互に助け合えば，社会的に見て効

率的な状態が実現できるにも関わらず，各自にとっては「助ける」という行為は，何らかの費用を伴うものなので，相手が必要な時に助けてくれても助けてくれなくても，自分は「助けない」という行為をとることが楽であり，一番よいということになるのである．このような利得構造の下では，「相互扶助」はたとえ美しいものだとしても，自然に生まれてくるといったものではない．相互扶助が生まれる仕組みが，必要なのである（詳しくは第6章を参照）．

事例2（社会保障制度の下での出生行動）

本書で重要と考える議論の一つは，社会保障制度の充実が，少子化という，日本社会の構造変化の一因になっていると考えられるということである．その関係は，「共有地の悲劇」の問題として理解できる．ここで考えるのは，「子供を持つ」か「子供を持たない」かという選択である．賦課方式年金制度の下では，子供たちが親の世代の年金のために保険料を拠出するので，人々がそれぞれ子供を持つことで，年金制度は維持される．ところが，子供を生み育てることには費用が伴う一方，自分の子供が拠出する保険料は社会全体で分割されるため，「子供を持つ」という行為は寄付ゲームにおける「寄付する」という行為と本質的に同じとなる．そこで「共有地の悲劇」の問題が発生し，利己的な個人は「子供を持たない」という選択を行う．その結果，少子化が進行し，社会保障制度が崩壊する可能性が生まれる（詳しくは第5章3.3節を参照）．

事例3（交付税制度の下での地方の過疎化）

地方財政制度でも，「共有地の悲劇」の問題が存在し，過疎化の一因となることを指摘しておきたい．問題は，各地方の財源をプールして再分配する仕組みが，存在することである．日本では，そのような仕組みとして，地方交付税交付金制度がある．住民が支払う国税の一部がプールされて，地方自治体に再分配される仕組みである．この仕組みが存在する場合，それぞれの自治体が財源創出の「努力をする」方がよいにも関わらず，その成果の一部がプールされて，社会全体に再分配される場合，寄付ゲームと同様，各自治

体は費用を払って財源創出の努力をするより，他の自治体が努力して，その成果の一部の再分配を受ける方がよいことになる．その結果，各自治体は努力を怠る．現在，多くの自治体で過疎化が進んでいるが，交付税制度の下で，自立のための必死の努力を行ってこなかった結果とも考えられる（詳しくは第10章 3.2 節を参照）．

(2) 解決方法

このように，「共有地の悲劇」の問題のために，私たちの社会では様々な非効率性が生まれる．しかしながら，そのような非効率性が存在する場合には，非効率性を改善する工夫が行われることが期待される．「コースの定理」（第2章 3.1 節(1)を参照）が指摘するように，取引費用がゼロならば，当事者間の交渉を通じて，パレート効率性が実現すると考えられる．

基本的な考え方は，何らかの仕組みを用いて利得構造を変化させ，自発的に協力行動をとらせることである．以下では，「共有地の悲劇」の問題の代表的な解決方法について，整理しておきたい．経済学的な観点からは，「共有地の悲劇」の問題において非効率性が発生するのは，私たちの行為が外部性を持つからと説明することもできる．したがって，「共有地の悲劇」の問題を解決するために，「外部性の問題」を改善する様々な手法を活用することができる．

解決策1（法的契約）

まず，協力的な行動をとることに関して，法的契約を結ぶことで問題を解決する方法が考えられる．つまり，非協力的行動をとる場合には，罰則を与えるという契約を結ぶことで，人々が自発的に協力するようになるということである．この解決策は頻繁に用いられるが，有効な仕組みとして機能するためには，法制度が確立しており，実効的な契約を結ぶ費用が，それほど大きくないことが必要である．例えば，法制度は確立していても，非協力的な行動がとられたことの立証に多大な費用が必要な場合には，契約は不完備にならざるをえず，「共有地の悲劇」の問題を完全には克服できないことになる．このような状況における契約の問題は，「不完備契約の理論」として知

られている（第2章 2.1節(5)を参照）．

解決策2（長期的関係）

本章の3.3節では，長期的な関係が存在し，人々が将来の利得を重視する場合，非協力的行動に対して制裁を加えることが可能になるので，人々に協力的な行動をとらせることができるようになることを見た．したがって，フォーマルな法的契約を結ぶことが難しい場合でも，トリガー戦略のような制裁を内包するルールが，社会規範（social norm）という，一種のインフォーマルな契約として共同体に存在し，人々の利己的な行動を抑制するメカニズムとして機能してきたと考えられる．しかしながら，人々の流動性が高まるにつれて，人々の長期的関係は失われるようになり，具体的な制裁を伴う社会規範は機能しなくなってきた．これが，長期的関係を基礎とする伝統的な共同体が弱体化してきた理由であると，考えられる．

解決策3（心理的制裁（モラル））

具体的な制裁の発動を伴う社会規範は，人々の流動性の高まりとともに失われてきたが，多くの社会では，伝承や道徳（モラル）の教育などを通じて，利己的な行動に対して，自ら心理的制裁を受けるようにする努力を行ってきた[15]．モラルの体系とは，人々の非協力的行動を抑制するために，社会が生み出した工夫の一つと考えられるのである．例えば，環境教育のように，人々の認識・選好に影響を与えようとする社会的取り組みは，様々な場面で観察される．そのようなモラルの醸成を通じて，協力的な行動を引き出す努力が行われているが，実際の制裁を伴わないモラルによる非協力的行動の抑制力は，やはり弱いと考えざるをえない．

---

15) Johnson and Krüger（2004）は，歴史的には，社会的に見て望ましくない行動への心理的制裁として，宗教や伝承などに記された超自然的制裁（supernatural punishment）が重要であったとの指摘を行っている．宗教や伝承に見られる神，あるいはそれに類する存在による制裁への心理的恐れから，非協力的な行動が抑制されている事例は数限りないこと，そして，同じような宗教や伝承が，地域によって少しずつ異なるのは，非協力的行動が問題となる状況が地域によって異なるからであろうという指摘は興味深い．

解決策 4（課税・補助金）

徴税権を持つ主体，例えば政府が存在すれば，利己的な行為に対して課税を行う，あるいは，協力的な行為に対して補助(負の課税)を行うことで，人々に協力的な行動をとるように，利得構造を変えることができる．公共政策の分野では，効率性の改善を目的として，人々の利己的な行動を抑制するために課される税や補助金は，「ピグー税・補助金」と呼ばれている．例えば，環境負荷を高める行為に課税する環境税は，ピグー税の一例である．「共有地の悲劇」の問題に直面する家族や共同体の場合，「罰金」や「報酬」が課税・補助金と同様の機能を果たす．課税と補助金のどちらがよいかは，それぞれの主体の状況による．一般に，補助金には財源が必要なので，それを必要としない課税による規律付けが好まれる．しかし課税は，一般に人々の利得を低下させるため，賛同を得られない可能性が高い．その結果，課税や制裁金による規律付けが行われる共同体には，魅力を感じず，別の共同体に移ってしまう可能性がある．そのような状況が存在する場合，何らかの形で資源を集めて，協力的な行為に対する補助を行う必要性が出てくる．

解決策 5（市場の創設）

厚生経済学の第1命題は，「すべての財・サービスが完全競争市場で取引されているならば」パレート効率性が実現することを明らかにする（第2章2.1節）．この命題に基づけば，「共有地の悲劇」の問題の本質は，行為が生み出す「サービス」を，適正な価格で取引する市場の欠如（Missing Markets）にある．そこで，非効率性を生む活動を行う権利を定義し，完全競争市場で取引させる仕組みを作ることで，「共有地の悲劇」の問題を解決できる．環境問題を解決するために，二酸化炭素をはじめとする，環境負荷物質を排出する権利を定義し，市場で取引させる「排出権取引」の仕組みは，まさに「市場の創設」による解決策である[16]．家族や地域共同体で完全競争を実現する

---

[16] このような解決策の難しさは，創設された市場を適正に機能させるための費用が高くなることである．一般に市場で望ましい取引が行われるためには，いくつかの条件が必要となるが，それらが満たされるためには，例えば監視を続ける必要がある．そのような資源の投入に見合うだけの便益が生まれるか否かが，この手法の有効性の判断材料となる．

ことは難しいが，人々の間でやりとりされる贈り物は，協力的な行為に対する分権的な報酬支払いの意味があると考えられる．おそらく厳密な意味では，「市場の創設」とは言えないが，相互扶助が生み出すサービスを適正な価格で分権的に取り引きすることで，「共有地の悲劇」の問題を回避する手法がとられていると考えることもできる．

3.4 まとめ

本章では，第Ⅱ部における理論的考察を理解する上で必要となる，経済分析の基本的な考え方について解説した．本章で紹介したモデルが示唆するように，経済学の理論分析では，複雑な要素を捨象することで，数学的なモデルを構築し，そのモデルを解くことで，社会や経済に関する洞察を得ようとする．

第Ⅱ部で見る様々なモデルでは，家族や共同体を特徴付ける現実的な要素を導入することで，モデルは本章のそれよりもはるかに複雑になる．現実的な要素をモデルに取り入れていくことで，私たちは，家族や共同体の機能や政策の影響について，新しい洞察を得てきた．しかしながら，私たち人間の能力には限界があり，現実を完全に説明できるモデルを構築し，複雑な現実を説明することは不可能である．

そのような理論分析の限界を正しく理解した上で，第Ⅱ部で展開されるモデルを見ていくことは，有用である．理論分析は，私たちが関心を抱く様々な現象の本質的な構造を理解する上で，極めて有用であるが，複雑な全体像を理解するためには，不十分である．数学的なモデルに基づく理論分析が明らかにする根幹に，いわば枝葉をつけていく作業は，私たちの想像力に依存する「言葉」によらざるをえない．しかし，それもまた複雑な現実を理解するためには，やはり必要な作業である．「経済学的に考える」ことの面白さは，そのような論理と想像力の2つを用いた複層的なアプローチに基づいて，現実の社会や経済を理解しようとするところにあるのかもしれない．

第 II 部

家族と共同体の経済分析

第4章 家族の形成
―― 家族を作るということ

> 「創造主は初めから人を男と女とにお造りになった」
> 『新約聖書』マタイによる福音書 19：4

4.1 はじめに

本章では，家族形成の問題について考える．生物的な観点からは，人間の営みの最終目標は，自らの遺伝子を引き継ぐ子孫を生み育てることにあると言える．そのような目標を遂行してきた遺伝子のみが，いまここに存在している[1]．人間的な観点からは，子孫を生み育てることが最終目標とは言えないとしても，この生物的な目標が，どのように遂行されるのかについて，理論的に整理しておくことは重要である．

通常，子孫を生み育てることは，一組の男女が結婚するところから始まる．近年の少子化の一因は，非婚あるいは晩婚にあると考えられているが，非婚・晩婚のデータが法的な結婚に関するものであることに注意すれば，このような認識が適切でないことがわかる．法的な結婚は，子孫を生み育てるための必要条件ではない．子供を産み育てるために必要なのは，男女の出会いだけである[2]．

法的な「結婚」とは，人間が生み出した社会的制度である．この法的な結婚が制度化されると，その解消としての法的な「離婚」というものが，必然的に制度化される．結婚・離婚という制度は，人々の「子孫を産み育てたい」という欲求を，社会的にコントロールするために創られた制度である．

次節では，まず人々の出産・育児行動が，どのような要因によって影響を受けるかについて，考察する．その理解を基に，第3節では，結婚・離婚と

---

1) Dawkins（1976）を参照のこと．
2) 生物学的に言えば，必要なのは卵子と精子の出会いである．実際，近年の技術の発展により，子供を産み育てるためには，男女の出会いさえ必要なくなっている．

いった社会的な制度が，なぜ創り出され，それがどのように人々の出産・育児行動をコントロールするのかについて，経済学的に考察する．第4節は，まとめである．

4.2 出産・育児

子供を生み育てることが，生物的に動機付けられたものであるとしても，人は，子供の数や出産のタイミングを，ある程度コントロールできる[3]．しかしながら，コントロール技術の不完全性，出産までに必要な時間，あるいは出産の生物的限界などは，最適な子供数を実現することを困難にする．このように，出産・育児の意思決定の問題を複雑にする，様々な要素がある．しかし，ここでは意思決定の問題をできるだけわかりやすく説明するために，簡単なモデルに基づいて分析を進めていく．

4.2.1 設定・仮定

はじめに，モデルの設定および仮定について説明しておこう．まず，子供を持つ動機を，消費的動機と投資的動機に分ける．消費的動機というのは，「子供はかわいいから持ちたい」という動機である[4]．一方，投資的動機とは，「子供は将来自分に収益をもたらすから持ちたい」という動機である．例えば，老後働けなくなった時に扶養してもらうことを期待して子供を持つ，といった動機が該当する[5]．

出産の意思決定は，出産の前に行われると仮定する．そして，男女を問わず，それぞれ最適な子供数と子供への最適な資源移転（時間および消費財の移

---

[3] 例えば，異性との出会いの機会の創出あるいは禁止，避妊，堕胎，中絶といった手法は，伝統的にも利用可能であった．さらに近年は，避妊や不妊治療に関する技術進歩により，子供の数や出産のタイミングのコントロールの精度は高まっている．特に，避妊の技術の進歩が，人類の人口動態の変化に与えた影響は計り知れない．

[4] このような動機は，表面的には，その個人の利己的な楽しみのために子供を持つという享楽的な動機のようにも見える．しかし，この「子供はかわいい」という感覚こそ，生存を続ける遺伝子が，成長に時間の必要な子供がきちんと育てられるように，脳に埋め込んだ意識であるとも考えられる．

転)を考えるとする．また，簡単化のため，1期間モデルとし，不確実性はなく，子供の数も整数である必要はなく，実数であればよいと仮定する．いずれも非現実的な仮定であるが，可能な限り問題を簡単に分析するための仮定である．

なお，結婚した個人の意思決定は，通常，パートナーとのゲームや交渉を通じて行われるが，本節では，その要素は捨象し，パートナーの行動を所与として，意思決定が行われる状況を想定して分析を進める．特に，本書では，出産や女性の労働供給の問題に関心があるので，以下では，女性の意思決定問題を想定した分析を紹介する[6]．

4.2.2 基本モデル

第3章で見た経済学の基本モデルをベースとして，出産の意思決定問題を定式化する．まず，基本モデルでは，人々の効用は消費 c と，子供の数 n のみに依存すると仮定し，効用関数 $U(n,c)$ で表されるものとする．子供を1人育てるために，一定の子育ての時間 m と，育児財 h が必要であるとする[7]．簡単化のため，余暇時間は考えないとすれば，総利用可能時間が H の時，n 人の子供を育てる場合の労働時間は，$H-mn$ で表される．したがって予算制約は，次のように与えられる．

$$c + qhn = w(H - mn) + I + \sigma(n) \tag{4.1}$$

ここで，q は育児財の価格，w は賃金率，I は不労所得で，主として配偶者

---

5) このような動機は，極めて利己的な動機であり，"Old-Age Security Hypothesis" と呼ばれている．人間以外で，自らの子供に扶養してもらうことを期待する生物はあまりいない．子供を産み終えるとすぐに命を終える生物は少なくない．確かに利己的ではあるが，子が親を扶養するという世代間扶養の仕組みゆえに，人間という種は栄えることができたとも考えられる．その意味で，結果的に利他的な行動ともなっている（世代間移転については第5章を参照）．

6) 出産や夫婦の労働供給に関する夫婦間のゲームや，交渉を明示的に分析した研究については，Lundberg and Pollak (1996)，Bergstrom (1997)，Persson and Jonung (1997) などで紹介されている研究も参照のこと．なお，本章3節のモデルは，そのような夫婦間の相互依存的な意思決定の要素が，明示的に考慮されたモデルとなっている．

7) 育児財としては，子供を育てるための日常品の他，保育サービス，教育サービスなども含めた複合財を考える．

の所得を念頭に置く．最後に $\sigma(n)$ は，子供の数 n に応じて得られる所得で，自分の子からの所得移転や，子供の数に応じて与えられる児童手当などとして解釈される．

この基本モデルでは，最適化問題は，次のように定式化される．

$$\max_{c,n} U(n,c) \quad s.t. \quad c + qhn + wmn = wH + I + \sigma(n) \quad (4.2)$$

この最大化問題の1階条件は[8]，λ をラグランジュ乗数[9]とすれば，次のように書ける．

$$\frac{\partial \mathcal{L}}{\partial c} = 0 : U_c = \lambda \quad (4.3)$$

$$\frac{\partial \mathcal{L}}{\partial n} = 0 : U_n = \lambda(qh + wm - \sigma_n) \quad (4.4)$$

(4.3) 式は，消費を1単位増加させる時の便益（U_c/λ）が，そのために必要な費用（1）に一致する水準まで，消費を増加させることが最適であることを示している．一方，(4.4) 式は，子供の数を1単位増加させる時の便益（$U_n/\lambda + \sigma_n$）が，そのために必要な費用（$qh + wm$）に一致する水準まで，子供の数を増加させることが最適であることを示している．

この最適条件に見られる「子供数の増加に伴う限界的な便益」としては，1）子供が増えることからの喜びが増加すること（U_n），そして，2）子供からの所得移転が増加すること（σ_n），の2つがある．最初の便益は，消費的動機に基づく便益であり，後者が投資的動機に基づく便益である．一方，「子供数の増加に伴う限界的な費用」としては，1）子育てサービスへの支出が増加すること（qh），そして，2）子育て時間（機会費用）が増加すること（wm）という，2つがある．

なお，これら2つの条件式は，共通に含まれる λ を介して，次のように書き換えられる．

---

[8] 第3章2.2節を参照のこと．
[9] この最大化問題におけるラグランジュ乗数は，所得1単位の増加によってもたらされる効用の増加（所得の限界効用），という意味を持っている．したがって，例えば，消費からの限界効用 U_c をラグランジュ乗数（λ）で割ったものは，消費からの限界効用の貨幣価値を表していると考えられる．

$$\frac{U_n}{U_c} = qh + wm - \sigma_n \tag{4.5}$$

これは,最適な選択の下では,子供と消費の間の「限界代替率」が,「子供の価格 ($ph+wm-\sigma_n$)」と「消費財の価格(ここでは1を仮定)」の相対価格と,等しくなることを示している.

以下の(1)と(2)では,賃金率あるいは労働と出生行動の関係について考察するために,育児費用(qhn)および子供からの収益($\sigma(n)$)については,捨象する.

(1) 賃金率上昇の効果

まず,賃金率上昇が出生に与える効果について,図を用いて見てみたい(図4.1).賃金率がw^aの時,予算制約式は$c=(w^aH+I)-mw^an$ となるので,図では切片が$F \equiv w^aH+I$,傾きが$-mw^a$の直線として描くことができる[10].しかしながら,最大利用可能時間はHなので,すべて子育ての時間に用いたとしても,最大$n^a \equiv H/m$人の子供しか持てない.そこで,予算制約はn^aまでの範囲でしか,定義されないことになる.

この図に,$U(n,c)$という効用関数の無差別曲線を書き入れる.それが,予算制約式と接する点で,すべての時間を子育てのために用いること(点E_a)が最適であるケースが描かれている.ここで賃金率が上昇したとする.この時,新しい予算制約は線分GE_aとなる.労働時間を自由に選択できるのであれば,点E_bが選択されるだろう.この個人は,$H-mn^b$の労働を行うようになり,c^bの消費を行えるようになるが,子供の数はn^bに減少する.女性の高学歴化により賃金率が上昇することが,出生率低下の一因となることが示されている.これは,子育て時間の機会費用である賃金率の上昇により,子育ての費用が増加するので,子供の数を減らすケースと説明できる[11].

---

10) ここで,数学の記号$\equiv$は「以下のように定義する」という意味を表す記号である.
11) ただし,賃金率の上昇が,常に少子化を招くとは限らない.賃金率増加の所得効果が,子供を増やす効果を持ち,その代替効果を上回ることがありうるからである.特に拡張モデルのように,育児サービスを明示的に考えた場合には,上昇した賃金所得で育児サービスを購入し,より多くの子供を持つ可能は高まる.所得効果と代替効果については,第3章注3.2を参照のこと.

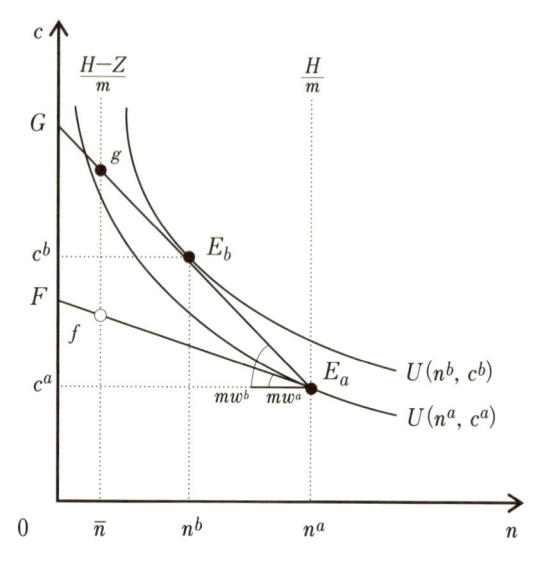

図 4.1　賃金率上昇の効果とワーク・ライフ・バランス

(2) ワーク・ライフ・バランス

　近年の少子化の一因は，長時間労働の問題にあると言われている．そして，ワーク・ライフ・バランス，すなわち，仕事と生活のバランスが保てる環境作りが重要であるとの認識が広まっている．ここでは，問題の本質が，長時間労働を強いられる固定的な働き方にあると考える．言い換えると，「ワーク・ライフ・バランス」の実現とは，できるだけ各自が仕事と生活のための時間を柔軟に選べる社会にすることである．

　図4.1で，正社員として高い賃金率 w^b で働く場合には，労働時間に制約があり，例えば Z 時間以上働くことが求められるとしよう．このような長時間労働の下で，持てる最大の子供数は $\bar{n}$ 人となる．一方，低い賃金率 w^a でならば，自由に労働時間を選択できるものとする．このような硬直性が存在する場合には，個人が直面する予算制約は，図4.1中の $E_a f g G$ という屈曲した線になる．

　この予算制約の下では，ここで想定する個人は，長時間労働(Z)と高い消費水準の組み合わせを選択する．新しい予算制約上の点 g と点 E_a を比較す

ると，点 g を通る無差別曲線は点 E_a の上方に位置するので，いずれかしか選択できないのであれば，点 g を選択した方が満足度が高いからである．ここで，労働時間を柔軟に選べる場合の最適点 E_b と比べると，子供数が少ないこと（$\bar{n} < n^b$）に注目したい．労働時間を柔軟に選択できない場合，女性の賃金率の上昇は，非効率的な子供数の減少を生む可能性がある．

一方，屈曲した予算制約の下で，点 E_a を選択する人もいるだろう．そのような選択を行う個人は，柔軟に労働時間を選択できる時の子供数よりも，多くの子供を持つことになる（$n^a > n^b$）．少子化の観点からは望ましいようにも思われるが，社会全体から考えると，いくつかの問題がある．まず，この個人は，能力の上昇にも関わらず，能力向上前と同じ満足水準に留まっている．そのような状況の存在は，教育（人的資本蓄積）の意欲をそぐことになり，社会的には長期的な損失が発生する．また，労働参加は，税制や社会保障制度を通して，外部性を持つので，能力のある個人が労働に参加しないことは，社会的損失を生む．

ワーク・ライフ・バランスをとれる社会にすることで，非効率的な少子化や労働参加の問題を緩和できる[12]．現在のいくつかの問題が，このような労働時間の硬直性に原因があるという認識は，重要である．柔軟な働き方ができる社会にすることは，日本社会の最重要課題の一つと考えられる．

(3) 子供の数と子供の質

これまで，子供からの効用に関しては，子供の数のみを考慮してきたが，多くの場合，効用は子供の質にも依存している．特に興味深い問題は，所得の増加とともに，子供の数から子供の質への選好が強まり，子供の数が減少する傾向があるという，経験的事実である．この現象については，多くの経済学者によって議論されてきた[13]．

この議論が重要と思われるのは，例えば，女性の社会進出が進み，世帯所

---

12) ワーク・ライフ・アンバランスの問題は，本項で議論した労働時間の問題以外にも，労働環境，保育環境，家族関係など，様々な要因によって生まれている．優れた実証分析を含む，樋口・府川（2011）などを参照のこと．

13) 例えば，Willis（1973），Becker and Lewis（1973），Lundholm and Ohlsson（2002）など．

得が増加すると、子供の質に支出が向かう傾向が生まれ、必ずしも子供の数の増加につながらない可能性があるからである。以下の分析は、そのような傾向が生まれることが、理論的にも説明できることを示している。

まず、子供の質[14] Q と、子供の数 N に応じて、$n=NQ$ という子供の総価値が決まり、最大化問題は、次のように書き換えられると仮定する。

$$\max_{c,N,Q} U(N,Q,c)$$
$$s.t. \quad c+qhNQ+wmNQ=wH+I+\sigma(NQ) \qquad (4.6)$$

ここで、1階条件[15]は、$U_c=\lambda$, $U_N=\lambda Q(qh+wm-\sigma_n)$、および $U_Q=\lambda N(qh+wm-\sigma_n)$ の3つの式によって与えられる。これらを整理することで、$(U_N/U_Q)=(Q/N)$ を得る。この式は、最適点での子供の数 N と子供の質 Q の限界代替率は、Q と N の比に等しいことを示している。

所得の増加が子供の数 N と質 Q に与える正の効果は、一般に後者が前者よりも大きいことに注目すれば、所得の増加は、相対的に Q を増加させ U_Q を減少させる。したがって、最適点での限界代替率 $(U_N/U_Q)=(Q/N)$ が大きくなる。所得の増加によって $n=NQ$ は増加するが、Q が大きくなる一方で、子供の数 N が小さくなるような選択が行われる可能性も生まれるのである[16]。

4.2.3 拡張モデル

前節の基本モデルでは、出産に関する意思決定の基本的な考え方を学ぶために、1人の子供を育てるのに、一定の時間と一定の育児財が必要であると、仮定した。しかしながら、実際には、育児財（例えば、保育サービス）などを利用することで、子供を育てるための時間を減らすことが可能になる。

そこで、子育ての時間と育児財利用は代替できるという仮定を導入して、モデルを拡張し分析する。具体的には、n 人の子供は、$n=f(h,m)$ という生産関数を通じて育てられるものとする[17]。

---

14) 1人当たりの質で、簡単化のため、すべての子供に関して同じにすると考える。
15) 92ページを参照のこと。
16) N と Q を横軸と縦軸にとった図を描いて考えてみるとわかりやすい。

簡単化のため余暇時間は考えないとすれば，総利用可能時間が H の時，労働時間は $H-m$ で表される．予算制約については，次のように仮定する．

$$c + qh + \pi n = w(H-m) + I + \sigma(n) \tag{4.7}$$

ここで，q は育児財の価格，w は賃金率，I は不労所得で，主として配偶者の所得を念頭におく．また，子育てには，1人当たり $\pi > 0$ の基礎的費用が必要である一方で，$\sigma(n)$ という，子供の数に応じて得られる所得もある．以下では，簡単化のため，$\sigma(n) = (\sigma + \sigma_0)n$ と仮定し，σ を児童手当，σ_0 をそれ以外の子供1人当たりの所得と解釈する．そして，子供1人当たりの純便益を，$\theta \equiv \sigma + \sigma_0 - \pi$ で表す．

以上を統合することで，最適化問題が次のように定式化される．

$$\max_{c, m, h} U(n, c)$$
$$s.t. \quad c + qh + wm = wH + I + \theta n \tag{4.8}$$
$$n = f(h, m) \tag{4.9}$$

上記の仮定の下では，問題は次のように解くことができる．まず，子供の数 n を固定し，その組み合わせを実現するための費用を最小化するような，育児財投入 h と時間投入 m を探し出す．

$$\min_{h, m} qh + wm \quad s.t. \quad n = f(h, m) \tag{4.10}$$

最適な育児財投入 h と時間投入 m は，$\tilde{h}(w/q ; n)$ および $\tilde{m}(w/q ; n)$ と表せるので，最終的に次の問題を解けばよいことがわかる．

$$\max_{c, n} U(n, c)$$
$$s.t. \quad c + q\tilde{h}\left(\frac{w}{q} ; n\right) + w\tilde{m}\left(\frac{w}{q} ; n\right) = wH + I + \theta n \tag{4.11}$$

ここで，それぞれの最適化問題の1階条件を求める．まず最小化問題 (4.10) では，μ をラグランジュ乗数とすれば，$q = \mu f_h$ および $w = \mu f_m$ となる．最初の条件は，育児財の追加的な購入に必要な費用 q と，それがもたらす子

---

17) 以下のモデルは，Apps and Rees (2004) をベースとしたモデルとなっている．

供数の増加の価値 μf_h が一致するまで，育児財を購入することが最適であるという解釈が可能である．同様の解釈が2つ目の条件に対しても与えられる．

次に，最大化問題 (4.11) の1階条件は，λ をラグランジュ乗数とすれば，$U_c = \lambda$ および $U_n = \lambda (q\tilde{h}_n + w\tilde{m}_n - \theta)$ となる．最初の条件式は，消費を1単位増加させる時の便益（U_c/λ）が，必要な費用（1）に一致する水準まで，消費を増加させることが最適であることを示している．一方，後者は，子供の数を1単位増加させる時の便益（$U_n/\lambda + \theta$）が，必要な費用（$q\tilde{h}_n + w\tilde{m}_n$）に一致する水準まで，子供の数を増加させることが最適であることを示している．なお，これら2つの条件式は，共通に含まれる λ を介して，

$$\frac{U_n}{U_c} = q\tilde{h}_n + w\tilde{m}_n - \theta \tag{4.12}$$

と，書き換えられる．これは，最適な選択の下では，子供と消費の「限界代替率」が，子供の価格（$q\tilde{h}_n + w\tilde{m}_n - \theta$）と消費財の価格（ここでは1を仮定）の相対価格と等しくなることを示している．

4.2.4 Cobb-Douglas ケース

ここでは，さらにモデルを特定化することで，具体的な結論を提示していく．言うまでもなく，ここで示される結論は，モデルの特定化に依存しており，異なる特定化の下では異なる結論が得られる．この点には十分な注意が必要であるが，特定化により具体的な結果が得られるメリットは大きい．そこで，結論が得られるメカニズムの説明に細心の注意を払いながら，問題に対する洞察を引き出していくことにしよう．

具体的には，まず，生産関数と効用関数を，次のような Cobb-Douglas 型にするという特定化を行う．

$$f(h, m) = m^\alpha h^{1-\alpha} \tag{4.13}$$

$$U(n, c) = n^\beta c^{1-\beta} \tag{4.14}$$

ここで，α および β は，0と1の間の実数である．

この仮定の下で，n 人の子供を最小の費用で育てるための選択問題 (4.10) を解くと，次の結果を得る．

$$\tilde{h}\left(\frac{w}{q};n\right) = \left(\frac{1-\alpha}{\alpha}\right)^{\alpha}\left(\frac{w}{q}\right)^{\alpha}n \tag{4.15}$$

$$\tilde{m}\left(\frac{w}{q};n\right) = \left(\frac{\alpha}{1-\alpha}\right)^{1-\alpha}\left(\frac{q}{w}\right)^{1-\alpha}n \tag{4.16}$$

この結果を用いれば，子育てのための費用 $qh+wm$ は，次のようになる．

$$q\tilde{h}\left(\frac{w}{q};n\right) + w\tilde{m}\left(\frac{w}{q};n\right) = Aw^{\alpha}q^{1-\alpha}n \tag{4.17}$$

ここで，$A \equiv \left(\frac{1}{\alpha}\right)^{\alpha}\left(\frac{1}{1-\alpha}\right)^{1-\alpha}$ であり，予算制約式は次のようになる．

$$c + (Aw^{\alpha}q^{1-\alpha} - \theta)n = wH + I \tag{4.18}$$

ここで $r(w,q,\theta) \equiv Aw^{\alpha}q^{1-\alpha} - \theta$ とすれば，これが1人の子供を育てるための費用，すなわち「子供の価格」となる．以下では，$r(w,q,\theta) > 0$ を仮定し，この価格を規定する3つの要因，w（賃金率），q（育児財価格），θ（「児童手当」が影響を与える定数）の変化が，子供数 n および労働供給 $H-m$ に与える影響について考える．

この予算制約の下で，効用関数 $U(n,c) = n^{\beta}c^{1-\beta}$ を最大化する問題を解き，その結果を上で求めた最適な $\tilde{m}$ および $\tilde{h}$ に代入することにより，次の結果が得られる．

$$n^{*} = \frac{\beta(wH+I)}{r(w,q,\theta)} \tag{4.19}$$

$$c^{*} = (1-\beta)(wH+I) \tag{4.20}$$

$$h^{*} = \left(\frac{1-\alpha}{\alpha}\right)^{\alpha}\left(\frac{w}{q}\right)^{\alpha}\left(\frac{\beta(wH+I)}{r(w,q,\theta)}\right) \tag{4.21}$$

$$m^{*} = \left(\frac{\alpha}{1-\alpha}\right)^{1-\alpha}\left(\frac{q}{w}\right)^{1-\alpha}\left(\frac{\beta(wH+I)}{r(w,q,\theta)}\right) \tag{4.22}$$

ここで，様々な変数が n^{*} および m^{*} の意思決定に与える影響を分析するために，それぞれの式の両辺を微分して整理する．例えば，児童手当 θ の変化が子供数と子育て時間に与える影響は，次のようになる．

$$\mathrm{d}n^* = \frac{\beta(wH+I)}{\gamma(w,q,\theta)^2}\mathrm{d}\theta \;\Rightarrow\; \frac{\partial n^*}{\partial \theta} = \frac{n^*}{\gamma(w,q,\theta)} > 0 \tag{4.23}$$

$$\mathrm{d}m^* = \left(\frac{\alpha}{1-\alpha}\right)^{1-\alpha}\left(\frac{q}{w}\right)^{1-\alpha}\left(\frac{\beta(wH+I)}{\gamma(w,q,\theta)^2}\right)\mathrm{d}\theta \;\Rightarrow\; \frac{\partial m^*}{\partial \theta} = \frac{m^*}{\gamma(w,q,\theta)} > 0 \tag{4.24}$$

児童手当の引き上げが，子供の数 n を増加させると同時に，子育て時間の増加を通じて，労働供給 $H-m$ を減少させることがわかる．他の要因の変化がもたらす影響についても，同様に分析できる．

$$\frac{\partial n^*}{\partial I} = \frac{\beta}{\gamma} > 0$$

$$\frac{\partial m^*}{\partial I} = \left(\frac{\alpha}{1-\alpha}\right)^{1-\alpha}\left(\frac{q}{w}\right)^{1-\alpha}\frac{\beta}{\gamma} > 0$$

$$\frac{\partial n^*}{\partial w} = \frac{1}{\gamma}(\beta H - m^*)$$

$$\frac{\partial m^*}{\partial w} = \frac{\theta\beta}{w}\left((1-\alpha)I - \alpha wH\right) - \beta I w^{\alpha-1} q^{1-\alpha} A$$

$$\frac{\partial n^*}{\partial q} = \frac{1}{\gamma}(-h^*) < 0$$

$$\frac{\partial m^*}{\partial q} = \frac{(1-\alpha)w^{\alpha-1}q^{-\alpha}\left(\dfrac{\alpha}{1-\alpha}\right)^{1-\alpha}\beta(wH+I)}{\gamma^2}(-\theta)$$

以上の結果を，命題として整理しておこう．ここでは，政府の予算制約式は考えていないので，政策の効果は，人々の意思決定に与える影響のみを考慮している．

命題 4.1 Cobb-Douglas ケースにおいては，次の結果が得られる．
1) 不労所得の増加は，子供の数を増加させ，労働供給を減少させる．
2) 賃金率の上昇は，労働供給があまり大きくない場合には，子供の数を減少させるが，労働供給が大きい場合には，子供の数を増加させる．賃金率の上昇は，θ が小さい場合，労働供給を増加させるが，θ が大きい場合，労働供給を減少させる可能性もある．

3) 児童手当の増加は,子供の数を増加させ,労働供給を減少させる.
4) 育児財価格の引き下げは,子供の数を増加させる.労働供給は,$\theta > 0$ の場合は減少するが,$\theta < 0$ の場合は増加する.

1) の結果は,不労所得を配偶者の所得と解釈すれば,夫の所得が高い女性ほど,労働供給が少なく[18],多くの子供を持つと考えられることを示唆している.2) の結果は,女性の高学歴化による賃金上昇が,女性の労働参加を促すと同時に,少子化を進行させるという議論に対応している.なお,本節のモデルでは,その現象が発生するのは,労働供給が小さい場合のみである.労働供給が大きくなると,賃金の上昇は,所得効果が代替効果を上回り,子供数を増加させる効果を持つという結果が得られる点は,興味深い.

最後の2つの結果は,子育て支援策の効果に関するものである.まず,児童手当の増額と育児財価格の引き下げは,いずれも子供の数を増加させる効果を持つ.しかし,労働供給に与える効果は,前者が必ずマイナスであるのに対して,後者は,θ が負の場合,労働供給を増加させる効果を持つ.児童手当の場合,所得効果のみが働くため,必ず労働供給を減少させる.一方,育児財の価格の引き下げは,子育てへの時間投入から,育児財利用への代替を促し労働供給を増加させるという代替効果を持つため,労働供給が増加する可能性が生まれる.ただし,θ が正の場合,育児財価格の引き下げが子供を増加させる効果が大きく,育児時間が増加し,結果的に,労働供給が減少してしまう可能性もある.

このような2つの子育て支援策の差に注目すれば,児童手当を引き下げる一方で,育児価格を引き下げると,女性の労働供給が増加し,それによって生まれる財源をさらなる子育て支援に向けることで,出生率が増加する可能性があるのではないかとの推論が生まれる.以下では,その可能性が確かにあることを,簡単な十分条件を用いて明らかにしたい[19].

以下では,子育て支援の財源としては比例的な労働所得税(税率 τ)を用いると仮定し,それに関わる政府の予算制約式として,$\tau w(H-m) = \sigma n +$

---

[18] このような結果は,ダグラス=有沢の法則として知られている(例えば,加藤 (2007, 第IV章) を参照のこと).

gh を考える．ここで，σ は子供1人当たりの児童手当，g は育児財1単位当たりの政府補助である[20]．命題では，育児財価格の引き下げが，女性の労働供給の増加をもたらす状況を考えるために，$\theta<0$ を仮定する．さらに，証明を簡単にするために，政策変更前には，育児財の利用には全く補助が行われていない（$g=0$）と仮定する．

命題4.2 $\theta<0$ および $g=0$ を仮定する．児童手当を減額し，その財源を育児財の価格の引き下げに用いる政策は，子供の数と労働供給をともに増加させる．

証明 政府の予算制約式の両辺を全微分し，その変化が等しいと仮定することで，税収中立的な改革の影響を考えることができる．その関係式は，$g=0$ という仮定の下で，以下のようになる．

$$\left(\frac{\sigma+\gamma}{\gamma}\right)(n^*\mathrm{d}\sigma+h^*\mathrm{d}g)=\tau w\left[-\frac{m^*}{\gamma}\left(\mathrm{d}\sigma+\frac{\theta}{q}\mathrm{d}g\right)\right]>0 \quad (4.25)$$

ここで，左辺は，政策変化が政府支出に与える影響である．一方，右辺は，児童手当 σ と育児財補助 g の変化が税収に与える影響を表し，労働1単位当たりの税収（τw）に，労働供給の変化を乗じた値になっている．仮定により，$\theta<0$ であり，$\mathrm{d}\sigma<0$ および $\mathrm{d}g>0$ という仮定の下では，労働供給が増加する．したがって，右辺はプラスとなるので，左辺もプラスとなる．ここで，政策の変化が子供数に与える影響は，

$$\mathrm{d}n^*=\frac{\partial n^*}{\partial \sigma}\mathrm{d}\sigma+\frac{\partial n^*}{\partial g}\mathrm{d}g=\frac{\partial n^*}{\partial \theta}\mathrm{d}\sigma-\frac{\partial n^*}{\partial q}\mathrm{d}g=\frac{1}{\gamma}(n^*\mathrm{d}\sigma+h^*\mathrm{d}g) \quad (4.26)$$

---

19) ここでの議論や結果は，Apps and Rees（2004, Proposition 3）に基づいている．なお，本項のモデルでは，子供数の増加は，基本的に女性の子育て時間を増加させるため，労働供給が減少し，労働所得からの税収は減少する．しかし，子供数の増加が子育て時間の増加ではなく，育児サービス利用の増加によってもたらされるのであれば，短期的にも税収が増加する可能性が生まれるというのが，以下の議論のポイントとなる．子供数の増加は，長期的には税収の増加をもたらすことが期待されるので，政策変更の効果は，長期的にはさらに大きくなると考えられる．

20) 個人の予算制約式としては，$c+(q-g)h=(1-\tau)w(H-m)+I+(\sigma+\sigma_0-\pi)n$ を想定する．

であり，(4.25) 式の左辺を $\sigma+\gamma>0$ で割ったものと等しい．つまり，子供数も増加する．

4.3 結婚・離婚

本章のはじめに述べたように，法的な結婚は出産・育児の必要条件ではない．しかしながら，人間の子供を育てるには，多くの時間と労力が必要であるがゆえに，結婚制度は有用な制度として存在していると考えられる．子育ての観点から特に重要なのは，婚姻状態が持続するか，それとも離婚に至るかである．離婚の確率は，結婚行動に，そして出産行動に影響を与える．本節では，不完備契約の理論を用いて，結婚そして離婚の問題について，特にそれが出産・育児行動に与える影響に注意を払いながら分析していく．

4.3.1 設定・仮定

ここでは，離婚の問題を扱うために，Rainer (2007) を若干修正した2期モデルを基に分析を進める[21]．

第1期に，2人の個人が結婚し，個人 i $(i=1,2)$ が結婚資産への投資 I_i を行えば，$V(I_1, I_2)$ の結婚資産が生まれるとする．簡単化のため $V(I_1, I_2)$ は結婚からのすべての利得を表しているものとする．

関数 V は通常の生産関数と同様，I_i の増加関数で，限界生産性は逓減する（すなわち $V_i \equiv \partial V/\partial I_i > 0$ および $V_{ii} \equiv \partial^2 V/(\partial I_i)^2 < 0$）と仮定する．第2期には，2人は結婚を続けるか否かを決める．

結婚が持続する場合の資産 $V(I_1, I_2)$ からの効用は，$r_i V(I_1, I_2)$ によって表されるとする．一方，2人が離婚した場合，個人 i が結婚資産から得られる効用は，$r_i^D V(I_1, I_2)$ に低下し（$r_i^D < r_i$），さらに，法的なルールに基づき，2人の結婚資産は，π_1 および π_2 の割合で分割されると仮定する（$\pi_1 + \pi_2 = 1$）．したがって，離婚時に個人 i が得る効用は $d_i \equiv r_i^D \pi_i V(I_1, I_2)$ となる．

---

[21] 契約理論の観点から，結婚契約や離婚法制の問題を扱った論文は多い．例えば，Rowthorn (1999)，Chiappori *et al.* (2002)，Weiss and Willis (1985) などを参照のこと．

なお,情報が完全なら,離婚によって効用は低下するので,2人は離婚しないと考えられるが,一般に情報は完全ではない.そこで,離婚の可能性は事前に否定できない.2人は第2期に至るまでは,確率 p で離婚すると予想して行動すると仮定する[22].

4.3.2 基本モデル

問題を後ろ向きに解いていく[23].まず,第2期目には,すでに投資を終え,2人は結婚資産の取り分に関して交渉を行う.その解は,ナッシュ交渉解によって与えられると仮定する.ナッシュ交渉解とは,以下の問題の解 (u_1^N, u_2^N) である(第3章3.4節を参照).

$$\max_{u_1, u_2} (u_1 - d_1)(u_2 - d_2) \quad s.t. \quad u_1 + u_2 = (r_1 + r_2)V(I_1, I_2) \quad (4.27)$$

これを解くことで $u_i^N = \theta_i V(I_1, I_2)$ という解を得る($i = 1, 2$).ここで,θ_i は

$$\theta_1 = \left[\frac{r_1 + r_2 + r_1^D \pi_1 - r_2^D \pi_2}{2}\right], \quad \theta_2 = \left[\frac{r_1 + r_2 - r_1^D \pi_1 + r_2^D \pi_2}{2}\right] \quad (4.28)$$

であり,個人 i の交渉力を反映した結婚資産の取り分を決めるパラメータである.個人 i の交渉力は,法定分割率 π_i が小さいほど,また,離婚時の残余資産価値 r_i^D が低いほど,小さくなることがわかる.これは,交渉が決裂し離婚に至った場合に,個人 i が追い込まれる状況が悪いほど,結婚資産の取り分は小さくなってしまうことを示している[24].

さて,第2期目にこのような状況となることを予想して,第1期目における投資の問題を考えてみる.まず2人にとって最適な投資の組み合わせ (I_1^E, I_2^E) は,次の問題を解くことによって求められる.

---

[22] 離婚の意思決定は,モデルの中で内生的に行われるものであり,合理的な個人は,その確率を計算して行動すると考えられるが,以下のモデルでは,簡単化のため,離婚の確率については,外生的に与えられると仮定する.

[23] このような問題の解き方については,第3章3.2節を参照のこと.

[24] 例えば,専業主婦・主夫という関係特殊的(relation-specific)な働き方を選択する場合,離婚時に労働市場でよい待遇で働ける可能性が小さくなるため,結婚資産の取り分に関する交渉において,不利な立場に追い込まれる可能性が高まる.離婚への恐れが,家庭内でドメスティック・バイオレンスやモラル・ハラスメントを受けることにつながる可能性もある.

$$\max_{I_1, I_2} (r_1 + r_2) V(I_1, I_2) - I_1 - I_2 \tag{4.29}$$

1階条件は，上記の目的関数を I_1 および I_2 で微分し0とすることで，次のように与えられる．

$$(r_1 + r_2) V_i(I_1^E, I_2^E) = 1 \quad (i = 1, 2) \tag{4.30}$$

この条件は，各個人の投資がもたらす追加的な便益の和（$r_1 V_i + r_2 V_i$）が，投資の限界費用（1）に一致するところまで，投資を行うことが2人とっては最適であることを示している．

これに対して，各個人が自らの利得の最大化を目指す場合には，配偶者の投資を外生的に与えられたものとして，$p r_i^D \pi_i V(I_1, I_2) + (1-p) \theta_i V(I_1, I_2) - I_i$ を最大化すると考えられる．そのような状況で，各自が他の投資水準を選ぶインセンティブを持たないのは，

$$(p r_i^D \pi_i + (1-p) \theta_i) V_i(I_1^*, I_2^*) = 1 \quad (i = 1, 2) \tag{4.31}$$

という2つの条件が満たされるナッシュ均衡 (I_1^*, I_2^*) においてである（第3章3.1節 (2) を参照）．ここでは，投資により得られる個人的な期待便益 $(p r_i^D \pi_i + (1-p) \theta_i) V_i$ が，投資の限界費用（1）に一致するところまで，投資を行うことが，各自にとっては最適であることが示されている．ここで，

$$(r_1 + r_2) V_i(I_1^E, I_2^E) = (p r_i^D \pi_i + (1-p) \theta_i) V_i(I_1^*, I_2^*) \quad (i = 1, 2) \tag{4.32}$$

が成立する．ここで，$r_i^D \pi_i < r_1 + r_2$ および $\theta_i < r_1 + r_2$ なので，任意の離婚確率 $p (0 \leq p \leq 1)$ において，$r_1 + r_2 > p r_i^D \pi_i + (1-p) \theta_i$ が成立し，$V_i(I_1^E, I_2^E) < V_i(I_1^*, I_2^*)$ が成り立つ ($i = 1, 2$)．仮定により「限界生産性」は逓減するので，$I_i^E > I_i^*$ ($i = 1, 2$) が成立する．すなわち，次の命題が成立する．

命題 4.3 ナッシュ均衡における結婚資産への投資水準は，最適な水準よりも小さい．

ここでの結婚資産への過小投資の問題は，2人に最適な投資を促すような

契約を，事前に結べないために起こっている．この問題は，不完備契約の理論では「ホールドアップ問題」として知られている[25]．以上の議論は，実は，離婚確率が $p=0$ の場合でも成り立つので，離婚は過小投資の本質的な問題ではない．しかし，次の命題が示すように，その確率の上昇は，結婚資産への投資をさらに低下させることになる．

命題 4.4 離婚確率の上昇により，均衡における結婚資産への投資水準はさらに低くなる．

証明 離婚確率が $p+\varepsilon$ に上昇したとする（$\varepsilon>0$）．この時，各自にとって最適な投資水準を I_i^{**} とする（$i=1,2$）．ナッシュ交渉解では $u_i^N>d_i$ が成立するので，$\theta_i>r_i^D\pi_i$ であり，$r_1+r_2>pr_i^D\pi_i+(1-p)\theta_i>(p+\varepsilon)r_i^D\pi_i+(1-p-\varepsilon)\theta_i$ が成り立つ．したがって，$V_i(I_1^E,I_2^E)<V_i(I_1^*,I_2^*)<V_i(I_1^{**},I_2^{**})$ となる（$i=1,2$）．V に関する仮定より，$I_i^E>I_i^*>I_i^{**}$ が成立しなければならない．

ここで，0期における結婚の意思決定の問題について考えてみたい．結婚しない時に期待される効用を u_i^0 とすれば，個人 i が結婚することを選択するのは，以下の条件が成立する時である．

$$(pr_i^D\pi_i+(1-p)\theta_i)V(I_1^*,I_2^*)>u_i^0 \tag{4.33}$$

ここで，離婚確率 p の上昇によって，$(pr_i^D\pi_i+(1-p)\theta_i)$ が減少するとともに，投資水準は減少するため，結婚からの期待効用を示す左辺は，明らかに減少する．ここで，上記の不等式が等号で成立する p を p_i^* とすれば[26]，次の命題が成立する．

命題 4.5 離婚確率が p_i^* を超えると，個人 i は結婚しないことを選択する．

---

25) 例えば，柳川（2000，第2章）などを参照のこと．
26) 具体的には $p_i^* = \dfrac{\theta_i V(I_1^*,I_2^*)-u_i^0}{(\theta_i-r_i^D\pi_i)V(I_1^*,I_2^*)}$ である．

上記の理論的な結果は，人々の子供への投資[27]に関して，以下のような興味深い示唆を与える．
1) 子供が生み出す便益の夫婦間分割に関する契約を事前に書けないならば，子供への投資は過小となる．
2) 予想される離婚確率が上昇すると，子供への投資は減少する．
3) 予想される離婚確率が上昇すると，結婚する人が減少する．

4.3.3 離婚確率に影響を与える要因

前項では，少子化の重要な原因として，離婚確率の上昇が示唆された．予想される離婚確率が高くなると，子供を持つことも控えるようになると考えられるのである．実際，離婚確率は日本でも上昇を続けており（第1章図1.5），日本の夫婦の3組に1組は離婚するとの推計もある（Raymo et al. 2004）．そこで，この離婚確率が，どのような要因の変化によって上昇するかを，簡単なモデルに基づいて説明してみる．

ここでは，前項のモデルと同様，基本的には，結婚継続の方が離婚よりも夫婦にとって望ましいと仮定する．しかし，結婚継続の望ましさにも関わらず，人は時として離婚を選択する．それは，結婚から得られる便益を，配偶者との交渉で決めることが苦痛であることに気付き，結婚継続より離婚を選んだ方がよいと考えることにあると思われる．確かに，離婚の費用は小さくない．しかし，関係を継続させるための交渉費用の高さが，潜在的には望ましい状態の継続を難しくしている例は，私たちの生活には数多く見られる．

このような状況をモデル化するために，個人 i が第2期に交渉のために支払うと予想する費用を C_i とする．この費用は，配偶者のタイプに依存し，C_i は $[C_i^L, C_i^H]$ の区間に一様に分布しているとする．個人 i が離婚を決意するのは，第2期の交渉で C_i が次の条件を満たしていることを発見した時である．

---

[27] ここでは，子供への投資としては，子供の数と子供の質に関する投資を念頭に置いている．子供の質に関する投資としては，教育への金銭的な投資のみならず，子供と一緒に過ごす時間なども考えられるだろう．

$$\theta_i V(I_1^*, I_2^*) - C_i \leq \gamma_i^D \pi_i V(I_1^*, I_2^*) \tag{4.34}$$

これが等号で成立する時の費用を $\overline{C_i}$ とすれば，$\overline{C_i} = (\theta_i - \gamma_i^D \pi_i) V(I_1^*, I_2^*)$ となる．そこで，離婚確率は C_i が $[\overline{C_i}, C_i^H]$ の区間に現れる確率であり，一様分布の仮定の下では，$p = (C_i^H - \overline{C_i})/(C_i^H - C_i^L)$ となる（$C_i^L < \overline{C_i} < C_i^H$ を仮定）．ここで，この離婚確率が上昇する理由としては，まず $\overline{C_i}$ の低下が考えられる．これは，離婚時の利得 $\gamma_i^D \pi_i$ の上昇や，結婚継続で期待できる効用 $\theta_i V(I_1^*, I_2^*)$ の低下によってもたらされる．したがって，女性の稼得能力の向上や，離婚時の公的な所得保障[28]の充実などにより，離婚の費用が低下したり，子供の数の減少により，結婚を維持することの便益が低下してきたことが，離婚確率の上昇の原因と考えられる．

また，離婚確率は，配偶者との交渉費用の変化によって影響を受ける．例えば最小値 C_i^L の上昇は，離婚確率を上昇させる．個人主義や個人の多様性への社会的許容の増加などにより，配偶者との交渉費用を高いと感じる人々が増加してきた．これが，離婚の増加の理由の一つと考えられる．

以上の考察を踏まえて，最後に政策的含意を考えてみたい．まず，子供の数を効率的な水準に引き上げるために，夫婦間で，結婚資産の分割に関する契約を事前に結ぶことを促すことが，有用である可能性がある．また，離婚の確率を引き下げる政策を行うことは，出生率を引き上げることになりそうである．例えば，年金制度などを通して，結婚継続への報酬を与える，あるいは，結婚カウンセリングの市場を育成するといった政策なども考えられる[29]．なお，子育て支援を通じて，夫婦が持つ子供の数が増加すると，離婚確率が下がり，それがさらに子供を増加させる効果を持つ可能性が示唆されることも，政策的には興味深い．

---

28) 日本では，児童扶養手当がその例にあたる．
29) 例えば，女性の社会進出を抑制する，あるいは離婚時の所得保障水準を低下させるといった政策も考えられるが，日本における他の政策課題との整合性を考えると，一般には望ましいとは言えないだろう．離婚の費用が，結婚そして離婚に与える影響を分析したものとして，Bougheas and Georgellis（1999）などがある．

4.3.4 法的な制度としての結婚・離婚の意味

　法的な結婚の制度の存在は，男女が契約関係を結ぶことを容易にし，子供への投資を行いやすくする．逆に言えば，結婚という制度がない場合，将来の関係に関する見通しへの不安から，子供を持つことにためらいが生じ，子供の数が非効率的に抑制される可能性が高い[30]．これは，企業の取引などでも，協力によって生まれる成果物の分配に関するフォーマルな契約関係がない場合，投資に積極的になれないため，取引が非効率的になると考えられることに対応している．

　子供を産み育てるという，男女のジョイント・ベンチャーに関しても，フォーマルな契約関係を制度化することで，安心して出産・育児が行える環境を社会的に整え，適正な投資が行われるようにしていると考えられる．とりわけ，子供が社会に対して外部性を持つことを考えると，結婚という制度が，ほとんどの社会で見られることは不思議ではない[31]．

　社会的に価値のある結婚契約の継続を促すために，離婚のコストを引き上げる社会的な取り組みも，行われているように思われる．しかしながら，離婚のコストが大きすぎる場合には，結婚への躊躇が大きくなる可能性も高い（例えば (4.33) 式を参照）．したがって，離婚のコストを引き下げる社会的な動きも見られる．ただし，これは離婚の可能性をさらに高めて，結婚や子供への投資を低下させるという代償を伴う．そこで，離婚のコストを引き下げる一方で，政策的に婚姻関係の継続を支援することで，結婚そして子供への投資を促進することが，望ましいと考えられる．

---

30) このような一般的な予想に反して，近年，フォーマルな結婚に入る前に子供を持ち，フォーマルな結婚に入るという，「できちゃった婚」の数が増加している．本節のモデルをベースとして考えると，このような行為はリスクの高い行為である．実際，フォーマルな結婚に入ることができずに，中絶や母子世帯の道を選択せざるをえないケースも数多く生まれる．しかしながら，このようなリスクをとることは，おそらく同性間のパートナー獲得競争（ゲーム）において，フォーマルな結婚に至るための戦略の一つとも解釈できる．「婚外子（Out-of-Wedlock Childbearing）」については，Willis (1999) や Akerlof et al. (1996) などの分析がある．

31) 結婚契約に関して，法と経済学の観点からサーベイした Clark (1999) や Smith (2003) も参照のこと．

近年,スウェーデンのサンボ制度のように,フォーマルな結婚をしてなくても,同棲していれば事実婚として,法的結婚と同様の政策的支援を受けられる制度が注目されている[32]。このような制度ゆえに,スウェーデンでは「婚外子」の割合が多いと言われている.このような仕組みは,伝統的な結婚制度が持つ結婚抑制効果を回避しつつ,インフォーマルな婚姻関係の継続を支援することで,子供への投資を促す仕組みと考えることもできる.日本においても,未婚・晩婚化,そして少子化の進行という構造的な変化が見られる.結婚・離婚制度の見直しを,子育て支援政策と組み合わせることで進めていくことが,求められているように思われる.

4.3.5 既存の研究

結婚と離婚に関しても,これまで様々な研究が行われてきた[33]。本節で十分に議論できなかった幾つかの代表的研究を,本節での基本モデルと照らし合わせて,最後に簡単に紹介しておこう.

まず,本節のモデルでは,結婚資産を $V(I_1, I_2)$ で表し,「子供」を想定して議論した.しかし,結婚の便益に関する分析は,第2章2.3節(1)および第8章2節で紹介したように,様々な研究がある.そのような結婚の便益の分配については,本節で仮定したような,協力ゲームの解として見るアプローチが多い(Lundberg and Pollak(1996;2003)など).しかし,その一方で,非協力ゲームの解として見るべきではないかとの立場もある(Lommerud(1997)など).それぞれの解の特性に注目して,いずれのアプローチが適切であるかについて,実証研究を試みた研究もある(Weiss(1997)を参照).

また,本節のモデルでは,結婚相手はすでに見つかっており,結婚するか否かいう決断のみが求められていたが,一般には,結婚相手を費用をかけて探す必要がある.近年は,サーチモデルに基づいて,結婚相手のサーチがどのように行われ,どのような要因によって影響を受けるのかといった研究が

---

32) 例えば,内閣府経済社会総合研究所(2004)や善積(2012)などを参照のこと.
33) 代表的なサーベイ論文として,Keely(1977),Pollak(1985),Cigno(1991),Grossbard-Shecktman(1993),Bergstrom(1997),Weiss(1997),Ermisch(2003),Bryant and Zick(2006,第8章)などを参照のこと.

数多く生み出されている (Bergstrom and Scheni (1996), Boulier and Rosenzweig (1984), Fernandez et al. (2005), Peters and Siow (2002) など. 確かに, 結婚するかしないかは, よいパートナーと出会えるか否かに依存しており, そのサーチの難しさが, 現代日本における非婚・晩婚化の一因となっている. 上記のような研究から得られる政策的インプリケーションは, 少なくない. また, 社会的な観点からは, どのようなマッチングが起こることが望ましいのかという問題にも関心が持たれ, マッチングのアルゴリズムなどが考えられている (Gale and Shapley (1962) など).

一方, 離婚に関する研究も数多い. 特に, 近年の研究で圧倒的に多いのは, 離婚法制の変化が, 結婚や夫婦の行動に与える影響を分析した研究である. 例えば, 離婚制度における帰責主義と破綻主義の違いが, 人々の行動に影響を与えるのか否かを議論した研究は多い (Dnes and Rowthorn (2002) の論文および参考文献を参照のこと). このような議論の背後には, どのような権利の与え方であっても, 取引費用が十分に小さければ, 当事者間の交渉によって, 離婚の効率性には影響を与えないはずだというコースの考え方がある (第2章3.1節(1)も参照). しかしながら, 本節の議論は, 結婚資産への投資が, 不完備契約の下で非効率的にしか行われない状況においては, コースの定理は成立せず, 離婚法制の変更は, 人々の行動に影響を与えると考えられることを示唆している (Rowthorn (1999) や Weiss and Willis (1985) なども参照のこと).

4.4 まとめ

本章では, 子供を産み育てるために, そして, 子供を産み育てることによって, 人々は家族を形成するということに注目し, それがどのような要因によって影響を受けるのかという問題について, 分析してきた.

子育てには, 時間とお金が必要となる. そしてそれゆえに, パートナーとの婚姻関係の継続性が, 重要になる. 子育てに関わる上記のような要因を, 政策的にコントロールすることによって, 人々の出産行動は大きな影響を受けることになる. 本章では, 簡単なモデルを用いて, 家族の形成が徐々に縮小している現代日本の構造変化について考察し, その動きを抑制あるいは反

転させるような政策や制度設計について,議論してきた.

　本章における重要な結論の一つは,結婚後に離婚するか否かが,出産・育児行動に影響を与えるということであった.しかし,結婚後に起こりうることは,離婚だけではない.家族内での資源移転が,様々な形で起こっている.そして,離婚が人々の出産・育児行動に影響を与えたように,家族内での資源移転もまた,人々の出産・育児行動に影響を与える.次章では,この家族内での資源移転に焦点を当て,その構造や帰結に関する分析を行っていく.

第 5 章　家族内資源移転
―― 親子間のやりとり

> 「お前達のうち，誰が一番この父の事を思うておるか，それが知りたい，最大の贈物はその者に与えられよう」
>
> シェイクスピア『リア王』[I-1][1]

5.1　はじめに

本章では，家族内の資源移転として，主として親子間の資源移転の構造について議論する[2]．親子関係が，他の一般的な人間関係と異なる点は何だろう．その関係の特殊性は，親が子に対して持つ愛情，あるいは「利他心（altruism）」という言葉によって，最もよく表現される．そのような利他心は，遺伝子の保存という生物学的・進化論的観点から，最もよく説明されるだろう．

次節では，まず，親から子供への資源移転の事例として，遺産・贈与について考察する．一般に，遺産や贈与は，親が子に対して持つ利他心によって説明される．遺伝子を残すという観点からは，親が子に対して利他心を抱くことは，合理性のあることである．しかしながら，親もまた一つの個体として，自らの生命そして厚生にも関心を持つ[3]．一見，利他心に基づく行動と思われる親から子供への「遺産・贈与」も，実は子供からの資源移転を期待した，戦略的行動と考えられるという議論も見ることになる．

---

[1] シェイクスピア（福田恆存訳）『リア王』新潮文庫．
[2] なお，家族内資源移転としては，夫婦間の資源移転や兄弟間の資源移転もありうるが，夫婦間の資源移転については，第 4 章 3 節での議論が参考になるだろう．兄弟間の資源移転については，一般的な協力関係の議論は適用可能であるが，これまで特別な考察が行われてはいないようである．兄弟・姉妹関係については，協力関係を通した資源移転の可能性も存在するが，その一方で，旧約聖書のカインとアベルの話が象徴的に示唆するように，そして，本章の戦略的遺産動機に関する議論（2.3 節）が明らかにするように，むしろ親の資産や愛情をめぐるライバル・非協力関係が見られることも少なくない．
[3] 生物学的観点からの親子関係に関する研究や考察に関しては，例えば Cartwright（2000，第 10 章）などを参照のこと．

続く第3節では，子供に自分の扶養を行わせるための戦略や法制度が存在しない場合に，どのようにして子供が親を扶養するという規範が維持されるのかという問題について，考察する．親が子供に対して抱く利他心とは異なり，子供が親に対して利他心を抱くことは，生物学的な観点からはあまり合理性があるように思われない．利己的な子供が，直接的な見返りを期待できない親の扶養をするという行動をとることが，合理的となる状況は存在するのだろうか．第3節では，その規範の維持可能性と不安定性について，「介護・扶養」の問題として議論する．そして，この問題を，世代間扶養を前提とする賦課方式年金の維持可能性の問題と関連付けて議論する．第4節はまとめである．

家族内の資源移転に関する理解は，前章で見た「家族の形成」の問題を考える上でも重要である．合理的個人は，意思決定を行う際に，将来時点における様々な状況を後ろ向きに考えた上で，現在の問題を解くと考えられるからである．例えば，子供への投資を考える際には，子供が将来自分にどのような便益と費用をもたらすかを考えるだろう．前章のモデルで $\sigma(n)$ と表記したものが，そのような子供から期待される便益に該当する．

そこで，考えなければならない問題は，子供が将来本当に手助けしてくれると期待できるかどうかである．あまり期待できないのであれば，子育てに必要なお金を，保険や金融商品の購入に充てた方がよいだろう．本章における関心の一つは，まさにこの問題，すなわち，どのような状況において，子供からの資源移転を期待できるのかという問題である．冒頭で紹介したシェイクスピアの『リア王』に限らず，親子関係は，利他心と利己心の狭間で，様々なドラマを生む．

5.2　贈与・相続

まず，親から子供への資源移転について考えてみる．子育てや教育なども，親から子供への資源移転と考えられるが，この資源移転の代表的な形は贈与・相続である．

そのような資源移転の背後にある動機としては，まず，親が子供に対して

持つ利他心が考えられる.以下では,子供は親に対する利他心は全く持たないと仮定する一方,親は利己心とともに子供に対する利他心を持つと仮定して,親子間でどのようなゲームが行われるかについて分析していく.

5.2.1 基本モデル

具体的なモデルは,次のように記述される.まず c_k を子供 (k) の消費,c_p を親 (p) の消費とする.また,子供がとる行動を a とする.$U^k(c_k, a)$ は子供の効用関数,$U^p(c_p, a, U^k(c_k, a))$ は親の効用関数である.ここで,c_p および c_k は正常財(第3章注3.2参照)と仮定する.また,親は利他的で,子供の効用の増加に伴って,その効用も増加すると仮定する.

次に,予算制約式については,子供の行動 (a) に依存して決まる親および子供の所得を $y_p(a)$ および $y_k(a)$ とし,$y(a) \equiv y_p(a) + y_k(a)$ とする.行動 a の例としては,親の仕事の手伝いをすることや,親の扶養や介護を行うことなどが考えられる.T を子供への所得移転とすれば,子供の予算制約式は $c_k = y_k(a) + T$,親の予算制約は $c_p = y_p(a) - T = y_p(a) + y_k(a) - c_k$ となる.基本モデルは,まず子供が行動 a を決定し,その後に親が $T = T(a)$ を選ぶという2段階ゲームとする.

5.2.2 Rotten-Kid Theorem

Becker (1974b) は,親が利他的な動機を持っている場合,利己的な子供 (Rotten Kid) であっても,遺産を期待して,親の扶助・扶養を行い,総所得 $y_p(a) + y_k(a)$ が最大になるように行動する可能性があることを示した.ここで,利己的な個人に協力の誘因を与えているのは,親の利他心の存在である.利他的な選好は,協力のインセンティブを与えやすくする環境として機能している.以下では,この興味深いメカニズムを,簡略化されたモデルを用いて紹介したい.

Becker (1974b) では,子供の行動は直接は両者の効用には影響を与えないと仮定し,子供の効用関数を $U^k(c_k)$,親の効用関数を $U^p(c_p, U^k(c_k))$ と仮定する.子供の行動は,子供と親の所得に影響を与え,予算制約式を通じて両者の行動に影響を与える.a^* を $y_k(a) + y_p(a)$ を最大にする a,a^+ を

$y_k(a)$ を最大にする a とし,$a^* \neq a^+$ を仮定する.この時,子供が自分の所得を最大にする a^+ をとった場合でも,遺産を残してくれるほど親が利他的なら,利己的な子供であっても a^* を選ぶという結果を示すことができる[4].

命題 5.1 $T(a^+) > 0$ ならば,子供は $a = a^*$ を選択する.

証明 子供は a を決める際,親の最適化行動を考えるので,後ろ向きに問題を解く.予算制約式より,$c_p = y_p(a) + y_k(a) - c_k$ なので,親は a を所与として,$c_p + c_k = y_p(a) + y_k(a)$ という予算制約式の下で,$U^p(c_p, U^k(c_k))$ を最大化するように,c_k および c_p を選択する.c_p と c_k は正常財なので,最適な消費は,外生変数 $y_k(a) + y_p(a)$ の増加関数となる.つまり,親が望む子供の消費は,$c_k(y_k(a) + y_p(a))$ という増加関数で表現される.したがって,子供は $y_k(a) + y_p(a)$ を最大にするように a を決めようとし,$U^k(y_k(a^+)) < U^k(c_k(y_k(a^*) + y_p(a^*)))$ ならば,$a = a^*$ を選ぶ.ここで,$T(a^+) > 0$ なので,a^+ を選択した時の消費は,$y_k(a^+)$ よりも大きい.すなわち,$y_k(a^+) < c_k(y_k(a^+) + y_p(a^+)) < c_k(y_k(a^*) + y_p(a^*))$ が成立する.よって,$a = a^*$ が選択される.

基本的なアイディアは,Hirshleifer(1977)による図 5.1 にわかりやすく説明されている.この図では,曲線 PRQ が,子供の行動 a によって生み出すことができる消費可能集合のフロンティアを表している.

この中では,子供の所得を最大にする行動 a^+ によって生み出される所得の組み合わせ $(y_p(a^+), y_k(a^+))$ が,点 R によって表現されている.また,総所得を最大にする行動 a^* によって生み出される所得の組み合わせ $(y_p(a^*), y_k(a^*))$ が,点 J によって表現されている.

点 R が選ばれた場合,$c_k + c_p = y_p(a^+) + y_k(a^+)$ という予算制約は,点 R を通る直線となり,点 J が選ばれた場合,$c_k + c_p = y_p(a^*) + y_k(a^*)$ という予算制約は,点 J に接する直線となる.$T(a^+) > 0$ という仮定により,子

---

[4] Becker(1974b)のオリジナルの命題とは異なるが,簡単な十分条件を用いることで,Rotten-Kid Theorem のエッセンスを簡潔に示している.

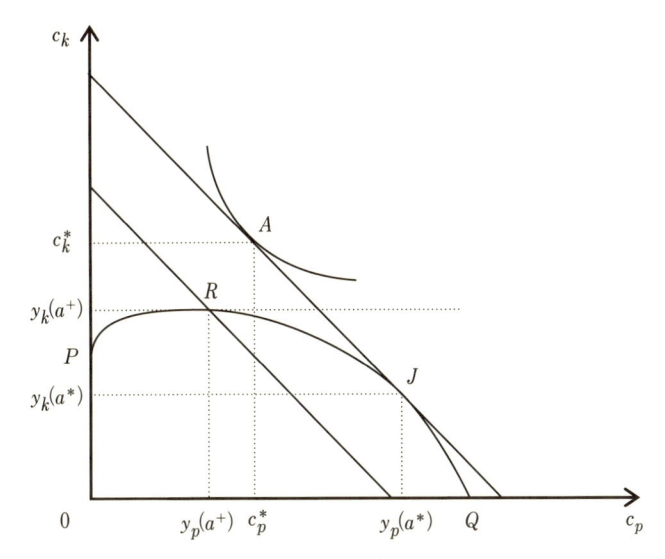

出所）Hirshleifer（1977, Figure 1）を基に筆者作成.

図 5.1　Rotten-Kid Theorem の図解

供は a^+ を選択する時にも $y_k(a^+)$ より大きい消費を享受できるが，a^* を選択することで，点 A における c_k^* のように，さらに大きい消費を享受できることがわかる．なお，$T(a^+)>0$ という条件は，$c_k^*>y_k(a^+)$ を保証する十分条件であって，必要条件でないことも明らかであろう．

注 5.1（利他主義の維持可能性）　Wintrobe（1981）は，利己的な親が利己的な子供の協力を引き出すためには，$y_k(a^+)$ をわずかに越えるだけの所得移転を行えば十分であるということを，指摘している．そのことによって，自らは多くの資源を手元に残すことが可能であり，資源を十分に消費しない利他的な親は，厳しい競争を勝ち抜けず淘汰されるのではないかとの可能性が示唆される．すなわち，親が子供に対して持つ利他主義というものが，生物学的に見て持続可能なものなのか，つまり，現在生き残っている親の多くが利他的と考えてよいのだろうかという，興味深い疑問が提示されている．

5.2.3 戦略的な贈与・遺産

Becker (1974b) の Rotten-Kid Theorem の面白さは，親が利他的な選好を持っており，それが共有知識 (common knowledge) となっていれば，利己的な子供も，全体の厚生を最大にするように行動する可能性があることが示された点にある．その場合，親は利己的な子供に対して戦略的な行動をとることはなく，パレート効率性が実現する．

しかしながら，Bernheim *et al.* (1985) は，このような結論は，一般的に成立するわけではないことを明らかにした．すなわち，子供の行動が親の効用に直接影響を与えるような一般的な場合，利己的な子供に望ましい行動をとらせるためには，親は子供の行動に依存して遺産行動を変えるという，戦略的行動を提示する可能性があることが示された．

具体的には，効用関数としては，基本モデルで示したように，子供の効用関数を $U^k(c_k, a)$，親の効用関数を $U^p(c_p, a, U^k(c_k, a))$ としたモデルを想定する．この場合でも，遺産を通じて $c_p + c_k = y(a)$ という関係が存在するので，親の効用関数は $V^p(c_k, a) \equiv U^p(y(a) - c_k, a, U^k(c_k, a))$ となり，c_k および a という2つの変数で表現できることになる．ここで，上記の効用関数 V^p および U^k に関して，その無差別曲線群が，図5.2のように表現されると仮定する．

これらの無差別曲線群が仮定している特徴は次のようなものである．

1) 親 (P) には，最適な (a, c_k) の組み合わせ（点 D）が存在し，効用関数はその点を頂点とする山型となっている．
2) 子供 (K) は，ある程度までの a（下に凸な無差別曲線の先端となる水準）を親に提供することは心地よいと感じるが，それ以上の a を提供することは苦痛と感じる．

(1) 部分ゲーム完全均衡とその非効率性

ここで，子供が最初に a を決めて，その後，親が贈与額を決めるとすれば，図中の点 A が，部分ゲーム完全均衡の結果となる．これは，次のよう

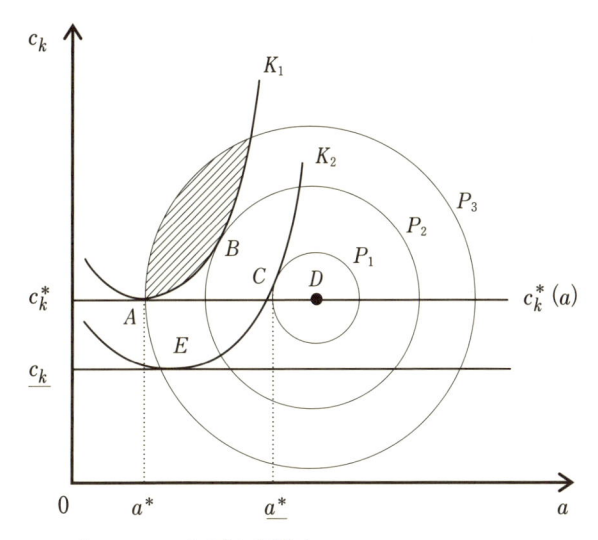

出所) Bernheim *et al.*（1985, Figure 2）を基に筆者作成.

図 5.2　戦略的遺産

に説明される．

　まず，子供が選ぶ a の下で，親が贈与額を決めるということは，親が c_k を選択するということである．そこで，任意の a の上に垂直な直線を引き，その上で，親の効用が最大になる点を考えると，それは，垂直線と無差別曲線が接するところである．このような点の集合が，親の a に対する反応関数を表すことになる．図ではそのような反応関数 $c_k^*(a)$ は，c_k^* の水準で一定な直線と仮定されている．

　このような親の反応関数を所与として，子供は自らの効用を最大化するような a を選択する．そのような点は，親の反応関数に子供の無差別曲線が接する点となる．図では点 A が，そのような最適点である．この点がパレート非効率的であることは，この点 A を通る子供の無差別曲線と親の無差別曲線が，図の斜線で示すレンズ状の領域を作り出すことで説明される．つまり，この斜線部にある点は，親にとっても子供にとっても，点 A より高い効用をもたらす点であり，そのことが点 A の非効率性を示しているのである．

(2) 戦略的遺産を通じた効率性の実現

さて、このような非効率性が存在する場合には、効率性を改善するような親子関係の構築の試みが行われるだろう。ここで、ゲームの構造を少し変えて、子供が a を選択する前に、親が子供に対して契約（メカニズム）を提示できるものとしよう。

いま、c_k を親が全く遺産を与えない場合の、子供の消費額としよう。この場合、子供は点 E を選択するだろう。この点を通る子供の無差別曲線は、親が遺産を与えないことによって、子供に強いることができる効用水準に対応している。親は、この効用水準を子供に保障しつつ、自らの効用を最大化するような点 (a^*, c_k^{**}) を探す。そのような点は、図では、無差別曲線に親の無差別曲線が接する点 C によって表される。この点は、明らかにパレート効率的である。そこで親は、最初に「a^* を行えば、$c_k^{**} - c_k$ の遺産を与えるが、さもなければ遺産を与えない」という契約を子供に提示する。

ゲームは、この後、子供が a を選び、それに応じて親が最後に遺産額を決定するが、上記のような契約の宣言の下で、子供は a^* を選択するだろうか。問題は、上記の宣言における「さもなければ遺産を与えない」という脅しが、「信用できる脅し」かどうかである[5]。もし、この脅しが信用できるものであるならば、子供はおそらく a^* を選択するだろう[6]。しかし、それが「空脅し」であると判断するならば、子供は a^* という、低い効用しかもたらさない行動はとらないだろう（第3章3.2節も参照）。

(3) 子供の数と戦略の信頼性

問題は、子供が a^* をとらない時に、全く遺産を残さないことが、親にとって最適か否かということである。それが最適行動であると考えられるならば、脅しは信用できる。もしそれが最適とは考えられない場合には、脅しは空脅しであると判断される。Bernheim *et al.* (1985) は、上記の脅しが信用

---

5) 「遺産を与える」という点に関する信頼性も問題になるが、この点については、法的な契約を用いたコミットメントが可能であるとしよう。脅しの信頼性およびコミットメントについては、第3章注3.8参照のこと。

6) 確実に選択させるために、親は若干の遺産を上乗せしてもよい。

できるか否かは，子供の数によるという，興味深い議論を行う．具体的には，子供が1人の場合には，この脅しは空脅しとなってしまうが，2人以上いる場合には，信用できる脅しになる可能性があると議論する．

まず，一人っ子の場合，子供がどのような行動をとろうと，c_k の水準が親の効用関数の頂点である点 D の下に位置する限り，親は何らかの遺産を与えることによって効用が上昇する．すなわち，全く遺産を与えないという宣言は，空脅しとなってしまう．

このような問題は，子供が2人以上になる場合には，解消する．そのことを厳密に証明するためには，2人以上の子供を明示的に導入したモデルを考察する必要があるが，ここではその直感的な理由のみを記しておこう．

愛する子供が2人いる場合，ある子供が期待される行動をとらないならば，その子には遺産を与えず，別の子供に遺産を与えるという選択肢が生まれる．そして，親がすべての子供に対する利他心を持つ場合には，別の子供に遺産を与えるという行為は，効用を高める行為であり，期待される行動をとらない子供に遺産を与えないという行動は，最適な行動になりうる．この点が，一人っ子の場合との違いである．したがって，この場合，複数の子供を持つことがコミットメント・ディバイス（第3章注3.8）となり，脅しは信用できるものとなる．そして，子供は期待される行動をとり，親は望みうる最高の効用を実現できる．

(4) 実証研究

上記のような戦略的遺産の理論の現実的妥当性を検証するために，Bernheim *et al*. (1985) は，幾つかの実証研究および事例研究を紹介している．

まず，様々な世帯のデータを集めたマイクロ・データを用いた実証研究において，遺産が多い親ほど子供が親を気遣う頻度が高く，一人っ子の場合は，2人以上の子供がいる場合ほどには，親のことを気遣っていない傾向が見られるとの結果を得ている．ここで「親への気遣い」は，子供が1カ月間に電話または訪問した平均回数で表現されている．言うまでもなく，これらは，戦略的遺産動機の理論と整合的な結果である．

さらに論文では，親は子供の行動によって遺産の額を変えたいと考えてい

るようであるとの結果（Sussman *et al.* 1970），そして日本では，親の面倒は基本的に長男が見て，すべての財産が長男に与えられるケースが多いとの研究（Horioka 1983）などが紹介されている．

親が残す遺産の少なくとも一部は，戦略的に行われていると考えられる[7]．そして，そのような戦略的な遺産への対応として，利己的な子供たちは，親が望むような扶養を行うという利他的行動をとっているのではないかと考えられるのである．

5.2.4　情報の非対称性と贈与のタイミング

以下では，Chami (1996) を取り上げ，子供に贈与を行うタイミングの問題について考えてみたい．一般に，子供への贈与は，親が死ぬ直前に行うことがよいと考えられているが，必ずしも正しくない．むしろ，子供の努力水準に関する情報の非対称性が存在する場合には，早い時期に財産を移転する方が望ましい場合もあることを，Chami (1996) は明らかにした．

次のようなモデルを考える．まず，y_k を子供の労働所得，y_p を外生的に与えられる親の所得とする．ここで，y_k は y_L または y_H で，$y_L < y_H$ を仮定する．関数 $P(e)$ は所得 y_L が生じる確率で，子供の努力水準 e に依存し，$P'(e) < 0$ および $P''(e) > 0$ と仮定する[8]．効用関数 $u(c)$ は消費 c のみに依存し，$u'(c) > 0$ および $u''(c) < 0$ を仮定する．簡単化のため，親と子の効用関数 u_p および u_k は，それぞれ関数 u に等しいと仮定する．関数 $v(e)$ は，努力 e に伴う不効用で，$v'(e) > 0$，$v''(e) > 0$，$v(0) = 0$ とする．子の予算制約式は $c_k = y_k + b(y_k)$，親の予算制約式は $c_p + b(y_k) = y_p$ とする．ここで，$b(y_k)$ は子供の所得に応じた贈与額である．子供の努力水準は観察できず，子供の所得に応じて贈与額を決めるという仮定が重要となる．

(1)　事前的贈与（Precommitment）

まず，親が早い段階で贈与を行い，その後に子供が努力水準を決定するケー

---

[7]　ここでは必ずしも，子供に対する利他心を持つ必要はない．
[8]　$P'(e)$ および $P''(e)$ は，関数 P の1階微分および2階微分（以下の他の関数についても同様）．

スを取り上げる．子供の効用は，以下の期待効用関数で与えられるとする．

$$EU_k(c_k, e) = P(e)u_k(y_L+b) + (1-P(e))u_k(y_H+b) - v(e) \quad (5.1)$$

ここで，$u_{kL} \equiv u_k(y_L+b)$ および $u_{kH} \equiv u_k(y_H+b)$ と表記すれば，$u_{kL} < u_{kH}$ および $u'_{kL} > u'_{kH}$ である（いずれも b の関数であることに注意）．一方，利他的な親の期待効用関数は，次のように与えられると仮定する[9]．

$$\begin{aligned} EU_p(c_p, U_k(c_k, e)) \\ = P(e)[u_p(y_p-b) + u_{kL}] + (1-P(e))[u_p(y_p-b) + u_{kH}] - v(e) \end{aligned} \quad (5.2)$$

このケースでは，子供が最後に努力水準を決めるので，後ろ向きに解くことにより解を求める．まず，子供は b を所与として最適な努力水準を決めるので，その1階条件は，次のように与えられる．

$$\frac{\partial EU_k}{\partial e} = P'(e)[u_{kL} - u_{kH}] - v'(e) = 0 \quad (5.3)$$

この1階条件を満たす最適な努力水準は，$e_C^* = e(b, y_L, y_H)$ という関数によって与えられる．この条件は，努力の限界便益が，努力の限界費用と一致するように，最適な努力水準が決められることを示している．

一方，親はこの努力関数を所与として，最適な贈与額を決める．その1階条件は，次のように与えられる．

$$\begin{aligned} \frac{\partial EU_p}{\partial b} &= u'_p - [P(e_C^*)u'_{kL} + (1-P(e_C^*))u'_{kH}] \\ &\quad + (P'(e_C^*)[u_{kL} - u_{kH}] - v'(e_C^*))\frac{\partial e}{\partial b} \end{aligned} \quad (5.4)$$

$$= u'_p - [P(e_C^*)u'_{kL} + (1-P(e_C^*))u'_{kH}] = 0 \quad (5.5)$$

ここで，限界効用が逓減するという仮定と，1階条件（u'_p は u'_{kL} と u'_{kH} の加重平均となっている）より，最適な贈与額 b_C^* は，$u'_k(y_L+b_C^*) > u'_p(y_p-b_C^*) > u'_k(y_H+b_C^*)$ を満たさなければならない．ここで，$u_p = u_k = u$ および限界効用が逓減するという仮定を用いると，次の関係式が成り立つことがわかる．

---

[9] 簡単化のため，子供の効用は割り引かないと仮定する．世代間割引率（intercohort discount factor）を考慮する場合でも，それが1に近ければ同じ結果が得られる．

$$\frac{y_p - y_H}{2} < b_C^* < \frac{y_p - y_L}{2} \tag{5.6}$$

(2) 事後的贈与 (The Last Word)

次に,親は子供の所得を見て,所得移転の額を決めるとする.この場合,後ろ向きに解くために,親の行動を先に考える.親は,y_L および y_H に応じて最適な移転額を決める.親の効用は,それぞれ $u_p(y_p-b)+u_k(y_L+b)$ および $u_p(y_p-b)+u_k(y_H+b)$ となるので,最適解 (b_L^*, b_H^*) は,$u_p'(y_p-b_L^*)=u_k'(y_L+b_L^*)$ および $u_p'(y_p-b_H^*)=u_k'(y_H+b_H^*)$ という1階条件を満たす.ここで,$u_p=u_k=u$ および $y_L<y_H$ なので,

$$b_H^* = \frac{y_p - y_H}{2} < b_C^* < \frac{y_p - y_L}{2} = b_L^* \tag{5.7}$$

が成立する (b_C^* に関しては (5.6) 式を参照).つまり,子供の所得が高い場合,遺産を相対的に低くし,子供の所得が低い場合,遺産額を高くする.ところが,以下の命題は,このような贈与行動は,子供の最適な努力 e_W^* に対して負の効果を持ち,事前贈与の場合よりも,努力水準が低くなってしまうことを示している.

命題 5.2 子供の努力水準に関して $e_C^* > e_W^*$ が成立する.

証明 親からの贈与額 (b_L^*, b_H^*) を所与として,子供は最適な努力水準 e_W^* を決定する.1階条件は,

$$P'(e_W^*)[u_k(y_L+b_L^*) - u_k(y_H+b_H^*)] = v'(e_W^*) \tag{5.8}$$

によって与えられる.これに対して事前的贈与の場合には,

$$P'(e_C^*)[u_k(y_L+b_C^*) - u_k(y_H+b_C^*)] = v'(e_C^*) \tag{5.9}$$

となる.ここで $u_k(y_H+b_H^*) < u_k(y_H+b_C^*)$ および $u_k(y_L+b_L^*) > u_k(y_L+b_C^*)$ なので,

$$u_k(y_H+b_H^*) - u_k(y_L+b_L^*) < u_k(y_H+b_C^*) - u_k(y_L+b_C^*)$$

$$\iff -\frac{v'(e_W^*)}{P'(e_W^*)} < -\frac{v'(e_C^*)}{P'(e_C^*)} \tag{5.10}$$

である.ここで,$f(e) \equiv -v'(e)/P'(e)$ を定義し,その傾きを調べると,

$$f'(e) = -\left[\frac{v''P' - P''v'}{(P')^2}\right] > 0 \tag{5.11}$$

なので,(5.10) 式の結果は,$e_W^* < e_C^*$ が成立することを示している.

ここでは,親が最期に財産を相続することは,子供の努力を削ぐため,利他的な親にとっては,むしろ財産を早い段階で子供に贈与した方がよいということが示された.

注 5.2（Rotten-Kid Theorem とサマリア人のジレンマ） Bruce and Walden (1990) は,2 期間世代重複モデルを用いて,子供に対する所得移転の難しさを議論した.まず,親の所得移転が遅くなると,確かに,利己的な子供は家計の所得を最大にするように行動するが,その一方で,所得移転を期待して過小な貯蓄を行うという問題がある.これは,親からの所得移転に期待して,貯蓄や努力を行わなくなる可能性を示唆しており「サマリア人のジレンマ」の例であると考えられる（サマリア人のジレンマについては第3章注3.9を参照のこと）.一方,親の所得移転を早い段階で行うと,今度は,貯蓄や努力は最適に行うようになるが,利己的な子供は,家計の所得を最大化するようには行動しなくなるため,この点で非効率性が生まれる.Chami (1996) は,モラル・ハザード問題が大きい場合は,望ましい努力や貯蓄を促す早期移転のメリットが大きく,全体としては望ましいということを示したと考えられる.

5.3 扶養・介護

前節では,親が贈与や遺産のための資産を持っている場合には,子供が純粋に利己的であっても,親からの資源移転を期待して,子供は親の扶養や介護を行う可能性があることが示唆された.しかしながら,すべての親がそのような贈与や遺産を行えるとは限らない.とりわけ,経済発展の前段階では,

親は純粋に子供の世話になる場合が多く，多くの子供もまた，金銭的な見返りを期待できない親の扶養を行ってきた．それを，子供が親に対して持つ利他心によって説明することは簡単であるが，親が子供に対して持つ利他心とは異なり，なぜ子供が親に対して利他心を持たなければならないかという点に関する疑問が残る．

以下では，まず，子供からの所得移転が期待できる場合の意思決定について，特に出生に関する意思決定について，簡単なモデルを用いて分析する．その上で，子供からの所得移転が本当に期待できるのかという問題について，考察する．そして，資本市場の発達により，それは必ずしも期待できなくなることが明らかにされる．その場合，子供に見捨てられる高齢者が生まれるため，その救済のための公的扶養，すなわち公的年金保険が誕生する．しかしながら，賦課方式の公的年金制度の下では，子供が社会的存在となることで，新たな問題が生まれる．本節の最後には，そのような新たな問題を改善するための政策についても議論する．

5.3.1　私的扶養の基本モデル

ここでは，子供による扶養の問題の構造を明らかにするために，子供は直接的な効用を親にもたらさないと仮定する．さらに，労働供給については明示的に考慮せず，1人の子育てには，一定の費用 q が必要と仮定する．ここで，Y を若年期の所得，c_1 および c_2 を若年期および老年期の消費とする．また，利子率を r，貯蓄を S，n 人の子供から期待される所得移転を $\sigma(n)$ で表せば，簡単な2期間モデルにおける最適化問題は，以下のように表現される．

$$\max_{c_1,c_2} U(c_1,c_2)$$
$$s.t. \quad (1+r)(c_1+qn)+c_2=(1+r)Y+\sigma(n) \tag{5.12}$$

ここで予算制約式は，若年期および老年期の予算制約 $c_1+qn+S=Y$ および $c_2=(1+r)S+\sigma(n)$ を，貯蓄 S を媒介としてまとめたものである．この問題の1階条件を解くことで，以下の2つの条件を得る．

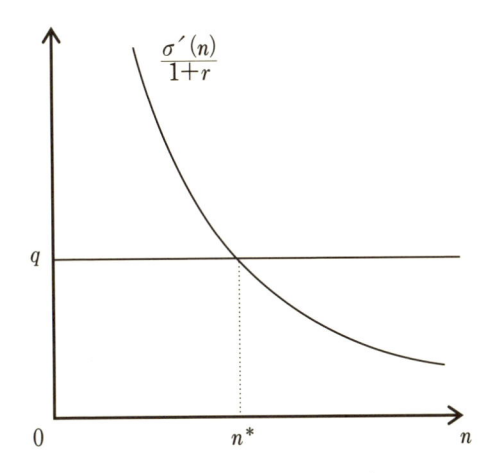

図 5.3 最適な子供数の決定

$$\frac{U_1}{U_2} = 1+r \tag{5.13}$$

$$\frac{\sigma'(n)}{1+r} = q \tag{5.14}$$

ここで，子供数の選択に関わる (5.14) 式は，左辺が「子供への追加的投資からの収益」の現在価値，右辺が「子供への追加的投資の費用」である．左辺が右辺よりも大きいならば，子供への投資をさらに行うことが望ましい．逆の関係が成り立つならば，子供への投資は減らした方がよい．したがって，最適な水準は，両者が一致する水準であるというのが，最適条件の意味である．

ここで，例えば子供からの所得移転 $\sigma(n)$ が，n の増加関数で，その増加分は，子供の数の増加に伴って徐々に減少すると仮定すれば（つまり 2 階微分が $\sigma''<0$ ならば），$\sigma'(n)$ は図 5.3 のような右下がりの曲線として表現され，最適な子供数は図 5.3 中の n^* で決まることがわかる．

ここで，利子率 r が上昇すると最適な子供数は減少することがわかる．これは，利子率 r の上昇によって貯蓄の魅力が増し，子供に投資するよりは，貯蓄した方がよくなると考えられるからである[10]．

---

10) 言うまでもなく，子育て費用 q の上昇もまた，子供数を抑制する要因として働く．

このような結論は，直感的にもわかりやすいものである．しかし，本当に私たちは子供からの所得移転を期待できるのだろうか．子供は，一旦成長してしまえば，自発的に親の扶養をする必然性はないため，合理的であれば，親の扶養を回避しようとすると考えられるからである．

そこで以下では，Cigno (1997, 第9章) の議論に基づいて，子供は利己的と仮定した上で，親が資産を持たない場合でも，子供は親の扶養を行う可能性があることを見る．つまり，扶養は利他心によってではなく，利己的な個人の利他的行動として説明されることになる．ここでの議論の本質は，「世代間扶養」という規範の維持可能性の問題である．そこでは，資本市場の成熟に伴い，高齢者へ所得移転を行うという「世代間扶養」の規範が崩れてしまう可能性が高いことが示される．

5.3.2　私的扶養の持続可能性（拡張モデル）

以下では，すべての人は3期間生存すると仮定する．所得は中年期のみに発生し，若年期と高齢期には，何らかの所得保障の仕組みが必要になると仮定する．まず，c_i^t は時点 t に生まれた人の第 i 期 ($i=1,2,3$) における消費，y^t および d^t は，t 世代の中年期の所得および高齢者への所得移転とする．また n^t を，t 世代の人1人が持つ子供 ($t+1$ 世代) の数とする．t 世代の効用関数を $U^t = U(c_1^t, c_2^t, c_3^t)$，予算制約は $c_2^t + d^t + c_1^{t+1} n^t = y^t$ および $c_3^t = d^{t+1} n^t$ によって与えられると仮定する．最後に，$\rho^t \equiv d^t/c_1^t$ と定義し，「世代間移転ルールの収益率」と呼ぶ．

これらの定義を用いると，予算制約式は次のようになる[11]．

$$c_1^t + \frac{c_2^t}{\rho^t} + \frac{c_3^t}{\rho^t \rho^{t+1}} = \frac{y^t}{\rho^t} \qquad (5.15)$$

---

11) 導出は次の通り．予算制約式を $c_2^t + d^t = y^t - c_1^{t+1} n^t$ と書き換え，($\rho^t \equiv \dfrac{d^t}{c_1^t}$ という定義を用いて）$d^t = \rho^t c_1^t$ および $c_1^{t+1} = \dfrac{d^{t+1}}{\rho^{t+1}}$ という関係式を作り代入すると，$c_2^t + \rho^t c_1^t = y^t - \dfrac{d^{t+1} n^t}{\rho^{t+1}}$ となる．ここで $c_3^t = d^{t+1} n^t$ の両辺を ρ^{t+1} で割って，予算制約式に辺々足し合わせると，$\rho^t c_1^t + c_2^t + \dfrac{c_3^t}{\rho^{t+1}} = y^t$ となる．最後に両辺を ρ^t で割ると (5.15) 式が導出される．

これは，t時点の収益率$(=1+r_t)$がρ^tである資本市場へのアクセスが可能な場合の生涯予算制約式と類似している．この予算制約式の下で，効用を最大化しようとすれば，次の条件が成り立つことがわかる．

$$\frac{U_1^t}{U_2^t} = \rho^t, \quad \frac{U_2^t}{U_3^t} = \rho^{t+1} \tag{5.16}$$

このことは，次の条件が最適資源配分の条件となることを示している．

$$\frac{U_2^{t-1}}{U_3^{t-1}} = \frac{U_1^t}{U_2^t} = \rho^t \equiv \frac{d^t}{c_1^t} \tag{5.17}$$

このような条件を満たす所得移転のルールを家族内で確立し，各世代が守ることを考えてみる．確かに，若年期に高齢の親への所得移転を$d^t=0$とするインセンティブが存在するが，資本市場が存在しない場合，自分が高齢者となった時に所得を得られないという制裁が有効に機能するため，実はルールは守られる．

ここで，収益率R^tで運用できる資本市場が生まれた場合，高齢の親に所得移転を行わずに，資本市場で運用する方が，厚生が高まる可能性があるため，上記のルールが破綻してしまう可能性がある．そのような破綻が起こる条件について，考えてみる．

資本市場へのアクセスが可能となった時の，t世代の行動について考えてみると，世代間移転のルールを守る場合の予算制約（(5.15)式の両辺にρ^tを乗じて，$c_1^t\rho^t=d^t$という関係式を使って書き換えた式）は，

$$c_2^t + \frac{c_3^t}{\rho^{t+1}} = y^t - d^t \tag{5.18}$$

となる．一方，ルールを破り，収益率R^{t+1}で資本市場で運用するならば，予算制約は，

$$c_2^t + \frac{c_3^t}{R^{t+1}} = y^t \tag{5.19}$$

となる．ここで，もし$\rho^{t+1}=R^{t+1}$ならば，市場で貸し付ける方が望ましく，それにより何らかの制裁を受けることもない．したがって，世代間移転のルールが守られるためには，高齢の親への所得移転d^tを喜んで行おうと思うくらい，世代間移転ルールの収益率ρ^{t+1}が十分大きくなければならない．

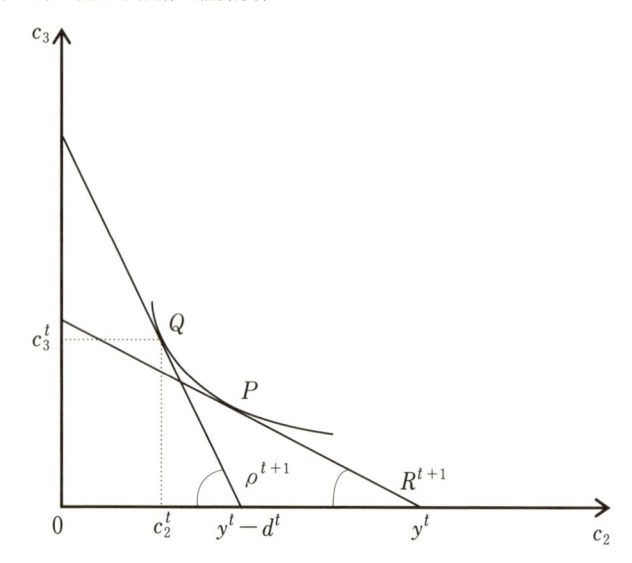

図 5.4 世代間移転ルールが維持されるための条件

出所）Cigno（1997, 図 9.1）を基に作成.

すなわち，図 5.4 のように，資本市場で実現できる効用水準を保証するような予算制約が，新しい世代間移転のルールの下で描けなければならない．この図が示すように，世代間移転のルールを維持するためには，その時の収益率 ρ^{t+1} は，市場での収益率 R^{t+1} よりもかなり高くならなければならない．しかし，家族内でそのような収益率を保証することは，困難である可能性が高い．それを保証できない場合，世代間移転の仕組みは崩壊し，人々は家族ではなく資本市場を活用して，自分の老後の所得を確保することになる．

注 5.3（扶養義務に関する法律） 上記のモデルが示唆するのは，（見返りの期待できない）親の扶養という世代間扶養の規範は，一度壊してしまうと，自らもその恩恵を受けられなくなるという脅威のゆえに，維持されてきたと考えられるということである．資本市場の発達によって，世代間扶養の連鎖がとぎれてしまうという恐怖は緩和され，その規範が崩れてきたというのが，現代社会の状況であると考えられる．

そのような社会構造の変化の中で，すべての個人が十分な貯蓄や保険を購

入できる場合には，それほど大きな問題にはならないだろう．しかし，そのような余裕がない個人にとっては，世代間扶養の規範の崩壊は，大きな脅威である．その問題を若干なりとも改善するのが，世代間扶養の規範を「扶養義務」の形で，明文化することであろう．それが法律で義務付けられ，義務違反に対して適切な法的制裁が行われるならば，少なくとも子供などの扶養義務者のいる高齢者は，何とか生きていけると考えられる．それは，利己的な子供が，扶養しないという選択を行わないようにするための制度として，機能していると言えるだろう．

5.3.3 公的扶養と出生行動

これまで，子供の存在を所与として，子供による扶養を期待できるか否かに関する議論を行ってきた．前項では，親子間扶養の規範が崩れる場合，人は資本市場（貯蓄）を用いて老後の生活保障を行うことを選択するため，子供から直接の便益を受けない個人（$\sigma(n)=0$ のケース）は，子供を全く持たないだろうという結果が得られた．つまり資本市場の発達は，親子間の扶養の規範を崩し，少子化の一因となる．

しかしながら，資本市場は必ずしも十分には発達しておらず，とりわけ長生きのリスクを保障する金融資産は十分に供給されていないため，多くの個人は今なお老後の生活保障として子供を持つ（子供を持つ動機の一つとして "Old-Age Security Hypotheis" と呼ばれる）．ところが，前項で見た「親子間での扶養の規範の崩れ」によって，親の扶養を行わない子供が出てくる．問題は，残された親である．このような問題への対応として，ドイツでは，ビスマルクが年金制度を構築する（第2章3.2節(2)を参照）．このような公的な扶養の仕組みは，人々の出生行動にどのような影響を与えるのだろうか．

この問題は，近年多くの経済学者の関心を集めることになった問題である．以下では，老後の生活保障と出生行動の関係を明示的に考慮したモデルを用いて，この問題について分析する．

問題の構造を明らかにするために，簡単な年金制度を考えてみる．t 期に生まれる人口を，N_t とする．各個人は2期間生存し，若年期に，賃金率 w で1単位の労働を提供する．賦課方式年金の下で，t 期に生まれた各個人は，

賃金所得に対する一定割合 τ で年金保険料を支払い,高齢期に Z_t の年金給付を受ける.このような賦課方式年金の予算制約は,$N_t Z_t = \tau w N_{t+1}$ となる.

ここで,個人は同質的で,産む子供数も同じとする.その子供数を n_t とすれば,$N_{t+1} = n_t N_t$ となる.賦課方式年金の予算制約は $N_t Z_t = \tau w n_t N_t$ なので,$Z_t = \tau w n_t$ となる.つまり,将来の年金給付額は,各個人が何人子供を持つかによって変化する.賦課方式年金制度の下では,出生行動は外部性を持つ.

簡単化のため,利子率は0で,各個人 i は,子供の数 n_t^i と若年期と高齢期の消費の和 C_t^i から,効用を得るとする.したがって,各個人の最適化問題は,q を子供1人当たりの育児費用とすれば,次のように書ける.

$$\max_{C_t^i, n_t^i} U(C_t^i, n_t^i) \quad s.t. \quad C_t^i + q n_t^i = (1-\tau)w + Z_t \tag{5.20}$$

ところが,各個人が生む子供数は,社会全体の子供数と比べると微々たるものなので,人々は,自分の子供が年金財政に与える影響は考慮せずに意思決定を行う.その結果,最適条件は,Z_t を外生変数として得られる1階条件 $U_n/U_C = q$ となる.これに対して,人々が外部性を織り込んで意思決定を行うことによって,つまり,予算制約式において $Z_t = \tau w n_t$ を織り込んで最大化問題を解く場合には,$U_n/U_C = q - \tau w$ がその1階条件となる.このような2つの条件の違いが意味することは,図5.5のように表現される.

この図が明らかにしているのは,賦課方式年金制度の下では,人々が選択する子供数は外部性を持つが,その外部性を考慮しないで人々が選択する子供数 (n_t^i) は,外部性を考慮して選択する水準 (n_t^*) よりも低いという事実である.この結果は,賦課方式の年金制度の下では,人々が他人の子供に「ただ乗り」できる構造があることを明らかにしている(第3章3.5節(1)を参照).

そこで,賦課方式年金制度の下で,人々が他人の子供に「ただ乗り」することを抑制する仕組みについて考えてみる.問題は,出生行動が外部性を持つために生じているので,外部性を持つ行動に対して補助を与える政策が有効である(第3章3.5節(2)も参照).例えば,Groezen et al. (2003) が指摘するように,子供に対して児童手当を与えることも,その一つの方法である.

子供1人当たりの児童手当を σ とすれば,予算制約は,$C_t^i + q n_t^i = (1-\tau)$

第5章　家族内資源移転——133

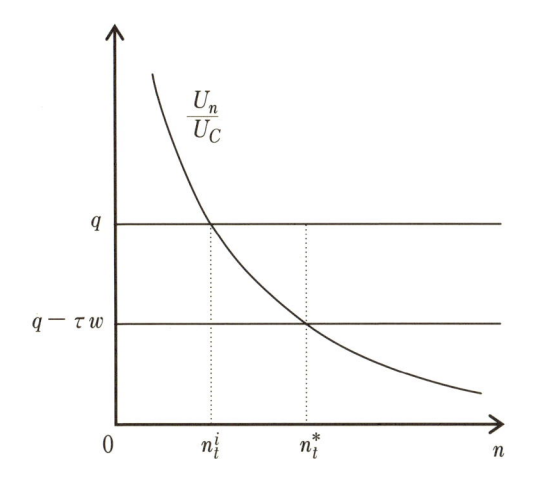

図 5.5　賦課方式年金制度の下での出生行動

$w+Z_t+\sigma n_t^i$ となり，Z_t を外生変数とみなした場合の効用最大化問題の1階条件は，$U_n/U_C=q-\sigma$ となる．そこで，$\sigma=\tau w$ と設定することで，人々が選択する子供数は，外部性を考慮して選択する子供数（n_t^*）と等しくなることがわかる．ここでは，児童手当という制度は，子供が持つ外部性に対して補助を与えて，子育ての費用を引き下げることで，公的年金制度が持つ出生行動の歪みを是正する役割を担っていることになる．そして，その児童手当の水準は，高齢者のための公的年金の大きさ（τ）と連動するように決められる必要がある．

なお，賦課方式年金制度が持つ歪みを補正する制度は，児童手当以外にも考えられる．外部性の問題は，年金給付が子供の数とは独立に定額で与えられていたために生じていたのだから，年金の給付あるいは保険料が，子供の数に応じて決まる仕組みの導入によっても，補正することが可能となる[12]．

---

12) 資本市場が完全であるような簡単な経済モデルを考えれば，いずれの方法にも差はない．特に，子供に対して補助を与える児童手当の仕組みと，子供の数に応じて年金保険料や年金給付が変わる仕組みは，理論的には同じである．しかし，前者には賛成だが後者には反対するという国民も，少なくないのではないかと思われる．理論的には同じと考えられる制度に対して，異なる印象や評価を抱く人々が少なくないことは興味深い．

注 5.4（Groezen *et al.*（2003）の公的年金モデル）　上記の簡単なモデルは，公的年金制度が出生行動に与える影響を理解する上では有用であるが，それが経済全体に与える影響を理解するためには，不十分なモデルとなっている．このような観点から，Groezen *et al.*（2003）は，賦課方式年金が出生率に与える影響について，生産部門まで考慮した「2 期間世代重複モデル」に基づいて分析している．特に，公的年金が人々の貯蓄行動を通じて資本蓄積に与える影響は重要であり，それが出生行動を通じて労働者数に与える影響とともに分析することは，重要と考えられる．さらに，そのようなモデルを構築することで，社会的に見て最適な人口について，議論できるようになる点も重要である．

モデルでは，まず，子供が経済の 1 人当たり資本と消費に対して外部性を持つため，市場経済で出生が最適となる保証はないことが明らかにされる．賦課方式年金は，出生行動に影響を与えるので，社会的に見て最適な人口を実現できる可能性があるが，上述のように，それ自身が外部性を持つため，賦課方式年金だけでは社会的最適を実現できない．児童手当のように，賦課方式年金の下で子供が持つ外部性を内部化するような補助制度を，追加的に導入することで，初めて社会的最適が実現することが示される[13]．緻密なモデルを用いて，賦課方式年金が出生行動に対して持つ歪みを明らかにし，社会的に見て望ましい出生率を実現するために，児童手当のような子育て支援が有用であることを明らかにした論文として興味深い．

5.4　まとめ

本章では，親子間の資源移転に注目して，なぜ世代間の資源移転が行われるのかという問題について考えてきた．特に重要と思われるのは，利己的な子供による親の扶養は，どのような状況において行われるのかという問題である．多くの人は，歳をとると誰かに頼らなければ生きていけない．

Rotten-Kid Theorem が示唆しているのは，私たちが子供を愛するという

---

[13]　モデルでは，児童手当のための財源調達は，歪みをもたらさないと仮定されている．

利他心を持つことが，利己的な子供による扶養を引き出すことにつながるという，興味深い人間関係の可能性であった．また，それで不十分な場合には，人は遺産を戦略的に活用することで，高いレベルの扶養を子供から引き出せることも示唆された．

子供に譲渡できる資産を持たない場合でも，資本市場が発達する前には，世代間扶養の規範が維持される環境が存在し，親は子供からの扶養を期待することができた．ところが，資本市場の発達により，状況は大きく変化する．世代間扶養のルールを守らなくても，貯蓄や保険を通じて老後の生活を送ることができるようになるからである．親の面倒をみなければ，自分も老後の生活を子供にみてもらえなくなるという恐れが，利己的な子供が親の扶養を行う動機になっていたが，資本市場の発達とともに，老後の生活を子供に依存する必要がなくなった．親を扶養することは，かえって貯蓄を減らすことになるため，利己的な子供は，それを放棄するようになった．資本市場の発達とともに，家族の変容が起こった．

しかし，資本市場は不完備であり，完全な年金保険も存在しない．また，勤労期の所得が十分でない場合，老年期の生活を貯蓄では賄えない人も出てくる．そのような恐れを抱く人にとって，子供を持つことは大きな安心となったはずである．世代間扶養の仕組みを維持することも，重要だっただろう．しかし，親の扶養義務を法律で明文化したとしても，その義務を果たさない，あるいは果たせない子供が出てくる．

そして，日本でも公的扶養の充実が求められるようになり，政府はそれに応えた．ところが，社会保障制度が導入されることで様相は一変する．老後の生活が，勤労者の拠出金で賄われるようになると，老後の生活のために，自ら子供を持つ必要性がなくなってくる．しかも，賦課方式の社会保障制度では，他人の子供へのただ乗りが可能となるため，子供を持つ意欲がさらに小さくなるという構造があった．

資本市場の浸透と社会保障制度の充実．これら2つの要因が，子による親の扶養という家族内資源移転の構造，すなわち家族関係に大きな変容をもたらした．そして，その構造変化は，子供からの収益率を変化させることで，家族形成に関する意思決定にも大きな影響を与えてきた．すなわち，老後の

生活を支えてくれる投資財としての子供への需要を減少させ，結婚の意欲を低下させ，少子化を進行させてきたと考えられるのである．少子化の問題については第8章で，高齢者の生活保障の問題については第9章で，さらに詳しく議論していく．

第6章 伝統的共同体
——相互扶助のメカニズム

> 「怠けものの雀が，仲間の造って置いた巣に近寄ろうとしたり，あるいはそこから2, 3本の藁を盗むというようなことをすれば，彼等の群は，この怠けものの行為に干渉する」
>
> クロポトキン『相互扶助論』[1]

6.1 はじめに

　本章および次章では，家族よりも広範囲にわたる人々のネットワークとしての「共同体」に関する分析を見ていく．基本的関心は，市場の失敗の問題のために，市場では得にくい財・サービスが，「共同体」の中で適切に供給されるのかという疑問である．「相互扶助」とも言われる共同体内での財・サービスの供給には，構成員の協力が必要であるが，一般にそのような協力関係は，継続することが難しいからである．

　相互扶助の難しさは，「ただ乗り問題」にある．それを回避できないならば，「ただ乗り」する者だけが生き残り，結果的に相互扶助が行われなくなる可能性が高い．冒頭の引用は，動物もまた「ただ乗り」を行う仲間に制裁を加えることで，それを抑制しようとしていることを明らかにしている．

　ロシアの政治思想家・革命家であるクロポトキンは，生物学者でもあり，動物行動に関する見識を基に，「相互扶助」に関する興味深い本を出版した．そこでは，ダーウィン流の淘汰論から想像される生存競争のイメージとは異なり，動物の世界でも相互扶助の仕組みが幅広く存在していることが明らかにされる．そして，人間も相互扶助に基づく社会を作っていくべきとの議論が行われる．

　人間社会でも，相互扶助の規範を維持するためには，「ただ乗り」に対して継続的に制裁を行うことが必要となる．しかし「考える葦」である人間の場合，遺伝子に埋め込まれた行動原理に基づいて行動する動物とは異なり，

---

1) Kropotkin (1902), 日本語訳 p.79 からの引用．

そのような制裁を行うことが合理的となる必要がある．どのような条件の下で，有効な制裁が人々の合理的な判断の結果としてとられるようになるのか．これが本章を貫く問題意識である．

家族も伝統的な共同体の一つであるが，家族の場合，一般に法的契約関係が存在する．一方，家族以外の伝統的共同体の場合，その境界が明確でなく，契約関係が存在しないことが多い．その結果，効率的な取引が難しくなる．さらに共同体では，利他心が期待しにくい，監視が難しい，交渉費用が大きい，といった状況があり，家族では機能していた制裁の仕組みも，機能しなくなる可能性が高い（第2章2.3節(4)を参照）．

次節では，まず，市場では供給されにくい「公共財」を，共同体内で利己的な個人が自発的に供給するという状況を分析する．そして，人々がお互いの公共財供給にただ乗りしようとする結果，過小な公共財供給しか行われなくなることを見る（2.1節）．そこではさらに，そのような状況で，政府が公共財供給を増加させようとしても，多少の介入では公共財供給を増やせないことを見る（2.2節）．

第3節では，公共財の過小供給の問題を，伝統的な共同体がどのように解決してきたのかについて考察する．そこでは，長期的な人間関係が存在する場合には，効率的な公共財供給を実現できる可能性があることを見る（3.1節）．しかし，人間関係が流動的になると，その可能性は低下する．ただ，進化論的な観点からは，ただ乗りを制裁する人々が社会に一定割合存在するならば，効率的な公共財供給は維持される可能性があることも示唆される．ただし，そのような制裁はコストを伴うため，制裁を行う人は徐々に減り，長期的には，非効率的な状態に収束してしまう可能性が高いことを見る（3.2節）．第4節はまとめである．

6.2 公共財の自発的供給

公共財の自発的供給が過小となることについては，実はすでに第3章で「寄付ゲーム」を用いて示唆した．以下では，戦略の集合を連続空間に拡張し，さらに個人の予算制約を明示的に考慮した Bergstrom *et al.* (1986) のモ

デルに基づいて，公共財の自発的供給の問題を明らかにする．このモデルでは，政府による公共財供給が，自発的な公共財供給に与える影響を分析できる．以下では最も簡単なケースとして，2人からなる共同体を想定して分析を進めていくが，その結論は，3人以上からなる社会においても成立する．

6.2.1 モデル

個人 $i(i=1,2)$ は，所得 w_i を持ち，公共財水準 G および私的財水準 x_i に依存する効用関数 $u_i(G, x_i)$ を持つと仮定する．G および x_i は，正常財[2]であると仮定する．ここで，公共財の供給者としては，2人の個人と政府を想定し，それぞれの供給量を g_1, g_2 および $\bar{g}$ とする．この時，公共財の水準は，$G = g_1 + g_2 + \bar{g}$ によって計算されるものとする．また，簡単化のため，私的財の価格および公共財の価格を1とする．以下では，まず $\bar{g} = 0$ を仮定し，公共財の私的供給の問題について分析する．

いま，効用水準 $\bar{u}_2$ を所与とした時，パレート効率的な資源配分は，次の問題を解くことで求められる[3]．

$$\max_{x_1, x_2, G} u_1(G, x_1) \quad s.t. \quad x_1 + x_2 + G = w_1 + w_2, \quad u_2(G, x_2) = \bar{u}_2 \quad (6.1)$$

ここで，資源制約式を個人2の効用関数に代入することで，問題は次のように書き換えられる．

$$\max_{x_1, G} u_1(G, x_1) \quad s.t. \quad u_2(G, w_1 + w_2 - x_1 - G) = \bar{u}_2 \quad (6.2)$$

この問題のラグランジュ関数を $\mathcal{L} = u_1(G, x_1) + \lambda(u_2(G, w_1 + w_2 - x_1 - G) - \bar{u}_2)$ と定義すれば，1階条件は，次のようになる．

$$\frac{\partial u_1}{\partial G} + \lambda \left(\frac{\partial u_2}{\partial G} - \frac{\partial u_2}{\partial x_2} \right) = 0 \quad \text{および} \quad \frac{\partial u_1}{\partial x_1} - \lambda \frac{\partial u_2}{\partial x_2} = 0 \quad (6.3)$$

これら2つの条件を整理することで，一般にサミュエルソン条件と呼ばれる

---

[2] 正常財とは，可処分所得の増加に伴い需要が増加する財のことである．
[3] 資源制約の下で，ある個人（ここでは個人1）の効用を，他の個人（ここでは個人2）の効用水準を固定した上で最大化することで，パレート効率性の定義（第2章脚注2）が満たされることがわかる．

以下の最適条件が得られる．

$$\mathrm{MRS}_1 + \mathrm{MRS}_2 = 1 \tag{6.4}$$

ここで $\mathrm{MRS}_i = u_{iG}/u_{ix_i}$ は，公共財の追加的価値を私的財で測った「公共財の私的財に対する限界代替率」であり，右辺の1は，公共財の追加的生産に必要な私的財の量を表す限界変形率である．この条件を満たす最適な公共財供給量を G^{**} とする．

6.2.2 公共財の自発的供給

次に，各個人が，予算制約の下で効用を最大化するように公共財供給を行う状況を考える．この時の最適化問題は，例えば個人1の場合，次のような2つの方法で書き表すことができる．

（Ⅰ） $\displaystyle\max_{x_1, g_1} u_1(g_1 + g_2^*, x_1)$ $s.t.$ $x_1 + g_1 = w_1$

（Ⅱ） $\displaystyle\max_{x_1, G} u_1(G, x_1)$ $s.t.$ $x_1 + G = w_1 + g_2^*, G \geq g_2^*$

図6.1は，問題（Ⅱ）を図示したものである．この図では，前項で定義した「公共財の私的財に対する限界代替率（MRS）」が無差別曲線の傾きとして表現されるように，横軸に公共財の水準をとる．

この図では，g_2^* を所与として，予算制約式 $x_1 = -G + (w_1 + g_2^*)$ は，傾き -1 および切片 a の直線として描かれている（$a = w_1 + g_2^*$ である）．個人1にとっての制約 $G \geq g_2^*$ を考慮すれば，(G, x_1) を選ぶための予算制約は，点 b の右下に位置する線分 ba によって与えられる．

ここで最適な点は，$u_1(G, x_1)$ という効用関数の無差別曲線が予算制約に接する点 e で与えられる．この点では，公共財と私的財の限界代替率が，無差別曲線の傾き -1 に等しくなっている．つまり $\mathrm{MRS}_1 = 1$ が成立する．言うまでもなく，個人1の最適な公共財供給は，$G^* - g_2^*$ によって与えられる．

個人2についても，同様に考えることができるので，最適な私的供給においては，$\mathrm{MRS}_1 = \mathrm{MRS}_2 = 1$ が成立する．一方，社会的最適水準 G^{**} では，$\mathrm{MRS}_1 + \mathrm{MRS}_2 = 1$ が成立するので，限界代替率が正であることに注意すれ

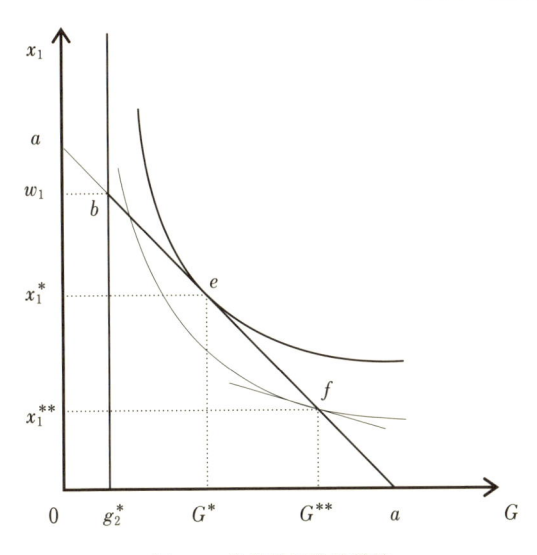

図6.1 公共財の私的供給

ば，$\mathrm{MRS}_1 < 1$ および $\mathrm{MRS}_2 < 1$ が成立する．限界代替率は，政府支出の増加に伴い小さくなるので，$G^* < G^{**}$ となり，公共財供給は過小となることがわかる（図6.1も参照）．

命題6.1 公共財が私的な経済主体によってのみ供給される場合には，その水準 G^* は社会的に見て望ましい水準 G^{**} よりも低くなる．

6.2.3 クラウディング・アウト命題

次に，このモデルに政府を導入する．政府は税 $\tau_i \geq 0$ を個人 i に課し，予算制約 $\tau_1 + \tau_2 = \overline{g}$ を満たすように，公共財 $\overline{g}$ を供給する．したがって，公共財の総供給は $G = g_1 + g_2 + \overline{g}$ になるとする．個人 i の予算制約は $x_i + g_i = w_i - \tau_i$ と書ける．

この時の各個人の最適化問題は，例えば個人1の場合，個人2と政府の公共財供給 g_2^* および $\overline{g}$ を所与として，次のように書き表すことができる．

$$\max_{x_1, g_1} u_1(g_1 + g_2^* + \bar{g}, x_1) \quad s.t. \quad x_1 + g_1 = w_1 - \tau_1 \quad (6.5)$$

　この時，政府による公共財供給と課税が比較的小さいものであれば，政府による介入は，公共財供給の総量を全く変化させることはないという，興味深い命題が成立する（以下の命題6.2(i)のケース）．これは，政府が$\bar{g}$の公共財供給を課税による財源調達で行った場合，私的な公共財供給を課税の分だけ減少させることが，人々にとって最適になるからである（図6.2を参照のこと[4]）．この結果は，政府による公共財供給が私的な公共財供給を押し出してしまう「クラウディング・アウト効果」（第2章3.1節(2)）の存在を示唆している（詳しくは，Warr（1982）やBergstrom *et al.*（1986）を参照）．

　このようなクラウディング・アウト効果は，実際に存在することが確認されている（注6.4）．そしてその効果を考慮した場合，政府介入が公共財供給を増やせるのは，民間で公共財供給を行わない人が出てくるところまで，政府が公共財を供給した時である（命題6.2(ii)および(iii)のケース）．

　つまり，「民間が公共財供給を行わない」という状態は，決して悪い状態ではない．命題6.2(iii)が明らかにするように，政府が最適な公共財供給を行うならば，民間による自発的公共財供給はゼロになり，それが社会的に見て最も望ましい状態となるからである．

　日本では，これまでボランティアや非営利組織などの民間主体による公共財供給があまり行われてこなかったと嘆かれることも少なくない．しかし，それは政府が十分な公共財を供給してきたからと考えることもできる．決して望ましくない現象と考える必要はない．むしろ，ボランティアや非営利組織の活動が盛んということは，公共財供給が過小な水準に留まっている証拠であり，社会の状態として望ましいとも言えないのである．

　ただし，「政府の失敗」の問題が深刻な場合や，政府が十分な財源を確保できない場合には，話は変わってくる．この場合，政府による公共財供給が過小となるが，そのような状況では，できるだけ民間による公共財供給を促して，その水準を引き上げることには大きな意味があるだろう．現在の日本

---

[4] 公共財の私的供給を行っていた個人は，この場合，課税を通じて公共財を供給していると認識すると考えられる．

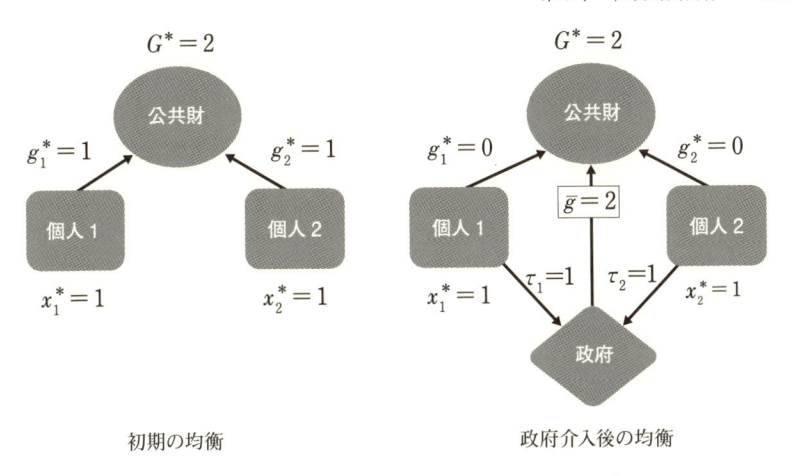

図 6.2 クラウディング・アウト命題のイメージ

が，ボランティアや非営利団体の活動を促そうとする意味も，見えてくる．

このような状況では，クラウディング・アウト命題は，政府の公共財供給を減らしても，民間による公共財供給が増加するので，公共財は一定水準に維持されることを意味する．つまり，「政府の失敗」の問題を考えると，民間による公共財供給に頼らざるをえなくなってきたら，政府による公共財供給は，ゼロとする方が望ましい場合もあることを，クラウディング・アウト命題は示唆する．したがって，効率性の観点からは，政府は徹底的に大きな役割を果たすか，さもなければ徹底的に小さな役割に留まる方がよいという議論も，行えるだろう．「大きな政府」か「小さな政府」かといった，政府のあり方に関する根本的な議論を行う上でも，この「クラウディング・アウト命題」は重要な意味を持っている．

命題 6.2（クラウディング・アウト命題） 政府が $\bar{g}$ を供給する場合の公共財の総供給量を $G^*(\bar{g})$ とすると，次の特性が成立する．

（ⅰ） $\bar{g} \leq G^*(0)$ の時，すべての個人 i に対して $\tau_i \leq g_i^*$ ならば，
 $G^*(\bar{g}) = G^*(0)$ が均衡となる．

(ii) $\bar{g} \leq G^*(0)$ の時,いずれかの個人 i に対して $\tau_i > g_i^*$ ならば,$G^*(\bar{g}) > G^*(0)$ が均衡となる.

(iii) $\bar{g} > G^*(0)$ の時,$G^*(\bar{g}) > G^*(0)$ かつ $g_1^* = g_2^* = 0$ が均衡となる.

証明 省略[5](一般的なケースでの証明は,Bergstrom *et al.*(1986, Theorem 4)を参照のこと).

注6.1(中立性命題) 実は,人々が私的な公共財供給を行っている場合には,所得再分配政策は,それほど大規模なものでない限り,人々の消費や公共財水準に全く影響を与えることはないという,「中立性命題」が成立することも知られている(Warr 1983).その基本的な理由は,クラウディング・アウト命題から推察することができる.いま,個人1に τ の課税を行い,個人2に τ だけ補助を与えるという所得再分配政策を考える.ここで,個人1は私的な公共財供給を $g_1^* - \tau$ に減少させ,個人2は私的な公共財供給を $g_2^* + \tau$ に増加させると仮定してみよう.この時,個人1および個人2の消費および公共財供給の総量は,全く影響を受けない.そして,再分配前の消費と公共財水準は,最適であったはずなので,再分配後にも上記のように行動を変化させることで,最適性が実現される.

ここでは,クラウディング・アウト命題の時と同様,再分配の課税が私的公共財供給を減らし,再分配による補助が,私的公共財供給を同額だけ増やすため,再分配政策は,私的財の消費と公共財の総量を変化させることはないのである.貧困者もまた社会のために公共財を提供している社会では,富裕層から貧困者への再分配政策は,富裕層の公共財供給の減少を補うように,貧困者が公共財供給を増加させるため,貧困者の消費そして厚生を引き上げることはないという,興味深い可能性が示唆されている.

注6.2(モデルの拡張) モデルを拡張して,共同体の構成員の数が非効率性の程度に与える影響について,考察しておきたい.2人ではなく,n 人の

---

5) 関心のある読者には,図6.2のイメージを参考に,証明を試みてみることを勧める.

構成員がいると仮定する（n は 2 以上の自然数と仮定）．簡単化のため，すべての個人は，予算制約 $x_i + g_i = w$ と効用関数 $u(G, x_i)$ を持つと仮定する．基本モデルと同様，社会的最適性は，$\mathrm{MRS}_1 + \cdots + \mathrm{MRS}_n = n\mathrm{MRS} = 1$ によって与えられる一方，私的公共財供給の最適条件は $\mathrm{MRS} = 1$ である．したがって，MRS の定義より，以下の関係が成立する．

$$n\mathrm{MRS}(G^{**}, x^{**}) = \mathrm{MRS}(G^*, x^*) \qquad (6.6)$$

ここで，G が増加するほど，限界代替率 $\mathrm{MRS}(G, x) \equiv u_G(G, x)/u_x(G, x)$ は減少するので，$G^* < G^{**}$ であり，n が大きいほど G^* は小さくなっていくことがわかる．すなわち，共同体の構成員が大きくなるほど，私的な公共財供給の非効率性は大きくなっていくのである．

注 6.3（自発的公共財供給の持久戦モデル） Bliss and Nalebuff (1984) は，オークション理論で用いられる「持久戦 (war of attrition)」のモデルを用いて，公共財の自発的供給の問題を分析した．その議論は，次のように要約される．混雑した部屋の空気など，質が低下するものを考え，誰かが窓を開けるといった公共財供給を行うことで，その質の低下を防ぐことができるものとする．このようなケースでは，最初に公共財供給を行うのは，公共財供給のコストが最も低い個人であり，公共財が供給されるまでに経過する時間は，一定の仮定の下で，参加者の数が増えるに従ってゼロに近づき，効率的な公共財供給が行われる．人数が増加するに従って，公共財の私的供給の非効率性が小さくなるという結果が得られるのは，限られたケースにおいてであるが，興味深い．モデルに時間を導入して分析することで，新しい洞察が得られることがわかる．

6.2.4　クラウディング・アウト効果をめぐる議論

クラウディング・アウト命題は大変興味深いものであるが，その議論は，公共財の私的供給は純粋に利己的な動機によるものであるという仮定に基づいている．その場合，公共財の便益を得る人が増えるにつれて，人々は全く寄付を行わないことが，理論的には予想される（注 6.2 も参照のこと）．しか

しながら，実際には必ずしもそうならないことが観察されている（例えば Andreoni (1988) など）．したがって，多くの人々が利他心（altruism）あるいは「不純な利他心（impure altruism）」，すなわち利他的な行動に自己満足を覚える性向に基づいて，寄付などの公共財供給を行っていると考えられる．言うまでもなく，このようなケースでは，クラウディング・アウト効果は完全には発生しない．

さらに，政府による非営利組織などへの財政支援の増加は，むしろ人々の寄付行動を促し，「クラウディング・イン効果」を持つとの指摘も行われるようになった．例えば，政府が補助を与えることが，その対象となる組織（例えば大学や非営利組織など）のサービスの質の高さに関するシグナルとなるならば，私的な寄付は増加する（Payne (2001) や Heutel (2009) など）．実際，そのようなクラウディング・イン効果が発生していることも，実証研究を通じて明らかにされている．例えば，クラウディング・アウト効果が発生すると予想されるのであれば，政府からの補助を受けた組織は，そのことを隠すと考えられる．しかし，そのような行動は一般には見られない．むしろ，政府からの補助を受けたことをアピールする事例を，数多く見いだすことができる．クラウディング・イン効果の存在が示唆されているように思われる[6]．

注6.4（クラウディング・アウト効果に関する実証研究） 政府による非営利組織などへの財政支援の増加が，人々の寄付などの「公共財の私的供給」を減少させるというクラウディング・アウトの議論は，多くの研究者の関心を集め，様々な実証研究が行われることとなった．そこでは，クラウディング・アウト効果は完全ではないが，部分的には観察されるという結果が，数多く報告されている．特に，実験的な研究では，その効果は大きいという結果が得られる傾向が見られる．しかし，実際の寄付行動などに関するデータなどからは，その効果はあまり大きくない，あるいは，全く見られないといった結果が得られる傾向がある（例えば，Manzoor and Straub (2005) など）．さらに，上述のような「クラウディング・イン効果」が見られる場合が存在す

---

6) クラウディング・アウトが発生するかクラウディング・インが発生するかは，政府の介入のあり方によるといった議論もある．例えば，Rege (2004) など．

るとの結果も得られている（Rose-Ackerman (1986)，Khanna and Sandler (2000)，Payne (2001)，Heutel (2009) など）．このような実証研究や実験結果は，私的な寄付がクラウディング・アウト効果をどの程度引き起こすかは，人々がどのような選好を持っているか，対象となる組織に対してどのような知識や認識を持っているかなどにも依存することを示唆している．その程度に関する一般的な結論を導くことは難しいが，政府による介入の程度が私的な公共財供給に影響を与えること，そして，クラウディング・アウト効果が発生する可能性を認識することは重要である．

注6.5（自発的公共財供給に関するモデルの数値例） 本節の議論を，簡単な数値例を用いて確認してみることは有用である．2人の個人からなる社会を考える．個人 i（$i=1$ または 2）は，効用関数 $u_i(G, x_i) \equiv (G)^{0.5}(x_i)^{0.5}$ という効用関数を持ち，$x_i + g_i = 1$ という予算制約に直面しているとしよう（2人の効用関数は，簡単化のため同じと仮定する）．ここで，$G = g_1 + g_2$ である．社会的な資源制約としては，2人の予算制約式を足し合わせた，単純な資源制約 $x_1 + x_2 + G = 2$ を考えることにする．

このモデルでは，例えば $(g_1^{**}, x_1^{**}, g_2^{**}, x_2^{**}) = (0.5, 0.5, 0.5, 0.5)$ が，一つのパレート効率的な資源配分となることがわかる[7]．一方，人々が自発的な公共財供給を行う場合の資源配分は，$x_1^* = x_2^* = 2/3$ および $g_1^* = g_2^* = 1/3$ となる．この数値例は，自発的公共財供給 $G^*(=2/3)$ が，効率的な公共財供給 $G^{**}(=1)$ よりも過小になってしまうという結果に対応している．また，この数値例を用いて，クラウディング・アウト命題（命題6.2）が確かに成立することも，確認できる．

6.3 社会規範と社会的制裁

これまで，個人が利己的に公共財供給を行うならば，非効率性が発生する

---

[7] 実は，これが唯一の効率的資源配分ではない．例えば，$(g_1^{**}, x_1^{**}, g_2^{**}, x_2^{**}) = (0.8, 0.2, 0.2, 0.8)$ もまた $x_1 + x_2 = 1$ および $G \equiv g_1 + g_2 = 1$ を満たす資源配分であり，効率的な資源配分は無限にあることがわかる．

ことを見てきた．問題の本質は，公共財供給が持つ外部性の問題である．このような「市場の失敗」の問題を回避する方法として，前節では政府介入の可能性を議論したが，すべての外部性の問題に政府が関わることは，現実的でないのみならず望ましいとも言えない．実際，多くの共同体で，外部性の問題を，共同体内部の努力によって効率化する試みが行われてきた．共同体の存在意義は，まさにそのような努力の中に見いだすことができる．

6.3.1 共同体における外部性の問題の解決

問題は，どのようにして，外部性の問題による非効率性を小さくするかである．外部性を内部化する手法については，すでに第3章3.5節において議論した．そこでは，1) 法的契約，2) 心理的制裁，3) 長期的関係，4) 課税・補助金，5) 市場の創設，という5つの代表的な手法を紹介した．これらの解決策の中で1) から3) は，伝統的な共同体のメカニズムを理解する上で特に重要なものなので，簡単に振り返っておこう．

まず「法的契約」による解決策とは，最適な行動をとることを契約として結び，それを実施しない場合，法的な罰則が与えられるとする方法である．この解決方法は，実際にも頻繁に用いられるが，それがうまく機能するためには，法制度が確立しており，実効的な契約の締結費用が大きくないことが必要である．しかし実際には，様々な外部性に関して契約を結ぶことは難しいため，その適用範囲は限られてくる．

日常的に発生する外部性の問題を内部化する一般的な方法は，おそらく，

---

8) 近年，法学の分野でも，明確な法体系（ハード・ロー）だけでなく，明文化されていない法体系（ソフト・ロー）に基づく社会秩序の維持が見られることに関心が高まっているようである（例えば藤田（2008）など）．ソフト・ローという概念にはまだ明確に定義されたものはないとされるが，藤田（2008）は，「裁判所等の国家機関によるエンフォースが保証されていないにも関わらず，企業や私人の行動を事実上拘束している規範」と暫定的な定義を与えている．ここで「規範」という言葉ではなく，あえて「ソフト・ロー」という用語を用いる意義は必ずしも明確ではないが，明文化された法体系との対比で規範の問題を考えるという視点は法学の体系を考える上で重要な意義を持つのかもしれない．なお，経済学でも，社会規範（Social Norm）に関する研究は，ゲーム理論の枠組みの中で盛んに行われてきた．近年の研究成果については，松井（2002），飯田（2004），およびそこで引用されている文献などを参照のこと．

「心理的制裁(モラル)」による解決策である.これは,社会的に見て望ましい行動を,道徳的,倫理的,宗教的に正しい行動と人々に認知させ,それからの逸脱に罪悪感を持たせる手法である.実際,多くの伝統的共同体では,伝承,伝説,あるいは教育などを通じて,規範意識を構成員に植え付ける試みを行ってきた[8].しかし,そのような手法が機能するためには,道徳,倫理,宗教など,人々の心理に強い影響を与える世界観が存在していることが必要であり,それが弱い社会では,罪悪感という心理的制裁に依存する手法は,やはり効果が薄いと考えられる.

そこで,伝統的な共同体の多くは,規範から逸脱する行動に対して,物理的な制裁を行う仕組みを持っていた.しかしながら,法的契約とは異なり,法に抵触しない範囲で行われる制裁では,強い制裁を課すことが難しいため,制裁を継続的に行うための「長期的関係」の存在が重要になる[9].実際,日本の伝統的共同体では,いわゆる「村八分」という制裁のメカニズムを通じて,望ましくない行動への物理的制裁が行われてきた.それが機能していたのは,居住地移動が難しく,人々の間で長期的関係が存在していたからと考えられる.

以下では,共同体内での「長期的関係」に基づく,公共財の効率性の確保の議論への理解を深めておきたい.そして,日本における事例の紹介を通して,伝統的共同体の機能に関する上述のような理論的整理が,現実を理解する上で役立つことを確認しておきたい.

6.3.2 共同体における規範

共同体における規範と制裁の仕組みについては,第3章3.3節で紹介した繰り返しゲームの理論に基づく説明を,行うことができる.前節の注6.5の数値例では,共同体内の各構成員に期待される規範的行動は,$g_1^{**} = g_2^{**} = 0.5$という社会的に見て最適な公共財供給を行うことである.しかし,利己的行動が許容されるならば,$g_1^* = g_2^* = 1/3$となり,共同体内では,公共財供給が過小になることを見た.このような問題は,無限繰り返しゲームで

---

9) ただし以下の3.4節では,必ずしも長期的な関係が必要というわけではないという議論を進化ゲーム理論に基づいて展開する.

は，回避できる可能性がある．

　繰り返しゲームにおける戦略とは，各プレーヤーの過去の行動の歴史のそれぞれに対して，どのような行動をとるかを示したものである．ここでは，次のようなトリガー戦略を考えてみる．

1) 最初は，$g_i = g_i^{**}$という行動からスタートする．
2) 両者が$g_i = g_i^{**}$という行動をとる限り，毎期$g_i = g_i^{**}$という行動をとる．
3) いずれかが$g_i \neq g_i^{**}$という行動をとったら，それ以降は$g_i = g_i^*$という行動をとる．

　第3章3.3節で紹介したように，2人のプレーヤーが将来の利得を十分高く評価するならば，すなわち割引因子が十分大きいならば，2人が上記のトリガー戦略をとることは，部分ゲーム完全均衡となる．具体的には，そこで紹介した計算過程を適用することで，割引因子が$\delta_i \geq 9 - 6\sqrt{2} = 0.514\cdots\cdots$という条件を満たすならば，上記のトリガー戦略の組み合わせは，部分ゲーム完全均衡となり，効率的な公共財供給が行われることになる（計算は簡単なので試してみて欲しい）．

　いま，効率的な公共財供給を行うことを，社会規範（social norm）と呼ぶならば，社会規範が遵守される理由は，それを遵守しない場合に，共同体の他のメンバーが一斉に非協力的行動をとるという掟（制裁のルール）が発動されるのを，恐れるからである．そこで，伝統的共同体のように，長期的な人間関係が存在し，人々が長期的な利得も重んじながら行動している場合には，規範を守らない者への制裁のルールを共有知識（common knowledge）とすることで，効率的な社会状態が維持されてきたと考えられるのである．

注6.6（繰り返しゲームにおける制裁のルール）　第3章3.3節では，トリガー戦略やしっぺ返し戦略が，人々が社会的に見て望ましい行動をとるようになるための制裁のルール（戦略の組み合わせ）として，機能することが示された．このように，制裁のルールとしては様々なルールが考えられるが，Abrue (1988)は，人々が社会的に見て望ましい行動をとるか否かを考える

上では，望ましい行動のルールと，各プレーヤーが望ましい行動規範から離脱した時に課される制裁の掟 (penal code) に関する簡単なルール (Simple Strategy Profile) のみを考えれば，十分であることを示した．

興味深いのは，この制裁のルールでは，望ましい行動をとらない個人への制裁を行わない個人にも，課されるべき制裁のルールが規定されていることである．このような制裁の構造は，プレーヤーが2人の場合は考える必要はない．しかし，プレーヤーが3人以上になると，一定の費用を伴う制裁を行わない個人が出てくる可能性がある．制裁は費用を伴うため，他の人が制裁してくれることに，ただ乗りしたいという誘惑が存在する．人々が望ましい行動をとるようなるためには，多くの「いじめ」に見られるように，制裁を行わない個人に対しても制裁を行うことが，必要になるのである．実際，次節で見るように，日本の伝統的な共同体では，制裁を行わない者に対する制裁のルールが，掟として確かに存在していたことは興味深い．

6.3.3 日本における地域共同体の制裁機構

以下では，日本の伝統的な共同体において，人々に望ましい行動をとらせるメカニズムについて，渡辺・北條 (1975) を参考に見てみたい．

> 部落の制裁機構を説明するについて，まず，明治時代に平野部落で起きた事件とその制裁を例にして述べよう．（中略）事件の発端は，（中略）平野の有力者が，毎年村（現在の区）によって定められる「農休みの日」（安息日）に草を刈っていたところを探偵に発見されたことから始まった．

この「探偵」は「野守り」とも呼ばれ，消防団員の中の名門の青年の中から5名が選ばれた．それは「平野の制裁機構の最末端にある」もので，「村落規範に反する「犯罪」的行為の取り締まり」と「入会地の利用規則にしたがわない不正利用の取り締まり」[10] という，2つの任務が与えられていた[11]．

さて，「探偵は，村の規範を犯した同氏を処罰しようとした」が，同氏はその処罰に応じるどころか，処罰を免れようとした．そこで「その上部機関

である消防団によって取り上げられ,約10銭程度の罰金が確定した」が,同氏はそれにも応じず,問題はさらに上位機関である主立会,そして村役場などでも取り上げられ,その都度罰金の額は増えていった.しかしながら,それでも同氏は処罰に応じなかった.

> この時点で,同氏は村の中では「八分」(実際には「十分」である)とされ,村との交流は完全に絶たれた.それは,葬式の参列,火事の際の消火の手伝いも許されないという厳しいものであり,事件が起きたのちに同氏の家が火事に見舞われたときには,同氏と同様の制裁を受けることを恐れた村の人々は誰一人消火に行かなかったと言われている.

この村八分の決定は,「村落共同体の制裁機構の最高機関」である区総会(寄り会)によって行われる.区総会は,「共同体内の制裁だけではもの足りない場合には」法的手段に転じることも可能なようであるが,そのような処理は稀であるという.渡辺・北條 (1975, p.99) は次のようにまとめる.

> 以上のように,平野には部落全体によって定められた規範があり,それを犯したものにたいする制裁の機構がある.部落内での「犯罪」行為には,部落の制裁機構が作用し,また,極力その制裁機構のみを用いて部落内で処理するようになっている.

注6.7(オストロムの議論) 2009年のノーベル経済学賞を受賞したオストロムは,「共有地の悲劇」の問題を,共同体が解決してきた数多くの事例を紹介し,効率的な資源配分を実現する制度として,共同体のような自治組織 (Self-Organization) が重要であることを明らかにした.そして Ostrom (1990, 第3章) は,数多くの事例の分析を通じて,「共有地の悲劇」の問題の回避に成功してきた自治組織には,共通の特性があることを発見し,7つの原則

---

10) 入会地については,第2章3.2節(1)も参照のこと.
11) 探偵には,捕えた違反者を裁く権限まで与えられ,罰金として得られた金銭もしくは酒は探偵の費用として利用できたという.

としてまとめている．

その中でも，「共有地の悲劇」の問題を回避するためのルールを守らない者がいないかどうか監視し，違反者に適切な制裁を加えることの重要性が，明らかにされる．日本の地域共同体の制裁機構をはじめ，スイスの牧草地，あるいはスペインやフィリピンの水資源の自主管理の仕組みなどが，紹介される．いずれのケースでも，「共有地の悲劇」の問題を回避するための賢いルールが存在し，違反者に対する適切な制裁が存在することが，明らかにされる．制裁としては，違反者に罰金を課すことができる環境が整えられている場合が多く，日本のように複雑な制裁を行うケースはあまりないようである．しかし，違反者と発見者の間で争いが生じ，違反者の発見と申告に一定の費用が伴うケースも多く，違反者への適切な制裁が意外と難しいことがわかる．本章の理論モデルが示唆する問題が実在することを，確認できる．

6.3.4 社会規範の進化

これまで，社会規範を守らない者への社会的制裁が有効に機能するためには，長期的関係が必要との議論に基づいて考察を進めてきた．しかし，市場経済の浸透とともに，労働市場が広がってくると，人々の長期的関係は薄れてくる．その結果，社会的に見て望ましくない行動への制裁が有効に機能しなくなり，人々の利己的行動が増え，社会の効率性が低下してきていると考えられる．

このような流動的な社会においては，社会的に望ましくない行動を抑制する方法としては，法的制裁以外では，心理的な制裁に頼らざるをえないようにも思われる．しかしながら，実際には社会的に見て望ましくない行為に対して，人から注意されたり，叱られたり，怒鳴られたりすることも多い．このような社会的制裁が，社会的に望ましくない行為を抑制する効果を持っているように思われる[12]．

ただ，そのような社会的制裁を行うことには，一般に費用が必要であることを考えれば，自己犠牲を払ってまで社会的制裁を課す人がなぜ出てくるのかは，必ずしも自明ではない．実際，私たちは注意した人からの攻撃を恐れ，あるいは面倒で，注意しないで通り過ぎてしまうことも多い．その結果，社

会的に見て望ましくない行為が野放しになり，社会状態は悪化することになる．そこで，一つの興味深い疑問は，望ましくない行動をとる人に制裁を課す状況が，持続しうるのかという疑問である．

問題は，制裁には費用が伴うため，便益が自分に十分戻ってこない限り，合理的な個人は制裁を課さないと考えられることである．その結果，個人の合理性を仮定するゲーム理論では，そのような状況は起こりえないと考える．しかしながら，個人の合理性を仮定しない進化ゲームの枠組みでは，そのような状況が起こりうることを Sethi and Somanathan (1996) は示した．

その議論は，共有地の悲劇の問題を基に行われるが，多くの外部性の問題に応用可能であり，ここでは公共財の過小供給問題と関連付けて行う．簡単化のため，各個人が選択できる私的公共財供給量は，g^{**} または g^* の 2 つであると仮定し，g^{**} が社会的に見て望ましいと仮定する．そのような公共財供給に関する意思決定に加えて，各個人は社会的に望ましくない g^* をとる個人に対して，その個人の利得を $\delta > 0$ 低下させる制裁を課すことができると，仮定する．ただ，その制裁を課すためには，違反者 1 人当たり $\gamma > 0$ の費用が必要とする．ここで，個人を次の 3 つのタイプに分類する．

・協力者（cooperator）：g^{**} の公共財供給を行うが，制裁は行わない．
・逸脱者（defector）：g^* の公共財供給を行う．
・制裁者（enforcer）：g^{**} の公共財供給を行い，逸脱者に制裁も行う．

ここで，n 人の個人が存在するとして，上記の各タイプが人口に占める割

---

12) 日本の伝統的共同体では，すでに見た「掟に基づく社会的制裁」が行われることも少なくないが，本項で見るような「自発的制裁」も頻繁に行われていた．伝統的共同体の弱体化とともに「掟」も失われ，社会的に見て望ましくない行動を抑制するための制裁は，人々の自発的制裁に頼らざるをえなくなっている．しかし，本項での議論は，そのような自発的制裁も消滅していく可能性が高いことを示唆している．今後，政府による法的制裁の強化が必要とされるかもしれない．しかし，近年，ボランティア活動や社会貢献のような社会的に望ましい行為に対し，賞賛や支援の形で社会的報酬を与える試みが行われている．制裁ではなく報酬が，社会的に望ましくない行為をとる者の利得を相対的に下げるならば，社会的に見て望ましくない行為は淘汰される．次章で議論する新しい共同体とも関連する重要なメカニズムと考えられる．

合を s_1, s_2, s_3 $(s_1+s_2+s_3=1)$ とすれば，総供給量は以下のように計算される．

$$G = (1-s_2)ng^{**} + s_2 ng^* \tag{6.7}$$

ここで $V(G, g) \equiv u(G, w-g)$ と表記すれば，それぞれのタイプの利得は次のように計算される．

$$\pi_1 = V(G, g^{**}) \tag{6.8}$$
$$\pi_2 = V(G, g^*) - s_3 n\delta \tag{6.9}$$
$$\pi_3 = \pi_1 - s_2 n\gamma \tag{6.10}$$

ここで，進化の過程の表現として，replicator dynamics と呼ばれる次のような動学方程式を考える．

$$\dot{s}_i = s_i(\pi_i - \bar{\pi}) \quad (i=1,2,3) \tag{6.11}$$

ここで $\dot{s}_i$ は s_i の時間的変化率を表し，$\bar{\pi} \equiv s_1\pi_1 + s_2\pi_2 + s_3\pi_3$ は，社会全体の平均利得を表す．(6.11) 式は，平均より高い利得を得られるタイプは，平均からの利得の乖離度に応じたスピードで人口が増えていくが，逆に平均より利得が低い場合には，淘汰されていってしまうというメカニズムを記述している．ここで，上記の進化プロセスの均衡を，次のように定義する．

定義 6.1 上記のプロセスの均衡（定常状態）$s = (s_1, s_2, s_3)$ とは，s において $\dot{s}_1 = \dot{s}_2 = \dot{s}_3 = 0$ が成立する時である．均衡 s の近傍（集合）U において，$U_1 \subset U$ の中のすべての点から出発した時に，U から離れることのない近傍 U_1 が存在する時，s は安定的であるという．安定均衡 s において，近傍 U の中の任意の点から出発した時に s に収束するような近傍 U が存在する時，s は漸近的に安定的であるという．

まず，均衡の定義より，$s_i > 0$ となる i について，$\pi_i = \bar{\pi}$ が成立する必要がある．そのような均衡としては，次の2つのタイプしかないことがわかる．

- D 均衡：すべての個人が逸脱者となるケース（$s_1=s_3=0$ なので $\pi_2=\bar{\pi}$）
- C-E 均衡：すべての個人が協力者または制裁者となるケース（$s_2=0$ なので $\pi_1=\pi_3=\bar{\pi}$）

これら2つの均衡に関する安定性については，次の命題を示すことができる（証明については，Sethi and Somanathan（1996, Proposition 2）の証明を参照）．

命題6.3 D 均衡は，漸近的に安定である．もし，$\delta n > V(G, g^*) - V(G, g^{**})$ ならば，C-E 均衡の中に $S \equiv \{(s_1, s_2, s_3) : 0 \leq s_1 < \bar{a}, s_2=0, s_3=1-s_1\}$ となる部分集合が存在し，すべての $s \in S$ は安定的である．これ以外の均衡は安定的ではない．

この命題については，図6.3がわかりやすい説明を与えている．この図では，$\{(s_1, s_2) : s_1+s_2 \leq 1, s_1, s_2 \geq 0\}$ という集合（三角形 $0AB$）の中の任意の点 (s_1, s_2) は，進化ゲームの1つの状態 (s_1, s_2, s_3) を表している（$s_3=1-s_1-s_2$ である）．例えば，三角形の各頂点は，1つのタイプしか存在しない状態を表す．まず，点 0 は $(s_1, s_2, s_3)=(0, 0, 1)$，点 A は $(s_1, s_2, s_3)=(1, 0, 0)$，点 B は $(s_1, s_2, s_3)=(0, 1, 0)$ に対応する．C-E 均衡は，逸脱者の割合 s_2 がゼロとなる領域なので，図6.3では，線分 $0A$ となる．また，命題6.3で示された集合 S は，$0A$ 上の線分 $0\bar{a}$ として表現される．そして，D 均衡は協力者および制裁者が全く存在しない状況なので，点 B で表される．

命題6.3によれば，この集合 S は安定均衡の集合である．集合 S の任意の点からわずかに離れたとしても，やがては元の点の近傍に戻ってくることを図は示している．これは，逸脱者が全くいない状況で，逸脱者が（突然変異として）少し発生したとしても，点 0 に近い領域では制裁者が十分いるので，逸脱者に大量の制裁が加えられることで，増殖が押さえられるからである．しかしその際，制裁者は制裁の費用ゆえに，（傍観者である）協力者よりも低い利得に留まり，割合が低下してしまう．したがって，元の点に収束していくことはないが，逸脱者の発生が小規模ならば，元の点の近くに戻ることが可能となるのである．

第 6 章　伝統的共同体——157

図6.3　進化ダイナミックスと均衡

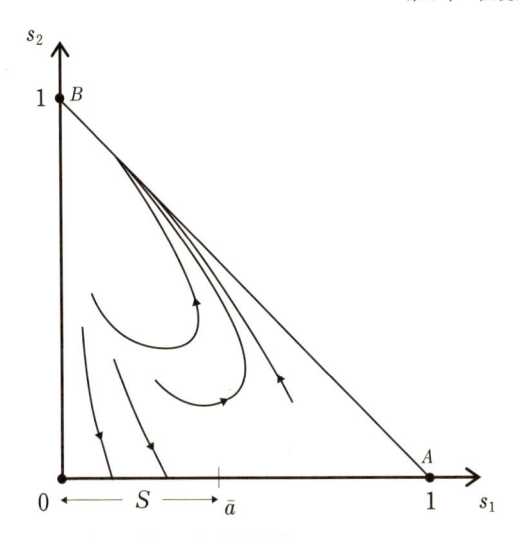

出所) Sethi and Somanathan (1996, Figure 2) を基に作成.

しかし，制裁者が減少し，集合 S の中でも点 A に近づいてくると，逸脱者の発生がわずかでも，制裁者も少ないため，制裁者の消耗は大きくなり，速いスピードで淘汰されてしまう．逸脱者がいなくなる前に制裁者がどんどん減り，逸脱者が消滅せずに増殖していってしまう可能性が生まれる．これが集合 S が線分 $0A$ の一部となる理由である．そして，一度逸脱者が増殖していくと，制裁者はますます減るのみならず，相対的に低い利得しか得られない協力者も減少していくことになる．そして，最終的には逸脱者のみからなる点 B に収束していってしまう．そして，そのような点においては，たとえ制裁者および協力者がわずかに発生したとしても，逸脱者が多すぎるため，制裁者および協力者はすぐに淘汰され，元の点 B の状況に戻るので，点 B すなわち D 均衡は，漸近的に安定的となるのである．

注6.8（アクセルロッドのゲーム）　アクセルロッドは「繰り返し囚人のジ

---

13)　繰り返し回数は確率的に決められ，無限繰り返しゲームと同様の状況が設定された．

レンマゲーム」のコンピューター・プログラム大会の結果について，次のように報告する（Axelrod 1984）．まず，第1回目の大会では，心理学，経済学，政治学，数学，社会学の分野から，14名の参加者がプログラムを提出し，総当たりで「繰り返し（200回）囚人のジレンマゲーム」が行われた．様々な「つきあい方」のルールの中で，第1位の成績をおさめたのは「しっぺ返し戦略」であった．高得点を挙げた戦略の重要な特徴は，「自分からは決して裏切らない」という「上品（nice）さ」であった．第1回目の大会のあと，その結果や分析が共有された上で，第2回目の大会が行われた．第2回目の大会では，6カ国から62名の参加者がプログラムを提出し，総当たりで「繰り返し囚人のジレンマゲーム」が行われた[13]．様々なルールの中で第1位の成績をおさめたのは，やはり「しっぺ返し戦略」であった．高得点を挙げた戦略から学べる重要な教訓は，「他の者が上品で心を広くしてふるまうならば，彼らを利用しようと努める方が得である」というものであった．

　第2回大会に提出されたプログラムを用い，得点の高いプログラムほど（replicator dynamics を通じて）増殖していく「進化ゲーム」を行ったところ，「しっぺ返し戦略」が最大勢力を占めることになった．お人好し戦略を食い物にした上品でない戦略は，最初は成長したが，お人好しが絶命するにつれて，自らも絶滅の憂き目にあった．結果の分析から，アクセルロッドは「成功につながるつきあい方」に，1）相手が協調している限り不要ないさかいは避けること，2）相手がふいに裏切ってきた時には怒りを表す可能性を示すこと，3）一度怒りを表したあとは心を広くして長く遺恨を持たないこと，4）相手が自分についていけるように明快な行動をとること，という4つの特徴があると整理している（これらは「しっぺ返し戦略」の特徴である）．特に，「上品であること（being nice）」と「寛容であること（being generous）」という2つの行動原理が，長期的には生き残る戦略の特徴となることが示唆されている．人を許すということの意味と重要性が明らかにされている．

注6.9（生物界における共同体）　Kropotkin（1902）は，生物界における相互扶助の存在と重要性を，数多くの事例とともに明確にしている．その主張は，次の一文にまとめられている．

相互扶助は相互闘争と等しく自然の一法則であるが，進化の要素としては恐らくはより大なる価値を有し，種の存続と発展とを保障すべき習慣と特質との発達を促し，同時にまたその各個体に最小の努力をもって最大の幸福と享楽とを得しめるものである（日本語訳，pp. 28-29）．

動物界における家族内での相互扶助については，よく知られるところであるが，家族の枠を超えた相互扶助についても，蟻，蜂，鶴，象，猿など，様々な動物で見られる．このような相互扶助こそ，厳しい生存競争を生き残るために有効であることが明らかにされる．しかし，本章の議論が明らかにしているように，相互扶助は実はそれほど簡単に持続するものではない．相互扶助を行う個体は，ただ乗りする個体によって淘汰される可能性があり，相互扶助が持続するためには，ただ乗りする個体への制裁が必要である．本章の冒頭に紹介した Kropotkin（1902）からの引用は，それが動物界でも確かに存在することを示唆している．

なお，動物社会における協力行動に関しては，進化ゲームの枠組みを用いて様々な分析が行われている．例えば，Clutton-Brock and Parker（1995, p. 214）は，個体間の協力的行動を規律付けるために，非協力的な行動をとるものに対して，通常，強い力を持つボスが制裁を行い，高い出生力を持つことになるため，制裁の便益が発生し，制裁が行われやすくなる構造があることを指摘している．

6.4 まとめ

本章では，伝統的な共同体の機能と構造を理解するために，人々の自発的な公共財供給に関する理解を深めることから始めた．そして，人々が公共財を提供しても，その便益は他人に「ただ乗り」されてしまうため，十分な報酬が得られず，公共財供給は過小になってしまうことが明らかにされた．この問題は，第3章3.5節で議論した「共有地の悲劇」の問題の一つである．伝統的な共同体は，このような問題を解決するための何らかのメカニズムを

有している.

　法的処理を安価に遍く行うことができれば,ただ乗りを抑制することは比較的簡単だが,それを私たちの日常生活全般に行き渡らせることは難しい.多くの場合,村の掟や村八分といったインフォーマルな契約と制裁に基づいて,ただ乗り問題に対応をしてきたと考えられる.しかしながら,市場経済が浸透し,人々が地域移動を行うようになると,長期的な相互依存関係は希薄になり,インフォーマルな制裁が有効に機能しなくなり,「ただ乗り」問題が顕在化し,相互扶助の仕組みが形骸化してきた.

　確かに,進化ゲームの理論は,長期的な関係が存在していない場合でも,ただ乗りに制裁を加えることで,それが抑制される状態が安定的に続く可能性があることを示唆している.しかしながら,ただ乗り行動が続くと,制裁を行う者がいなくなり,ついにはすべての個人が利己的に行動し,相互扶助が行われない社会に移行してしまうことも示唆された.

　このように,共同体における公共財供給が低下していく中で,政府が公共財供給を始めると,実は,共同体における公共財供給,すなわち相互扶助が低下していくことは,クラウディング・アウトの議論が示唆しているところである.すなわち,政府の福祉的役割の拡大は,クラウディング・アウト効果を通して,共同体をさらに弱体化させると考えられるのである(第2章3節の議論も参照のこと).

　この場合,社会保障の拡大は,あまり意味がない可能性がある.それが意味を持ち始めるのは,相互扶助を行わない人が出てくるまで,社会保障を拡大させた時である.つまり,政府の大きさは「中福祉・中負担」では「低福祉・低負担」と変わらず,「高福祉・高負担」でなければ,意味がないとも言える(本書のエピローグを参照).もちろん,クラウディング・アウト効果は完全には働かないことは,数多くの実証研究が示している.したがって,中福祉・中負担は全く意味がないとは言えない.しかしながら,政府の介入を考える際に,それが家族や共同体での相互扶助に与える影響については,慎重に考慮すべきであることを,本章の議論は強く示唆している.

第7章　新しい共同体
―― 人々の自発的なつながり

> 「民主主義の国では，民間団体（association）に関する知の体系は，知の体系の母である．その発展に他の知の体系の発展は大きく依存する」
>
> トクヴィル『アメリカの民主政治』第2巻[1]

7.1　はじめに

　伝統的共同体の特徴は，長期的人間関係をベースとして，様々な制裁を用いて非効率的な行動を抑制することであった．そこでは，規範からの逸脱者に対して社会的制裁を行うために，監視と対立が生まれ，人間関係は閉鎖的で密接となる．「自由」を求める個人にとっては，やや息苦しい人間関係が生まれる．

　このような人間関係は，市場経済の浸透とともに大きく変化する．人々の流動性が高くなると，有効な制裁を行うことが難しくなるため，共同体における相互扶助は困難になる．伝統的な共同体で提供されてきた様々な公共財が提供されなくなり，社会状態の悪化が観察されるようになる．例えば，地域における防犯力の低下，地域における高齢者援助力の低下，地域における子育て支援の低下などが観察される．

　社会状態の悪化の中で，政府が公共財供給を拡大することが求められるようになるが，財源の問題や公平性の問題から，十分な公共財の供給を行うことが難しい場合が出てくる．その場合，公共財の供給不足の問題に対して，民間部門で対応しようとする動きが出てくる．その一つの方法は，おそらく，利他的な選好の高い人々に行動の機会を与え，そのような行動を集めることで，公共財を効率的に生産する仕組みを整えることであろう[2]．

　自由の国アメリカを旅したフランスの政治思想家トクヴィルは，その社会

---

[1] Tocqueville（1840, p.110），筆者訳．
[2] リーダーシップという公共財の提供を行う人々の出現の問題も含めて，第6章注6.3の議論は参考になるだろう．

や人々の様子を詳細に記述した『アメリカの民主政治』の中で，アメリカ社会では「民間団体（association）」が民主主義社会の基礎をなしていると述べている．それは，伝統的な共同体（community）のように自然発生的に生まれたものではなく，連携（associate）したいという意志によって結びついた集団を指している．本章では，そのような自発的な意志によって結びつく集団・ネットワークを「新しい共同体」と呼び，その理解を深めたい．

「非営利組織」は，そのような目的と機能を持つ新しい共同体の一つと考えられる[3]．それは，現在，営利企業がうまく供給できず，伝統的共同体が提供していた財・サービス，そして伝統的な共同体が機能不全に陥る中で政府が提供してきた財・サービスを，伝統的共同体や政府に代わって提供することが期待されている．以下の第2節では，この新しい共同体としての非営利組織の特徴についての理解を深める．

また，地域社会でも，伝統的共同体が機能しなくなると，地域の生活の質が悪化してくる．そのような状況では，自発的なネットワークを通じた公共財供給が行われる可能性がある．そのようなネットワークは，組織形態をとらないことも多いが，ここでは「新しい共同体」の一つとして取り上げる．信頼に基づく自発的なネットワークは，近年，ソーシャル・キャピタルと呼ばれ，その存在や役割が注目されるようになってきた．第3節では，ソーシャル・キャピタルに関する分析と考察を行う．

市場経済の浸透により，人々が伝統的な共同体から解放され，独立するようになると，自由を獲得できる一方で，トクヴィルが指摘するように，か弱

---

[3] 営利企業もまた，伝統的な共同体とは異なり，意志によって結びつく集団であり，民間団体（association）と呼ぶことができる．しかし，その目的が明確であるとともに，高度な法的契約体系に基づいて機能している組織であるため，本書が関心を寄せる自発的公共財供給の問題（ただ乗り問題）を回避しやすい組織である．そこで，本章では基本的には取り上げない．しかしながら，伝統的な日本的経営の中では，「会社」もまた一種の共同体として，社員の生活を保障する役割を果たすべきとの考え方が，広く浸透していたように思われる．言うまでもなく，労働者の生活保障が，雇用者との法的契約の中で行われる限りにおいては，会社が共同体的性格を持つことはない．しかし，日本では，雇用契約にない役割や働き方が，雇用者や労働者に求められていたと考えられる．このような状況においては，企業もまた，自発的公共財供給の問題に直面する可能性が高く，共同体的性格を持つことになる．

い存在にもなる[4]．市場や政府が十分に提供することが難しく，従来は伝統的な共同体が提供していたものを，隣人との協力関係を通じて生み出していくことが求められる．「ただ乗り」問題が懸念される中で，いかにしてそのような公共財を生み出していくかは，重要な現代的課題である．新しい共同体に関する理解を深めることは，市場経済の仕組みが浸透していく中で，真の民主主義社会・市民社会を目指す日本においても，重要な意味を持つ．

7.2　非営利組織

新しい共同体の一例として，日本でも顕著な増加傾向を示している非営利組織を取り上げて，その意味や意義について考察していくことにしよう．

7.2.1　非営利組織とは

非営利組織は一般にNPOと記され，日本では"Non-Profit Organization"の略語とされることが多い．しかしながら近年は，海外では"Not-for-Profit Organization"の略語とされることが多くなっているように思われる[5]．非営利組織の分析では，この「利潤追求を目的としない」という目的も重要であるが，活動の結果として生まれる利潤は，「出資者に配分されることはない」という制約もまた重要な意味を持つ．非営利組織を定義する多くの法律において，この「利益配当の禁止」という特性は明文化されている．したがってここでは，非営利組織とは，利潤追求を目的とせず，利益配当が禁止されている組織と定義する[6]．

さて，このように非営利組織を定義すると，営利法人以外の事業者がほぼ

---

[4]　「民主主義社会では，ひとりひとりは，独立していて弱い．1人では何もできないし，隣人に自分への支援を強いることはできない．したがって，もし人々が自発的に助け合うことを学ばないならば，無力になってしまう．」（トクヴィル『アメリカの民主政治』第2巻第5章，筆者訳）．

[5]　それほど大きな違いがあるわけではないが，前者の場合，非営利組織は「利潤をゼロにする事業者」というイメージがある．一方，後者は，「利潤を追求するわけではない事業者」であり，結果として利潤が生まれたとしても，特に問題はないというイメージである．

[6]　非営利組織についての経済学的研究に関しては，山内（1997）などを参照のこと．

すべて含まれることになり，その対象はかなり広がる．例えば，各種財団，学校法人，医療法人（病院）なども，その多くは営利を目的としたものではないので，非営利組織と呼ばれることになる．

注 7.1（日本の非営利組織） 日本の非営利組織の規模は，国際的に見てもそれほど小さくない（例えば，Salamon *et al.* (2007)）．先進国を中心とする 8 カ国の非営利組織（Non-Profit Institutions）が生み出す付加価値が，GDP に占める割合を推計したところ，8 カ国の平均が 5％であるのに対して，日本は 5.2％で，8 カ国の中で 3 番目であった．また，内閣府（2009）による推計は，日本の非営利組織は 2004 年時点で，約 24 兆円から約 30 兆円の付加価値を生んでおり，GDP の 4.8％から 6％ほどを占めることを明らかにしている（非営利組織の付加価値の定義で推計値は異なる）．その事業別の内訳は，医療法人が約半数，社会福祉法人，公益法人，学校法人が，それぞれ約 16％となっている．このようなデータが示唆しているのは，日本では，営利法人の参入が法的あるいは実質的に認められていない医療や福祉の分野での事業者が非営利組織の中心であり，いわゆる「NPO 法人」が生み出す付加価値は約 0.5％にすぎないという事実である．

また，その収入構成も，サービスからの売上げ（57.4％）および政府からの補助金（41.4％）であり，寄付および会費からなる「フィランソロピー」の比率は 4.1％にすぎない．国際的な観点からも，この比率は非常に低く，例えば，比較可能な 34 カ国について整理したジョンズ・ホプキンス大学の資料[7]によれば，フィランソロピーの割合が最も低いグループに属している．このように，日本の非営利組織は，寄付やボランティアによって支えられているというよりは，非営利制約の下で非営利組織形態をとっている事業者が，事業収入や政府からの補助金を基に事業を行っているところが多い．それが，日本の付加価値に占める割合は，1990〜2005 年の 15 年間に約 3％から約 5％へと上昇しているが，非営利制約の下にある社会保障関連サービス

---

7) ホームページ http://www.ccss.jhu.edu/pdfs/CNP/CNPtable401.pdf を参照．

が，高齢化などにより拡大していることを反映したものと考えられる．

7.2.2 非営利組織に関する研究の系譜

　経済学では，サービスの提供者として営利企業を想定して分析を行ってきたが，実は様々なサービスが非営利組織によって提供されている．このような事実を踏まえると，非営利企業は，営利企業と比べた時にどのような特徴を持つのかが大きな関心となってきたことは，不思議ではないだろう．

　市場では，人々が利益を追求するがゆえに，効率的な生産活動が行われるという経済学の基本的な考え方を踏まえると，研究の初期の段階で，非営利組織の生産活動は，営利企業と比べて非効率的になりやすいとの議論が行われていたこともよく理解できる（例えば，Newhouse（1970），Clarkson（1972），Pauly and Redisch（1973）など）．実際，学校，病院，公益法人などは，非効率的になりやすいとの指摘は多い．

　しかしその後，非営利組織の存在や活動を積極的に肯定する議論が盛んに行われるようになる．その議論の根幹にあるのは，「市場の失敗」の問題が存在する時，営利企業の生産活動は非効率的になるという事実である．そこで，政府の介入が正当化されるが，政府もまた，「政府の失敗」の問題に直面する．非営利組織は，「政府の失敗」を回避しつつ，「市場の失敗」の問題を改善できるというのが，その基本的なアイディアである（例えばWeisbrod（1975），Hansmann（1980；1981），Easley and O'hara（1983）など）．

　特に，外部性や情報の非対称性といった「市場の失敗」の問題のゆえに，市場では品質やサービス供給が過小になりやすい．非営利組織は，そのような問題を改善し，社会における効率性を改善することができるとの議論が，行われるようになってきた．実際，非営利組織が活発に活動している領域として，教育や医療・介護などの社会保障関連のサービスがあるが，これらの市場では，品質の低さや過小供給の問題が懸念されている．それらの問題を緩和するのが，非営利組織であるとの議論である．

　ここで問題となるのが，非営利組織の目的関数である．非営利組織では，利潤を出資者に分配できないため，所有者が明確でなく（注7.2も参照），目的関数も営利企業のように明確でない．この点が，非営利組織に関する理論

分析を難しくする.しかし,多くの研究では,非営利組織の経営者は,自分への報酬の源泉である「事業からの利益」と,寄付額や経営者である自分への評価に影響を与える「事業の社会的評価」に関心を持って,意思決定を行うとの仮定が設けられる(2.3節のモデルを参照).そして,後者の要因のために,非営利組織は市場の失敗の問題を緩和できると考えられる.

例えば,Hansmann (1980) は,次のような議論を行った.サービスの品質に関する情報の非対称性がある場合,利潤を追求する営利企業が品質を向上させるように行動することを,消費者は完全には信じることができない.しかしながら,非営利組織の場合,「利潤を分配できない」という制約のために,品質向上を通じて高い評価を得ることが,経営者の合理的行動となる.したがって,非営利組織の品質は悪くないと消費者は信じることができるようになり,取引が成立しやすくなる.つまり,品質に関する情報の非対称性の問題が深刻な場合,非営利組織によるサービス提供は,効率性を改善できると考えられるのである.

以下では,このような議論を簡単なモデルを用いて説明した Glaeser and Shleifer (2001) を取り上げる.上述のように,非営利組織が消費者に好まれる状況が存在するならば,市場では営利企業は生き残ることが難しいように思われる.しかし,教育や福祉サービスなどの分野で,非営利組織と営利企業が共にサービス提供を行っているケースは少なくない.Glaeser and Shleifer (2001) は,企業家が営利形態と非営利形態のいずれかを選択するというモデルを考えることで,そのような共存の可能性についても考察しており,この点でも興味深いモデルとなっている.

7.2.3 営利形態と非営利形態の選択に関するモデル

Glaeser and Shleifer (2001) の基本モデルは,次のように記述される.まず,消費者は1単位のサービス(例えば,保育サービス)を利用するものとし,そのサービスの品質を q,価格を P と表記する.このサービスに対して,消費者は q^* という水準の質を好み,品質 q に応じて,最大支払ってもよいと考える額は $P = z - m(q^* - q)$ という関数で表現されるとする.ここで,z および m は定数である.

次に，サービス供給に関しては，q の品質を持つサービスを1単位作るための費用を関数 $c(q)$ で表し，$c' > 0$ および $c'' > 0$ を仮定する．経営者は，消費者が望む品質 q^* よりも低い品質 $q < q^*$ を選択することで，$b(q^* - q)$ という非貨幣的費用を支払うことになると仮定される．これは例えば，経営者としての評価・評判の低下や，自尊心の低下などを反映しているとする．サービス1単位当たりの利潤は $Z = P - c(q)$ で与えられるが，非営利を選択した場合，「利益配当の禁止」という制約ゆえに，Z は何らかの特権 (perquisite) の形で，経営者に与えられると仮定する[8]．その特権からの効用は $V(Z)$ で表せるとし，$V' > 0$ および $V'' < 0$ を仮定する．

以上の仮定の下で，企業家が営利形態を選択するならば，効用は $P - c(q) - b(q^* - q)$ で与えられると仮定する．一方，非営利形態を選択する経営者の効用は，利潤 Z と品質 q の関数 $U(Z, q) \equiv V(Z) - b(q^* - q)$ として与えられるとする．非営利制約の下では，利潤 Z は，現物給付などの特権で与えられるため，現金でもらうよりも低い満足度しか得られない．したがって，$V(Z) = dZ$ ($d < 1$) を仮定する．

ここで，営利企業が選択される場合，経営者の効用を最大化する最適な品質 q_f は，$c'(q) = b$ という1階条件で特徴付けられる．一方，非営利組織の場合，経営者の効用を最大化する最適な品質 q_n は，$dc'(q) = b$ という1階条件によって与えられるので，次の結果が得られる．

命題 7.1 非営利組織の提供する品質は，営利企業の提供する品質よりも高い ($q_n > q_f$)．

証明 それぞれの1階条件より，$c'(q_n) = b/d > b = c'(q_f)$．ここで $c'' > 0$ なので，$c'(q_n) > c'(q_f)$ は，$q_n > q_f$ を意味する．

---

[8] 現物給付の例としては，例えば，住宅，送迎車，接待，出張旅行など「経費」で落とせる便益などが考えられる．さらに，日本の公益法人のような非営利組織を考えてみた場合，高い（ただし社会的批判を受けないほどの高すぎない）給与・報酬に見合わないゆとりのある労働時間や休暇なども，現金ではない形で与えられる特権と考えられる．

このように，非営利組織は品質の高いサービスを提供することで，高い価格を受け取ることができるようになる．ただし，そのような選択が常に高い効用を生み出すとは限らない．非営利の選択が企業家にとって望ましいのは，以下の条件が成立する時である．

$$d(z - m(q^* - q_n) - c(q_n)) - b(q^* - q_n) > z - m(q^* - q_f) - c(q_f) - b(q^* - q_f) \tag{7.1}$$

上記の式を整理することで，次の命題が得られる．

命題 7.2 以下のように定義された m^* が一つ存在し，企業家は $m > m^*$ ならば営利形態を選び，$m < m^*$ ならば非営利形態を選ぶ．

$$m^* \equiv \frac{(1-d)z + b(q_f - q_n) - c(q_f) + dc(q_n)}{(1-d)q^* - q_f + dq_n} \tag{7.2}$$

7.2.4 非営利組織の経営

医療や文化などの分野で，質の高いサービスを非営利組織が提供できるのであれば，寄付を行うことで，サービスの品質はさらに高められるのではないかという仮説を考えることができる．以下の結果は，そのような仮説を支持するものとなっている．

モデルでは，まず，寄付者が D の額の寄付を行う．そして経営者は，その寄付を所与として，品質 q を選択し，価格 P で販売すると仮定する．以下では，$V(Z)$ としては一般形を用いる（dZ のような線形の関数ではないと仮定する）．

寄付者は，q の水準の引き上げを望ましいと考えるが，自らは寄付金額 D のみを変化させられると仮定する．上記の設定の下で，寄付者は，$(1-\tau)(y-D) + F(q)$ を最大にするように寄付額を決めると仮定する．ここで y は所得，τ は所得税率，$F(q)$ はサービスの品質 q からの満足度を表す関数で，$F' > 0$ および $F'' < 0$ を仮定する．

寄付者の行動を考えるために，問題を後ろ向きに解いていく．経営者は，寄付 D および価格 $P = z - m(q^* - q)$ を所与として，純便益を最大にする

ように行動する．その結果，次のような行動が現れる．

命題7.3 非営利組織の提供するサービスの質は，寄付額が上昇するにつれて大きくなる．

証明 寄付金 D の下での利潤は $Y \equiv D + P - c(q)$ なので，非営利組織の経営者は，仮定により $U(Y, q) = V(Y) - b(q^* - q)$ を最大化するように，q を選択する．その1階条件は，次のようになる．

$$\frac{\partial U(Y, q)}{\partial q} = -c'(q)V'(D + z - m(q^* - q) - c(q)) + b = 0 \quad (7.3)$$

また，利得最大化の2階条件は，左辺を q で微分したものが負になることなので（第3章注3.3を参照），

$$\frac{\partial^2 U(Y, q)}{(\partial q)^2} = -[c''(q)V'(Y) + c'(q)V''(Y)(m - c'(q))] < 0 \quad (7.4)$$

である．ここで，寄付が品質に与える影響を見るために，1階条件を全微分して整理すると，次のようになる．

$$\frac{\partial q}{\partial D} = \frac{-c'(q)V''(Y)}{c''(q)V'(Y) + c'(q)V''(Y)(m - c'(q))} \quad (7.5)$$

関数 V および c に関する仮定より，$V''(Y) < 0$ および $c'(q) > 0$ なので分子は正となる．一方，分母についても，2階条件 (7.4) 式より正になる．したがって，寄付の増加は最適な品質を引き上げる．

さて，このような経営者の行動を所与として，寄付者は最適な寄付額を決める．上記の仮定の下で，寄付者の利得関数 $(1 - \tau)(y - D) + F(q)$ を D で最大化する問題の1階条件および2階条件は，それぞれ次のようになる．

$$-(1 - \tau) + F'(q)\frac{\partial q}{\partial D} = 0 \quad (7.6)$$

$$\frac{\partial \left[F'(q)\frac{\partial q}{\partial D}\right]}{\partial D} < 0 \quad (7.7)$$

これらの条件を用いることで，次の結果が得られる．

命題 7.4 寄付額は税率が上がると増加し，非営利組織が他から得る財源が大きくなると，同額だけ減少する．

証明 1階条件を全微分し，税率が寄付に与える影響を見ると，以下のようになる．

$$\frac{\partial D}{\partial \tau} = \frac{-1}{\dfrac{\partial}{\partial D}\left[F'(q)\dfrac{\partial q}{\partial D}\right]} > 0 \tag{7.8}$$

ここで，符号は2階条件より与えられる．次に非営利組織の財源の変化に対する反応を見るために，z の増加が D に与える影響を考える．ここで，非営利組織の意思決定において，D の影響は $Y \equiv D + z - m(q^* - q) - c(q)$ の変化を通じて起こるが，この定義から明らかなように，品質は $D + z$ により影響を受けるので，品質は $D + z$ の関数として与えられることがわかる．寄付者にとって最適な品質は，z が増加しても不変なので，z の増加は D の同額の減少を引き起こす[9]．

　この結果は，限界税率の高い人ほど，（控除可能な）寄付額は大きくなることを示している．また，非営利組織に対する公的補助などにより，寄付以外の財源が大きくなると，同額だけ寄付が減少するという「クラウディング・アウト効果」(第6章2.4節を参照のこと）が，非営利組織の行動を明示的に考慮した場合にも起こることが，示されたことになる．この結果は，非営利部門を通じた社会厚生の改善という，新しい共同体の活用を考慮した政策を設計する際のヒントを，与えてくれているように思われる．

注7.2（非営利組織のガバナンス） 非営利組織の特徴は，営利企業のように，所有権が明確でない点にある．「非営利組織は一体誰のものか」に対する，明確な答えが存在しない．この特徴は，非営利組織のガバナンスの問題

---

[9] 証明の詳細は，Glaeser and Shleifer (2001) の命題4の証明を参照のこと．

を考える上で，重要な意味を持つ．営利企業の代表例である株式会社の場合，株式会社を所有する株主が，経営者に経営を委託して，利潤を最大にするような意思決定を行わせるガバナンスの仕組みが存在する．しかし，所有権が明確でない非営利組織の場合，一般に，そのような明確なガバナンスの仕組みが存在しないため，非効率的な生産活動が行われる可能性がある．この点に関して，Glaeser（2003）は，アメリカの代表的な非営利組織（病院，大学，美術館・博物館，教会）の経営を観察する限り，それほど非効率的な経営を行っているようには思われないことに注目し，おそらくこれらの非営利組織が，寄付金集めなどの競争環境に直面しており，自らの組織の存亡をかけて，効率的な経営をしているのではないかと指摘している．

また，非営利組織が生み出す利潤がどのように分配されるのかも，興味深い問題である．一般に，それは報酬や特権の形で与えられているが，Glaeser（2003）は，非営利組織での付加価値の生産において，最も重要な資源を持っている人が高い交渉力を持つので，それを手にするだろうと議論する．例えば，病院や大学において，専門医や教授の決定権が非常に大きいということが指摘されるが，それは，そのような特殊な専門知識を持つ人々を失うと非営利組織としての活動が大きく影響を受けるために，大きな交渉力が与えられていると考えられるのである．このような議論は，営利企業のガバナンスの問題を考える上でも，興味深い視点を提示している．

7.3 ソーシャル・キャピタル

近年，社会での人々のつながりの強さが，私たちの厚生に影響を与えることが注目されるようになってきた．そのような観点から，「ソーシャル・キャピタル（Social Capital）」の概念化および研究が進んできた．ソーシャル・キャピタルは，伝統的共同体にも存在しており，本章が対象とする「新しい共同体」に固有の概念ではないが，それは「新しい共同体」について理解する上で，極めて有用な概念と考えられる．

7.3.1　ソーシャル・キャピタルとは

ソーシャル・キャピタルという用語および概念については，様々な議論が行われているが[10]，ここでは，OECD (2001a) にしたがって，次のように定義しておく[11]．

定義 7.1　ソーシャル・キャピタルとは，他者との協力を容易にする共通の規範，価値，理解に基づくネットワークである．

まず，この定義において重要なのは，ソーシャル・キャピタルとはネットワークであるという認識である．ネットワークという言葉自身，明確ではないところがあるが，それは人と人とのつながりを表す言葉であり，ソーシャル・キャピタルは，日本語でしばしば社会関係資本と訳される．言うまでもなく，より重要なのは，そのネットワークが共通の規範，価値，理解に基づいており，それを通じて人々の協力が容易になるという特性を持つ場合に，「ソーシャル・キャピタル」と呼ばれることである．

一般に私たちは，他者との様々な「取引」を通じて効用を変化させる．したがって，効用を増加させられるような他者との取引を行えるか否かが重要である．そのような取引を行うための費用を取引費用と呼べば，低い取引費

---

10)　ソーシャル・キャピタルという用語の使用は，少なくとも Hanifan (1916) までは遡れるようである．その後，Coleman (1988；1990) や Putnam (1993a；1995；2001) などの研究を通じて，ソーシャル・キャピタルの概念は，着実に発展・浸透してきた．

11)　この日本語での定義は，"Network together with shared norms, values, and understanding that facilitate cooperation within or among others" という英文を訳したものである．なお，ソーシャル・キャピタルの研究で重要な役割を果たしている Putnam (1993a, p.167) は，ソーシャル・キャピタルを「協調行動を容易にすることで社会の効率性を改善することを可能にする信頼や規範やネットワークといった社会組織の特徴(features of social organization, such as trust, norms and networks, that can improve the efficiency of society by facilitating coordinated actions)」を指す言葉として用いると述べている．厳密に言えば，この定義は，本書が採用する OECD (2001a) の定義とは若干異なるものであるが，2つの定義が示唆するソーシャル・キャピタルのイメージに，大きな差異はない．本書では，ソーシャル・キャピタルを一定の特徴を持つ「ネットワーク」と定義することで，その大きさについて議論することが可能になるため，OECD (2001a) の定義を採用する．

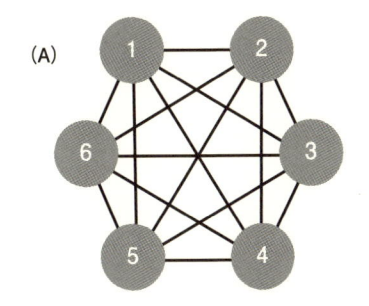

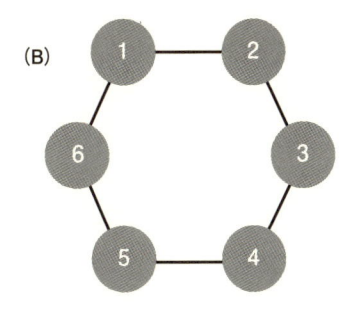

図7.1 ソーシャル・キャピタルの役割

用を持つ人は，所与の資源制約の下で，より高い効用を実現することができる．「他者との協力を容易にする共通の規範，価値，理解に基づくネットワーク」であるソーシャル・キャピタルは，そのような取引費用を小さくすることで，価値を持つと考えられる．

図7.1は，6人の個人から成る共同体におけるネットワークを，グラフによって表現したものである．グラフ理論の用語を用いれば，ネットワークは，個人を表す「ノード（点）」と，個人間の関係を表す「エッジ（線）」によって表現される．ここで，エッジが「共通の規範，価値，理解」を伴う関係を示しているとすれば，ここで表現されるネットワークこそ，ソーシャル・キャピタルそのものであり，エッジが存在している個人の間での取引は容易に進むと考えられる．

図7.1の(A)は，最も豊かなソーシャル・キャピタルを持つ共同体を表したものである[12]．この共同体のように，すべての個人の間に「共通の規範，価値，理解」に基づく関係が存在しているならば，人々の効用を引き上げるような取引が生み出されることは，比較的容易であり，高い効用水準が実現するだろう．

一方，図7.1の(B)では，人間関係は，それほど密接ではなく，ソーシャ

---

12) このようなネットワークを「資本」とみなすことについては，経済学の観点からは異論や違和感が表明されることも多い（例えばArrow（2000）やSolow（2000）など）．しかし，次項のモデルが示唆するように，資本とみなすことで興味深い分析も行うことも可能になる．本書では，上記のような批判に耳を傾けつつも，基本的には人々の間のネットワークは，一種の資本とみなせると考える．

ル・キャピタルの水準も，相対的に低いと考えられる．このような共同体では，特定の個人間の取引は行われるが，「共通の規範，価値，理解」に基づく関係が存在しない個人を含む取引を行うには，一定の追加的な費用が必要となるだろう．ソーシャル・キャピタルは，個人間の取引費用を低下させることで，次々と生まれる取引の機会を活かすことを可能にすると考えられる．個人間の取引が，日常生活の多様な活動において発生することを考えると，ソーシャル・キャピタルの豊かさが，様々な経済変数や社会変数によい影響を与えることが予想される．

さて，このソーシャル・キャピタルを分析する場合，「ネットワークが存在する共同体の観点」，および「ネットワークを形成する個人の観点」から，分析することができる．以下では，まず，ソーシャル・キャピタルが共同体のパフォーマンスに与える影響，すなわち「共同体の観点」からの考察を，様々な実証研究の紹介を通じて行っていく(3.2節)．そこでは，ソーシャル・キャピタルが，共同体のパフォーマンスに様々なよい影響を与えるという結果が示される．それらの結果を踏まえて自然に出てくる疑問は，そのようなよい影響を持つソーシャル・キャピタルは，どのように蓄積されていくのかという疑問である．

そこで，続く3.3節では，「個人の観点」から，各個人のソーシャル・キャピタルへの投資の問題について理論的に考察する．そして，3.4節ではソーシャル・キャピタルへの投資に影響を与える要因について，前節の理論モデルでは十分議論できないような要因も含めて，既存の様々な研究を基に考察を深めていきたい．そのような考察は，社会的観点から有用と考えられるソーシャル・キャピタルの蓄積を促すような政策のあり方についてのヒントを，与えてくれることになるだろう．

注7.3（ソーシャル・キャピタルの類型化：ボンディング型とブリッジング型） ソーシャル・キャピタルの議論に際して，「ボンディング型とブリッジング型」という類型化が有用である[13]．例えば，Putnam (2000, pp.22-23)

---

13) この類型化については，Gittell and Vidal (1998) によるものとされている (Halpern (2005, pp.19-22) などを参照のこと)．

は次のように説明している．まず，ボンディング型のソーシャル・キャピタルは，内向きで，そのグループ（ネットワーク）のアイデンティティや同一性を強調する．一方，ブリッジング型は，外向きで多様なバックグラウンドを持つ人々をつなぐ役割を果たす．前者の例として，Putnam（2000）は，教会の聖書購読会や同じ民族の者の集まりなどを挙げている．日本で言えば，「ボンディング型」は家族，町内会，自治会などの「伝統的な共同体」に対応していると考えられる[14]．一方，「ブリッジング型」の例としては，市民権の推進グループや，社会サービスを提供する若者のグループなどが挙げられている．こちらは，関心によって結びつく共同体が中心で，本書でいう「新しい共同体」に該当すると考えられる．このような類型化が有用と考えられるのは，それら2つのタイプが異なる特性を持つことが，実証研究からも明らかになっているからである．例えば，ソーシャル・キャピタルが「ブリッジング型」の場合，「ボンディング型」の場合よりも衰退が大きいことなどが指摘されている．

7.3.2 ソーシャル・キャピタルの効果に関する実証研究

ソーシャル・キャピタルの豊かさが，共同体あるいは社会全体にどのような影響を与えるかに関しては，これまで数多くの実証研究が行われてきた．日本でも，内閣府（2003）が日本におけるソーシャル・キャピタルの推計を試みて以来，興味深い実証研究が少しずつ蓄積されてきた．例えば，本書の第1章図1.8で紹介した「ソーシャル・キャピタルと犯罪率の負の相関関係」などは，その一例である．以下では，そのような国内外の実証研究の成果を，Halpern（2005）や稲葉（2007；2008）などを参考に簡単に紹介しておく．

(1) 経済成長

国際比較の手法に基づいて，ソーシャル・キャピタルが経済成長にプラスの影響を与えていることを主張する研究として，Knack and Keefer（1997）

---

14) このようなボンディング型のネットワークは，Tönnies（1887）がゲマインシャフトと呼ぶ伝統的な共同体の類型に対応するとも考えられる．共同体の類型化や社会学的研究の系譜については，Brint（2001）などを参照のこと．

やUslaner（2002）がある．しかしながら，そこで示されているのは相関関係であり，ソーシャル・キャピタルの増大が経済成長を引き上げるという因果関係が，示されているわけではない（Durlauf（2002）なども参照のこと）．さらに，時系列データに基づく分析では，経済成長とソーシャル・キャピタルは，負の相関を持つことも指摘されている．また，日本では，ソーシャル・キャピタルが相対的に低い都市部において，経済成長率が高いという事実もあり，全く逆の相関関係が見られることもある（例えば，稲葉（2007，第5章）など）．

このように，ソーシャル・キャピタルと経済成長の関係に関しては，必ずしも明確な関係は示されていない．しかし，国際比較からは，一定水準のソーシャル・キャピタルがあることが，経済成長にはよい影響があるという関係は，示唆されるように思われる．ただ，ある程度の経済成長の段階に達すると，成長は他の要因によって規定される傾向が強くなること，そして，経済成長が伝統的な共同体の弱体化をもたらし，ソーシャル・キャピタルを低下させるという逆方向の効果も生まれてくることが，ソーシャル・キャピタルと経済成長に明確な関係が見いだしにくくなる要因として，働いているように思われる．経済成長に影響を与える変数の精査，あるいは因果関係を明示的に考慮した実証研究などが求められる．

(2) 雇用

雇用あるいは失業に関して，ソーシャル・キャピタルが重要との研究も多い[15]．特に，労働市場では，労働の機会や労働者の能力に関する情報の不完備性が存在しているため，各個人の社会的ネットワークの厚みは，雇用に関して重要な役割を果たす．企業で必要とされる雇用のかなりの部分が，当該企業で雇用されている人の推薦で埋められている場合もあるとの研究もある．また，移民が仕事を探す場合，同じ国からの移民のネットワークを通じて，仕事が得られる場合が多いこともよく知られている．逆に言えば，失業の問題が深刻となりやすいのは，ソーシャル・キャピタルが小さい個人と考

---

15) 詳しくは，Halpern（2005, p.45）を参照のこと．

えられる．若年者の失業問題あるいは非正規化という問題に対しては，人的資本の蓄積を促す施策のみならず，ソーシャル・キャピタルの蓄積を促す施策を充実させることも，重要と言えるかもしれない．

また，経営層の採用でも，かなりの部分がインフォーマルな人的ネットワークを通じたものであるとの研究もある．女性が高いランクで働く機会を得るためには，年配の重役の男性（old boys）のネットワークとの接点があるかどうかが重要との議論も，行われている．さらに稲葉（2007）は，ソーシャル・キャピタルが豊かな都道府県では，高齢者の就業率が高い傾向があるとの結果を示している[16]．

(3) 経済格差

ソーシャル・キャピタルと経済格差の関係についても，密接な関係が見いだされるとの実証研究は多い（稲葉2007，第6章）．例えば，上述のKnack and Keefer（1997）では，ソーシャル・キャピタルの低い国々では，所得不平等の程度を表すジニ係数が高い傾向が見られるとの結果を得ている．そのような関係が生まれる理由としては，まず，ソーシャル・キャピタルが低い地域では，恵まれない人たちの状況が改善されにくく，それが格差を拡大させることに貢献するという因果関係が考えられる．しかし，逆の因果関係として，経済格差が大きい地域では，共同体に属する人々の間で信頼関係などが構築されにくいため，豊かなソーシャル・キャピタルが生まれにくいという因果関係を考えることもできる．

これまでの研究では，いずれの因果関係を想定することが妥当かについては，明らかにされていないが，両方の因果関係が存在しているとすれば，経済成長を追求し経済格差の拡大を許容するような政策は，ソーシャル・キャピタルを低下させ，それがさらに恵まれない人々の状況を悪化させることで，経済格差を拡大させるという悪循環が生まれることが考えられる．ソーシャル・キャピタルの低下が，経済成長に対して負の効果を持つとすれば，そのような悪循環は，結局，経済成長にもマイナスの効果を持つことになる．

---

16) 高齢者の就業率が高い地域では，老人医療費が低いことも示されている．

(4) 教育

ソーシャル・キャピタルに関する初期の議論で，その重要性が強調されたのが，教育の分野であった．例えば，Hanifan (1916) がソーシャル・キャピタルを概念化したのは，学校が成功するためには地域社会の関わりが重要であることを指摘する中であった．さらに，Coleman (1988) がソーシャル・キャピタルの考え方を発展させたのも，教育成果との関連においてであった．例えば，Coleman (1988) は，高校での中途退学の確率が，家庭の属性とともに，保護者間のネットワークの存在，そして，ネットワークがボンディング型かブリッジング型かにも影響を受けることを明らかにしている．

さらに，その後の研究でも，ソーシャル・キャピタルが中途退学率の低下や学業成績によい影響を与えるという結果が，数多く見られる（Halpern (2005，第5章) や稲葉 (2007，第8章) などを参照のこと）．そのような正の影響は，日本でも確認されている．田 (2005) はソーシャル・キャピタルと不登校率の分析から，そして稲葉 (2007) は，高校での中途退学率や校内暴力やいじめの発生率などの分析から，日本でもソーシャル・キャピタルの豊かさが教育にもよい影響を与えているという結果を得ている．

(5) 健康

ソーシャル・キャピタルと人々の健康の関係に関する実証研究も，数多く行われている．Halpern (2005) は，その関係に関する研究は，自殺率が個人の属する社会環境に強い影響を受けることを明らかにしたDurkheim (1897) にまで遡れると，指摘する[17]．また，高齢者の認知症，うつ病，その他，風邪からがんまで一般的な病気に関しても，社会的に孤立する人，つまり，ソーシャル・キャピタルが小さい人ほど，生存率が低いという結果が得られているという（Halpern (2005，第3章) を参照）．その理由としては，社会的なつながりが存在する場合，ストレスを感じにくく，ストレスを感じてもそれが緩和されやすいために，病気に対して強くなるのではないかと考え

---

[17] 「自殺は個人が所属する社会グループの緊密さと逆の相関を持つ (suicide varies inversely with the degree of integration of the social groups of which the individual forms a part. (Durkheim 1897, p. 209))」という指摘を指している．

られている．

　日本でも，ソーシャル・キャピタルと健康の関係を分析した研究が行われている．例えば，市田・平井・近藤 (2008) は，主観的な「健康感」および「うつ傾向・状態」に関するアンケート調査を用いた分析であるが，ソーシャル・キャピタルが大きい人ほど，「健康」という回答が多いことを明らかにした．ただし，逆の因果関係も考えられるので，明確な因果関係は確認できないが，ソーシャル・キャピタルと健康の間には，有意な正の関係が存在すると指摘されている．

(6) 政府のパフォーマンス

　ソーシャル・キャピタルが，政府のパフォーマンスに影響を与えるという議論は，Putnam (1993a) 以来，特に政治学の分野では高い関心がもたれてきた．Putnam (1993a) は，イタリアの州政府のパフォーマンスに大きな差があることに注目し，それが各地域のソーシャル・キャピタルの差によって生まれているとの議論を行った．Putnam (2000) では，同様の結果が，アメリカの州政府のパフォーマンスに関しても成立することが報告されている．さらに，国家レベルの政府に関しても，政府のパフォーマンスとソーシャル・キャピタルに，正の関係が見られることが明らかにされている．そのような正の関係が見られることについて，Boix and Posner (1998) は，ソーシャル・キャピタルの蓄積により，「政治に関する洗練された消費者」が生み出される，行政がよりよい協力関係を築けるようになる，人々がよりよい市民として振る舞うようになりよい政策が実施されやすくなる，協調的な民主主義が可能になる，といった要因を挙げている．

(7) 公共財の自発的供給（寄付・ボランティア）

　ソーシャル・キャピタルの水準が，人々の寄付やボランティアに与える影響に関して，Apinunmahakul and Devlin (2008) は興味深い実証研究の結果を提示している．男性に関しては，ボンディング型のソーシャル・キャピタルが高い人ほど，女性に関しては，ブリッジング型のソーシャル・キャピタルが高い人ほど，寄付やボランティアが相対的に高い水準にあることが明ら

かにされている.また,宗教を通じたつながりは,男女ともに,寄付やボランティアを促す強い要因として働いていることも確認されている.そして,そのような結果の詳細な分析を踏まえて,ソーシャル・キャピタルの水準が高い場合には,人々の私的な公共財供給の価値や機会が高まるため,人々の寄付やボランティア活動が活発になるという仮説の妥当性を示唆している.寄付やボランティアといった公共財供給を,人々が行うことが期待されている現在,ソーシャル・キャピタルの水準が重要であるとの実証研究は,重要な意味を持っている[18].

7.3.3 ソーシャル・キャピタルの蓄積（理論モデル）

前節で紹介した様々な実証研究が示唆するように,ソーシャル・キャピタルが重要であるとすれば,それがどのように蓄積されるのか,そして,その蓄積を促すことは可能かという自然な疑問が生まれる.この疑問に関しても,様々な研究が行われている.

以下では,まず理論的な観点から,問題を経済学的に整理し,個人のソーシャル・キャピタルへの投資の意思決定について分析した研究を紹介する.そのような分析で重要となるのが,ネットワークの形成・維持には費用が必要であるという視点である.個人は,ソーシャル・キャピタルへの投資の費用と便益を比較検討しながら,最適な投資額を選んでいくことになる.分析は,個人の人的資本,すなわちヒューマン・キャピタルへの投資の分析と類似するものであるが,ソーシャル・キャピタルが持つ公共性の高さに注目することで,興味深い結果が得られている.

以下では,Glaeser et al. (2002) による,ソーシャル・キャピタルの経済学的モデルを用いて,そのような分析を見ていくことにしよう[19].まず,各個人が蓄積するソーシャル・キャピタルを S とする.その総和で表される「総ソーシャル・キャピタル」の1人当たり水準を,$\hat{S}$ とする.その $\hat{S}$ の下

---

[18] Pargal et al. (2000) は,バングラディシュの首都ダッカにおいて,市のゴミ収集方式を改善するゴミ収集方式を実現している地域と,そうでない地域があることについて,前者の地域ではソーシャル・キャピタルが高いことを,アンケート調査の分析を通じて明らかにしている.ソーシャル・キャピタルの豊かさが,人々の公共財供給を促す要因になることが示唆されている.

で個人が得るソーシャル・キャピタル1単位当たりの効用を，関数 $R(\hat{S})$ で表し，$R'>0$ を仮定する．一方，個人のソーシャル・キャピタルは，投資 I_t を行うことで蓄積し，その蓄積過程は $S_{t+1}=\delta S_t + I_t$ によって表現されるとする．ここで，$\delta(0<\delta<1)$ は償却後の残存ストックである．投資 I_t を行うためには，時間 $C(I_t)$ が必要と仮定し，$C'>0$ および $C''>0$ を仮定する．

ここで，w を賃金率（労働以外への時間投入の機会費用），T を人生の長さ（期間），β を割引因子とする．また，θ は個人が共同体を離れる確率，λ は共同体を離れた時のソーシャル・キャピタルの残存割合とすれば，$\phi \equiv (1-\theta) + \theta\lambda$ は，移動の可能性から生じるソーシャル・キャピタルの期待残存割合を表している．

このようなモデルにおいて，個人のソーシャル・キャピタルへの最適投資問題は，現在（時点0）から死ぬ直前（時点 T）までに行うソーシャル・キャピタルへの投資を決める，次のような問題と考えられる．

$$\max_{I_0, I_1, \cdots, I_T} \sum_{t=0}^{T} \beta^t [S_t R(\hat{S}_t) - wC(I_t)] \quad (7.9)$$

$$s.t. \quad S_{t+1} = \delta\phi S_t + I_t \quad t=0,1,2,\cdots,T \quad (7.10)$$

ここで，各個人は $\hat{S}_t$ を所与として問題を解くと考えられるので，1階条件は，それぞれの $t=0,1,2,\cdots,T$ について，次のように表される．

$$wC'(I_t) = \frac{1-(\beta\delta\phi)^{T-t+1}}{1-\beta\delta\phi} R(\hat{S}_t) \quad (7.11)$$

ここから，ソーシャル・キャピタルへの投資は，割引因子 β が大きい（将来を重く評価する）人ほど，時間投入の機会費用 w が小さい人ほど，ソーシャル・キャピタルからの収益率 $R(\hat{S}_t)$ が大きいほど，ソーシャル・キャピタルの減耗率 $(1-\delta)$ が小さいほど，集計されたソーシャル・キャピタル $\hat{S}$

---

19) ソーシャル・キャピタル（Social Capital）というのは，概念としては理解はできるが，定量的に測定することが極めて難しいため，「検証可能な仮説の提示」という「科学的分析」を重視する立場の研究者からは，懐疑的・批判的に議論されることが多い．これに対して，Knack and Keefer (1997) は，利用可能な様々な社会的指標を用いて，ソーシャル・キャピタルの水準を推計し，その水準が経済のパフォーマンスに対してどのような影響を与えるかを調べて，確かに影響があると考えてよさそうだという議論を行っている．

が大きいほど，共同体から離れる確率 θ が低い人ほど，移動に伴う資本価値の減耗 $(1-\lambda)$ が小さいほど，年齢 t が低いほど，大きいという結果が得られる．このような理論的な結果は，いずれも直感的にも受け入れられるものである．また，Glaeser et al. (2002) は，そのような結果の妥当性に関する実証研究も行っている．

次に，個人のソーシャル・キャピタルが，時間を通じて一定水準に保たれる（すなわち $I = (1-\delta\phi)S$ が成立する）「定常状態」について考えてみる．以下では，上記のような要因が，定常状態のソーシャル・キャピタルの総和（$\hat{S}$）に与える影響は，個人のソーシャル・キャピタルに与える影響より大きいことを示したい．

ある要因の変化（例えば賃金率の上昇）が，個人のソーシャル・キャピタルを低下させると，それは共同体のソーシャル・キャピタル（$\hat{S}$）を低下させる．その結果，個人のソーシャル・キャピタルへの投資の収益率（$R(\hat{S})$）が低下するため，個人のソーシャル・キャピタルへの投資はさらに低下する．それがさらに共同体のソーシャル・キャピタル（$\hat{S}$）を低下させるという，悪循環が発生する．このようにして，定常状態でのソーシャル・キャピタルは，大きく低下してしまうと考えられるのである．

言うまでもなく，最初の変化が個人のソーシャル・キャピタルの蓄積を促すものであれば，上とは逆の好循環が生み出され，ソーシャル・キャピタルは，大きく増加すると考えられる．このような「乗数効果」の存在を，以下で確認しておこう．定常状態における最適条件は，以下のように与えられる．

$$wC'((1-\delta)S) = \frac{1}{1-\beta\delta\phi} R(\hat{S}) \qquad (7.12)$$

ここで，$R(\hat{S})$ を不変とした時，例えば，賃金率 w の変化が，定常状態のソーシャル・キャピタルに与える影響は，次のように計算される．まず，(7.12) 式を全微分し，関心のある変数のみを残すと，

$$C'((1-\delta)S)dw + [w(1-\delta)wC''((1-\delta)S)]dS = \frac{1}{1-\beta\delta\phi}R'(\hat{S})d\hat{S}$$

$$(7.13)$$

となる．ここで，個人の意思決定への影響を考えるために，$d\hat{S}=0$ を仮定すると，以下の関係を得る．

$$\frac{\partial S}{\partial w} = -\frac{C'((1-\delta)S)}{(1-\delta)wC''((1-\delta)S)} \tag{7.14}$$

一方，すべての個人の賃金が上昇した時のソーシャル・キャピタルの総量（1人当り）$\hat{S}$ の変化は，同質的な個人からなる共同体では $d\hat{S}=dS$ と考えられる．(7.13)式に代入して解くと，

$$\frac{\partial \hat{S}}{\partial w} = -\frac{C'((1-\delta)S)}{(1-\delta)wC''((1-\delta)S) - R'(\hat{S})/(1-\beta\delta\phi)} = \left(\frac{1}{1-\alpha}\right)\frac{\partial S}{\partial w} \tag{7.15}$$

となる．ここで，α は次のように定義される[20]．

$$\alpha \equiv \frac{R'(\hat{S})/(1-\beta\delta\phi)}{(1-\delta)wC''((1-\delta)S)} > 0 \tag{7.16}$$

安定性の条件より，$\alpha<1$ と考えられるので，賃金率の変化が $\hat{S}$ に与える影響は，個人の S に与える影響よりも大きいことがわかる．すでに示唆したように，共同体内のソーシャル・キャピタルの変化が，さらなる個人のソーシャル・キャピタルの変化をもたらす連鎖的効果があるからである．

ここで $1/(1-\alpha)>1$ は，社会的乗数（Social Multiplier）と呼ばれる．このような乗数効果の存在は，例えば，地域間の小さな差異が，ソーシャル・キャピタルの比較的大きな差となって現れることを，示唆するものである．また，政策的な観点からは，ソーシャル・キャピタルの蓄積をもたらす要因をわずかに変化させるだけでも，乗数効果により，好循環が生まれて，比較的大きなソーシャル・キャピタルの蓄積につながるということを示唆するものであり，その存在に気付くことは有用である．

7.3.4 ソーシャル・キャピタルの蓄積（実証研究）

前項で見たような理論モデルは，ソーシャル・キャピタルの蓄積に関する，鳥瞰図的な視点を与えてくれる．また，ソーシャル・キャピタルの蓄積に影響を与える具体的ないくつかの重要な要因も指摘された．しかし実際には，

---

[20] α は (7.13) 式で $\partial S/\partial \hat{S}$ を計算した時の値に等しい．$\hat{S}$ が S に与える影響が大きいほど（α が1に近い程），乗数効果は大きい．

それら以外にも様々な要因が影響を与えると考えられる．そのような観点からの研究については，すでに3.2節で示唆されているが，ここではHalpern (2005) を参考に，これまでの様々な研究の成果について，ごく簡単にまとめておきたい（詳しくは，Halpern（2005, Part II）を参照のこと）．

　まず，個人レベルでのソーシャル・キャピタルの蓄積と関係が深い要因として，個人の性格，年齢，家族の特性，教育，就労，階級，宗教，娯楽の過ごし方などが挙げられている．性格的に，対人関係が苦手な人はいる．また，年齢とともに人付き合いはどうしても減っていく傾向がある．私たちが人に対して信頼の気持ちを抱き，人との関係を作っていけるようになる要因として，家族の役割や特性は最も重要な要因と考えられている．ただし，私たちは家族とのみ時間を過ごすわけではなく，学校や職場において，他者との関係について学び，経験を重ねていく．したがって，教育や就労も，ソーシャル・キャピタルの蓄積に関わる要因となりうる．

　ここで重要なのは，例えば教育や就労の期間が長い人ほど，ソーシャル・キャピタルが豊かであるといった単純な関係が見られるわけではないことである．どのような教育を受けてきたか，あるいはどのような就労環境の下で働いてきたかが，重要となる．さらに，その人が属する階級や宗教も，人とのつながりに影響を与える重要な要因となるが，娯楽の過ごし方も，重要な要因と考えられている．中でも，テレビの視聴が，ソーシャル・キャピタルの蓄積に対して負の効果を持つことについては，Putnam（2000）をはじめとして，多くの研究において指摘されている．

　共同体でのソーシャル・キャピタルの蓄積に関わる要素として，学校や共同体の特徴，地域の民族性や異質性・多様性，人々の地域間移動（通勤や転居など），共同体の大きさや物理的空間構造（建物や街の構造），地域内での不平等度，そして言うまでもなく，文化，歴史，経済，社会構造，価値観といった社会全体を大きく特徴付ける要因なども，指摘されてきた．学校や共同体の特徴，あるいは，地域の民族性や異質性・多様性は，個人のソーシャル・キャピタルの蓄積に影響を与えることで，共同体のソーシャル・キャピタルの蓄積に影響を与える．

　また，通勤に長い時間をとられる人が多い，あるいは，借家住まいの人が

多い地域では,地域における長期的な人間関係が築かれにくいため,共同体でのソーシャル・キャピタルは蓄積されにくいという研究も数多い.さらに,例えば学生寮の建物を独立型から,一定人数ごとに共有エリアを設ける構造に変化させただけで,ソーシャル・キャピタルの蓄積が大きく進んだという研究が示唆するように,共同体の大きさや物理的空間構造が,ソーシャル・キャピタルの蓄積に影響を与える要因になることも指摘されている.すでに示唆したように,地域内での不平等はソーシャル・キャピタルの蓄積にはマイナス要因になると考えられることは,様々な研究が示唆している.

これらの要因については,政策的に変化させることが難しいものも多いが,教育や共同体の物理的空間構造など比較的容易に変化させられるもの,さらには家族関係,就労環境,娯楽の過ごし方,共同体の特性,価値観など,何らかの工夫で政策的に間接的な影響を与えられそうなものも少なくない[21].

7.4 まとめ

伝統的共同体(community)が弱体化する中で,新しい共同体(association)が存在感を増しつつある.そしてそのような動きは,社会的・政策的にも注目されている.本章では,まず,非営利組織(NPO)を,新しい共同体の一つの組織形態ととらえて,その特徴について議論し,それが担える役割について考察した.そこでは,非営利組織は,非営利制約があるがゆえに,営利企業ではうまく供給できないサービスを提供できるという議論を紹介し,非営利組織が「政府の失敗」の問題を回避しながら,社会の状態をよりよくする主体として,重要な役割を果たしうることを明らかにした.

このような非営利組織は,新しい共同体の一例であるが,非営利組織のように,明確に組織化されていない新しい共同体も多い.結局,共同体において重要なのは,人々のネットワークである.このような観点から,本章の後半では,ソーシャル・キャピタルという近年注目されるようになった概念を

---

[21] Apinunmahakul and Devlin (2008) は,理論モデルに基づいて,人々のつながりの機会を増やすような公共財(コミュニティ・センター,運動場,図書館など)の公的供給が,ソーシャル・キャピタルを高め,公共財の私的供給を促すことを示している.

用いて,新しい共同体が社会の状態を改善する上で,重要な役割を果たしうることを明らかにすることを試みた.

　ソーシャル・キャピタル自身は,伝統的な共同体を通じたネットワークも排除しないため,ソーシャル・キャピタルが本章で注目する「新しい共同体」と,一対一で対応するわけではない.伝統的な共同体も,ソーシャル・キャピタルの一類型である「ボンディング型のソーシャル・キャピタル」として,重要な社会的役割を果たすことが知られている.

　しかしながら,いかにして社会的な価値の高いソーシャル・キャピタルを醸成していくのか,といった観点から議論されることの多い近年のソーシャル・キャピタル論で中心的となるのは,やはり人々の選好や関心で結びつく「新しい共同体」である.崩壊・弱体化しつつある伝統的な共同体を,いかに新しい共同体に変容・統合させていくのかといった観点も重要であることを踏まえると,ソーシャル・キャピタルの議論は,伝統的な共同体と新しい共同体を,一体的に議論する理論的枠組みを提供していると言えるかもしれない.今後,政策のあり方を考える上でも,非営利組織の行動に関する理解,そしてソーシャル・キャピタルに関する理解が,ますます重要になっていくように思われる[22].

---

22) 近年,急速な広がりを見せるインターネット上の「ソーシャル・ネットワーク」や「ネット・コミュニティ」での人々のつながりに関する分析は,少しずつ始まっているが(例えば,稲葉(2007,第9章)やChristakis and Fowler(2009)など),まだ十分には行われていない段階にある.その普及のスピード,範囲,深さのいずれにおいても,現代社会に大きな影響をおよぼすと考えられるネットワークであり,その影響に関する分析と理解を深めていくことは,大きな課題の一つであるように思われる.

第 III 部

社会政策のあり方

第8章　少子・高齢化
―― 子育て支援はなぜ必要か

「人口の危機は，制度としての家族に起こっている本当の危機が表面化したものにすぎない」

A. ミュルダール『国家と家族』[1]

8.1　はじめに

　日本では，少子・高齢化が進み，本格的な人口減少が始まりつつある．高齢化と人口減少は，基本的には少子化が原因である．その影響が最も深刻な形で現れるのは，社会保障制度をはじめとする財政制度である．

　少子化が，社会保障制度の維持可能性を脅かす要因であるとすれば，出生率を改善させるような政策が次々に導入されてもよいと考えられる．しかし日本では，不思議とそのような大きな動きは見られない．その理由の1つとして，出産の意思決定は個人に委ねるべきで，政府が積極的に介入することは望ましくないという社会認識があるように思われる．この議論は，基本的に正しい．しかし，実は様々な政策が，人々の出産の意思決定に歪みをもたらしていることを正しく認識できていないという点で，問題も抱えている．

　例えば，これまで本書で繰り返し議論してきたように，現在の賦課方式の社会保障制度は，人々の出産の意思決定に歪みを与え，少子化の一因となっている（第3章3.5節，第5章3.3節，および本章2.2節）．このような見方に立てば，子育て支援策は，少子化の一因となってきた社会保障制度の歪みを是正し，少子高齢化・人口減少問題を緩和することで，社会保障制度の基盤を強化する一種の投資と見なすことができる．さらに，子供たちが日本の未来を担う国民となることを考えれば，子育て支援は，社会保障制度のみならず，一国の社会基盤の弱体化を防ぎ，それを強化する最も重要な「予防的・投資的社会政策」（第2章4節を参照）の一つと考えられる．本章では，このよう

---

1) Myrdal (1941, p.4)，筆者訳．原文は"The population crisis is only the external aspect of what is really a crisis in the family as an institution."

な基本認識に基づいて,少子・高齢化問題をとらえ,望ましい子育て支援策のあり方について議論する.

本章の構成は以下の通りである.第2節では,少子化が1970年度半ば以降進行してきた理由について整理する.そこでは,市場経済の浸透と,社会保障制度の充実が,家族の変容をもたらしたことが,少子化の本質的な原因であることを見る.第3節では,そのような「家族の危機」(本章の冒頭で紹介したミュルダールの指摘を参照) を緩和する政策として,「子育て支援策」を位置付け,そのあり方を考える.「子育て支援策」に関しては,保育サービスのような「現物給付」と,児童手当のような「現金給付」に分けて,望ましいあり方を議論する.第4節はまとめである[2].

8.2 少子・高齢化の原因

少子・高齢化の問題を議論する際に,少子化の原因に関する適切な理解を持つことは重要である.本節では,まず,出生・育児の意思決定に関する第4章での理論的考察も踏まえて,日本における少子化の原因を,直観的に説明する (2.1節).政策的観点からは,少子化の原因の中でも,社会保障制度が出生行動に与える影響は重要である.高齢者の社会的扶養が家族の意思決定に与える影響に関しては,第5章3節で理論的に考察したが,ここではその基本的な結果を紹介し (2.2節),少子化の原因に関する理解を深めたい.

8.2.1 家族形成の理論と少子化

家族に関する経済分析は,ノーベル経済学賞を受賞したベッカーなどを中心として,精力的に行われてきた.そこでは,結婚,出産,扶養,相続,あるいは離婚といった行動が,限られた資源の下で効用を最大化する個人の合理的選択の結果として,分析される (詳細は第4章および第5章).

もちろん,子供を持ちたいと思っても,子供を授かることができない場合もある.また,意図せずして子供を持つ場合もある.そのような不確実性こ

---

[2] 本章は,山重 (2008a;2009) を基にしている.

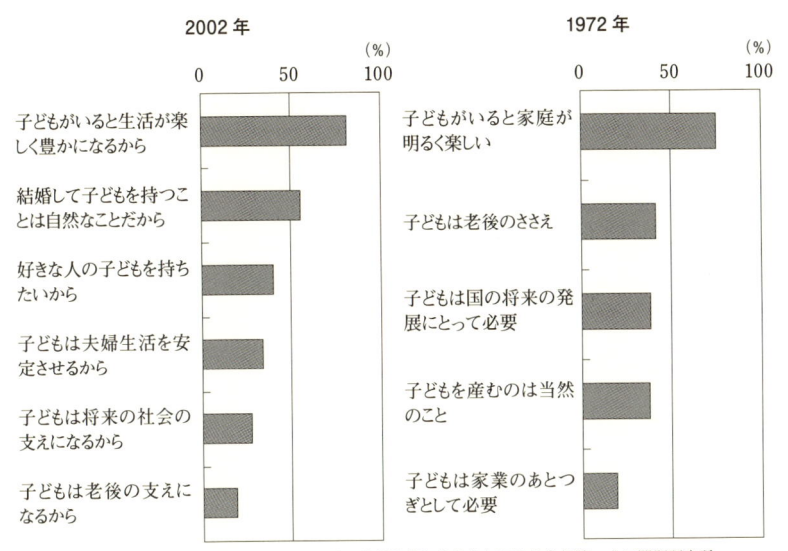

図8.1 「子供に対する意見(1972年)」と「子供を持つ理由(2002年)」に対する回答

2002年
- 子どもがいると生活が楽しく豊かになるから
- 結婚して子どもを持つことは自然なことだから
- 好きな人の子どもを持ちたいから
- 子どもは夫婦生活を安定させるから
- 子どもは将来の社会の支えになるから
- 子どもは老後の支えになるから

1972年
- 子どもがいると家庭が明るく楽しい
- 子どもは老後のささえ
- 子どもは国の将来の発展にとって必要
- 子どもを産むのは当然のこと
- 子どもは家業のあとつぎとして必要

(出所)「第12回出生動向基本調査 わが国夫婦の結婚過程と出生力」国立社会保障・人口問題研究所.

そ,私たちの人生を「神のみぞ知る」不思議なものと感じさせる要因であり,出産や結婚といった問題に関して,合理的意思決定のモデルを適用することに抵抗感を抱かせる要因となっているように思われる.

確かに,結婚や子供に関する意思決定が,合理的というより本能的に行われていると思われる場合も存在する.しかし,冷静に観察してみると,家族に関する意思決定もまた,一定の「計算」に基づいて行われていると感じることも多い.家族に関する経済分析は,そのような観点から,人々がどのように意思決定を行っているのかを明らかにしようとする.

結婚・出産といった家族形成の行動に関しては,まず「人々はなぜ家族を持とうとするのか」という疑問から始めなければならない.様々な答が存在しうるが,「子孫を残すため」といった,単純な答えでは不十分であることは明らかである.子孫を残すことを考える場合でも,一般に,自分に何らかのメリットがあると感じられる場合に,人々は子供を持とうとすると考えられるからである(図8.1).

家族を形成するということは,独身ではなく,2人以上の個人が,フォー

マルあるいはインフォーマルな契約に基づいて共同生活を送るということである．子供から得られる便益は，図8.1が示唆しているが，経済学的観点から言えば，子供をはじめ，市場では十分得られないものを家族が提供してくれる点に，家族形成の便益があると考えられる（第2章2.3節(2)も参照）．

言うまでもなく，家族形成には，便益のみならず費用も発生する．例えば，子育ての金銭的費用，子育てのための時間の費用，あるいは，一人暮らしの気楽さを諦めるといった費用も考えられる．人々は，そのような費用と便益を計算し，便益が費用を上回るならば，家族形成を行うと考えられる．

さて，少子化が進行し始める1970年代半ば頃までに，日本で起こった構造変化として，市場経済や福祉国家の浸透により，伝統的に主として家族が提供していた財・サービスを，市場や政府が供給するようになったことがある．伝統的な家族が提供する様々なサービス・機能の中でも，1) 家事サービス，2) 金融，3) 保険，4) 介護サービス，5) 保育サービス，は重要であった．これらが市場，そして政府によって供給されるようになってきたために，家族形成のメリットが低下し，婚姻率や出生率の低下が見られるようになってきたというのが，本書の基本的な認識である（第2章3節も参照）．

まず「家事サービス」は，かつては市場では十分に提供されていなかった．したがって，結婚し，家族を形成することで，効率的な家事サービスの生産・消費が可能となる環境にあった[3]．しかしながら，市場経済の浸透に伴い，24時間開いているコンビニエンス・ストアに代表されるように，様々なものを市場で便利に購入できるようになり，独身者向けのサービス市場も，高度に発達してきた．その結果，コストをかけて家族形成の努力を行うよりは，独身で生活する方が気楽でよいという状況が生まれてきた．

また，様々な「金融」サービスの発達に伴い，人々は市場での借り入れを

[3) 市場経済が未発達な中で，主として女性が家事サービスを家庭内生産の形で提供するという慣習が定着すると，家事サービス市場への需要は限定的となり，その市場が発達しないという状況が生まれる．Costa-Font（2010）は，介護に関してそのような状況が起こっていると議論し，家族によるサービス提供が，市場によるサービス提供を代替（クラウド・アウト）していると表現している．そのような慣習がない場合に，該当するサービス市場が成長し，市場での効率的な取引が行われる均衡状態が存在するとすれば，その経済には，複数の均衡が存在していると考えることもできる．]

行いやすくなった．政府も住宅ローン，教育ローン，生活資金の融資などを低金利で行うようになった．従来は，どうしても必要な資金は，親戚などを含む拡大家族の中で調達することが少なくなかったが，その必要性は明らかに低下してきている．ここでも，家族形成のメリットは小さくなっている．

さらに，伝統的に家族が提供してきた機能の中で特に重要なものが，「保険」である．私たちは，病気になったり，仕事を失ったり，歳をとって働けなくなったりすると，生存が脅かされる．そのようなリスクに対して，市場で十分提供されない保険を，家族が提供してきた（第2章2.3節(2)も参照）．特に，長生きのリスクへの備えである年金保険は，市場で提供されにくく，老後の生活の備えとして子供を持つという動機があることは，経済学でもよく知られている．実際，伝統的には，子供を持つ理由として「子供は老後の生活の支え」という意識は強かった（図8.1の1972年時点の回答）．

ところが，日本では1960年代以降，医療保険，年金保険，失業保険などの保険を，政府が広く国民に提供する制度が次々と確立していった．1973年は福祉元年と呼ばれ，年金給付の大幅な引き上げなどが行われた．1975年には，現在の雇用保険制度が確立した．その結果，家族に頼らなくても一定水準の生活を送ることが可能になり，家族形成の意欲が低下してきた．図8.1は，2002年時点において「子供は老後の生活の支え」という意識が，1972年時点の約半分に低下していることを示している．

日本では，伝統的に，老後の生活保障は子供との同居という形で行われてきた（第2章図2.2）．高齢者の観点からは，老後の生活に関しては，所得のみならず，介護を必要とする場合もあるため，老後の生活保障のために，拡大家族を形成するメリットは大きい．「介護サービス」が，市場で提供されるならば問題ないが，情報の非対称性という「市場の失敗」の問題ゆえに，市場では十分に提供されてこなかったため，高齢者は子供と同居することで，所得保障とともに介護が必要となるリスクに備えてきた．

一方，子供にとって高齢の親との同居には，同居の親から「保育サービス」や家事サービスを受けられるというメリットがあった．特に，保育サービスも介護サービス同様，質に関する情報の非対称性ゆえに，市場で安価に提供されにくいサービスであるため，親との同居の誘因の一つになっていた．

このように,伝統的には拡大家族の同居を通じて,市場で提供されにくい介護サービスや保育サービスが,相互扶助の形で提供されてきた.しかしながら,社会保障制度の充実や市場の発達により,老後の生活保障が充実してくると,同居のメリットが低下してきた.一方,保育サービスも,公的供給が充実してくると,子供にとっても親との同居のメリットが低下してきた(第2章3節の議論を参照).その結果,同居率の減少や,高齢者のみの世帯の増加が見られることになった(第2章図2.2および第1章図1.6を参照).

このような老親との同居,そして家族による介護サービスの必要性の低下は,若い人々の移動可能性を広げ,それまで家(イエ)に縛られることの多かった女性を解放し,労働市場に向かわせることになる.それはまた,女性の教育投資の期待収益率を高めることとなり,女性の教育水準も引き上げられることになった.経済学的に考えると,このような変化は資源配分の効率性を高める.様々な能力・特性を持つ女性が,その能力・特性に応じた仕事を行うことが効率的であり,女性が「家庭を守る」という役割を強いられることで,非効率性が生まれていたと考えられるからである.

ところが,女性の高学歴化と労働参加の増加の流れの一方で,これまで3世代世帯の中で提供されてきた保育サービスを,代替するような保育サービスの拡充が行われず,待機児童の問題として現れてきた.このような労働と子育ての両立を可能にする保育サービスの供給不足は,出生と女性の労働参加をともに抑制する要因となる.

女性の高学歴化と労働参加の増加が,少子化の原因として指摘されることも少なくないが,正しい認識とは言えない.海外を見れば,女性の労働参加が日本よりも高い国々で,出生率も日本よりも高い国々が数多く存在するのである(図8.2)[4].そのような女性の労働参加と出産・育児の両立を可能にしているのは,豊かな保育サービスの存在である(例えば図8.5を参照).したがって,日本における近年の少子化の真の原因は,労働と子育ての両立を

---

4) 現在,先進国を対象とした実証分析では,女性の労働参加と出生率の間には,正の相関があるとの指摘が行われるようになってきた.実際に,正の相関が存在するか否かについては,議論の余地があるが,高い女性の労働参加率と,高い出生率を同時に実現できている国々(例えば北欧諸国など)が存在していることは,間違いない.

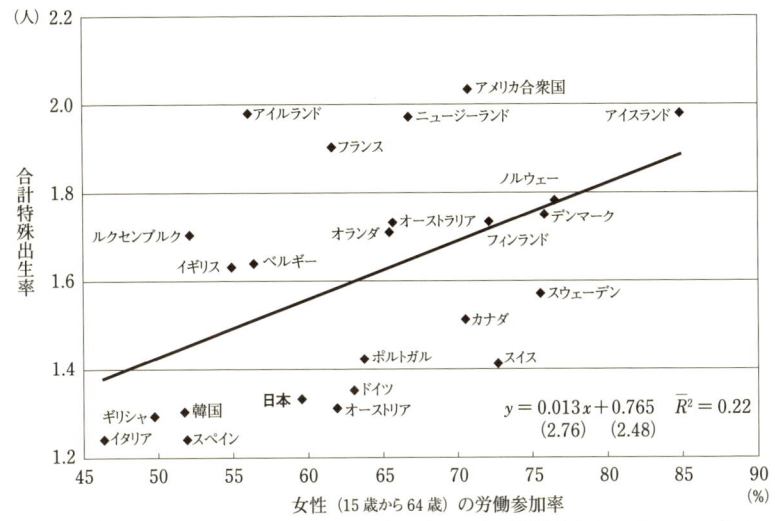

図 8.2 女性の労働参加と合計特殊出生率

出所）出生率は UN Demographic Yearbook 2001 など（2001年データ），労働参加率は ILO Yearbook of Labour Statistics（2000〜2001年データ）など．

可能にする保育サービスの供給不足にあると考えるべきである．

日本で保育サービスが不足している原因の一つは，以下の3.2節で見るような日本の保育所制度の問題にあるが，その問題の背後にあるのは，「女性は家庭を守る役割を担う方がよい」という伝統的な価値観であるように思われる．その意味では，現在，日本において政治的意思決定に大きな影響を持っている高齢世代の意識が，必要となる保育サービスの拡充を妨げ，少子化を招いていると言えるのかもしれない．

しかしながら，男女の役割分担に関して，今後とも旧来の社会システムに固執することは，公平性の観点からも，効率性の観点からも，疑問が残る．出生と女性の労働参加を阻害し，非効率性と不公平性を生む要因を取り除くことで，社会全体の効率性と公平性を改善することが望まれる．

8.2.2 社会保障制度と出生行動

本書では，「世代間扶助」の仕組みである賦課方式の社会保障制度が，出生行動に与える負の外部効果に注目する．以下では，賦課方式年金を事例と

して，そのことを直感的に説明しておきたい．

　賦課方式年金制度の下では，勤労世代の納める年金保険料が集められて，高齢者世代への年金給付として支払われる．このような年金制度が存在する場合，自分は子供を持たなくても，他の人の子供が社会保険料を納めることで，老後の生活のための所得を確保できる．したがって，お金をかけて子供を育てなくても，他の人の子供に「ただ乗り」することで，生活が保障されるという財政制度が，存在していることになる．

　その結果，人々は，自分でお金をかけて子供を育てたいとあまり思わなくなり，少子化が進行する．多くの人々が，そのように考える結果，年金保険料を納める人々が徐々に減少する．そして，年金の財源は枯渇し，破綻する可能性が生まれる．この問題は，一般に「共有地の悲劇」と呼ばれる普遍的な問題の一つである．「共有地の悲劇」の問題とは，森，山林，牧草地，海など，所有権が明確に定義されていない共有資源（共有地）においては，人々が無責任に共有資源を利用してしまう結果，共有資源が枯渇し，荒れ果ててしまうという問題である（第3章3.5節を参照）．

　本来であれば，共有地からの資源搾取を抑制するとともに，共有地を利用する人々が草や木や魚などを育てる努力を行うことで，悲劇は回避されるはずである．しかしながら，努力に応じて収穫が増えるような仕組みが存在しない限り，人々は一般に努力を行わず，結果的に，資源は枯渇していく．

　構造的に全く同様の問題が，賦課方式年金制度についても存在している．年金基金という共有地に，勤労者が保険料を払い込み，集められた保険料が高齢者に分配されていく．そこでは，その共有資源を維持するために必要な，次世代の育成を行ったか否かに関わらず，共有された資源からの支払いが行われていく．

　木が伐採された森に，再び新しい苗木を植えることを人々に促す仕組みを作らなければ，森が崩壊してしまうように，年金基金に保険料を振り込む次世代を生み育てる人々への支援がなければ，年金制度もやがて崩壊してしまう．年金制度も維持可能なものとするためには，何らかの適切なメカニズムが必要となる．

賦課方式の年金制度は，市場の失敗の観点から，正当化されうるものである（第2章2.1節(4)を参照）．しかし，その制度が持つ上記のような副作用に注意しなければ，制度は維持不可能になってしまうことを，正しく認識することが重要である．そして，そのような賦課方式年金制度の副作用を緩和する政策の一つが，次世代を生み育てる人々に対する支援，すなわち「子育て支援」であると考えられるのである．

この直感的にも理解できる問題は，経済学者によっても早い段階から認識され，理論的なモデルによって厳密に分析されてきた．近年の重要な成果の一つである Groezen et al. (2003) の研究では，出生行動を明示的に導入したモデルを用いて，賦課方式年金が持つ副作用を緩和するために児童手当を与えて，正の外部効果を持つ出生を促すことが，効率性の観点から望ましいことが示された（詳細は第5章注5.4節を参照）．

この論文の重要な理論的結論の一つは，賦課方式年金制度を通じて，高齢者を社会的に支えるのであれば，その年金給付額に応じて，児童手当のような子育て支援のための支出も増やしていかなければ，非効率的な少子化が進行するということであった．

そのような児童手当と年金給付の関係に関する分析は，図8.3に見られるような，「子育て支援のための社会支出と高齢者向け社会支出の比率」と「合計特殊出生率」の正の相関関係を，理論的に示唆するものである．高齢者向けの社会支出に対して，子育て支援のための社会支出が小さいならば，出生率は低水準に留まることが，理論的にも実証的にも示されていると考えられるのである．

実は，上記の議論を援用して，今後さらに子育て支援を充実させるべきという議論を行うためには，現在の出生率が過小であることを示す必要がある．出生率が過小か過大かについては，実証研究によって明らかにすべき問題であるが，その検証は難しい．ここでは，不完全な指標であるが，人々が持ちたいと希望する子供数が，平均的に，実際の子供数をはるかに上回っているという事実を紹介しておく（表8.1）．

この表は，人々が持ちたいと思う子供の数が，何らかの理由で抑制されてしまっている状況があることを示しており，子育て支援策が，厚生を改善す

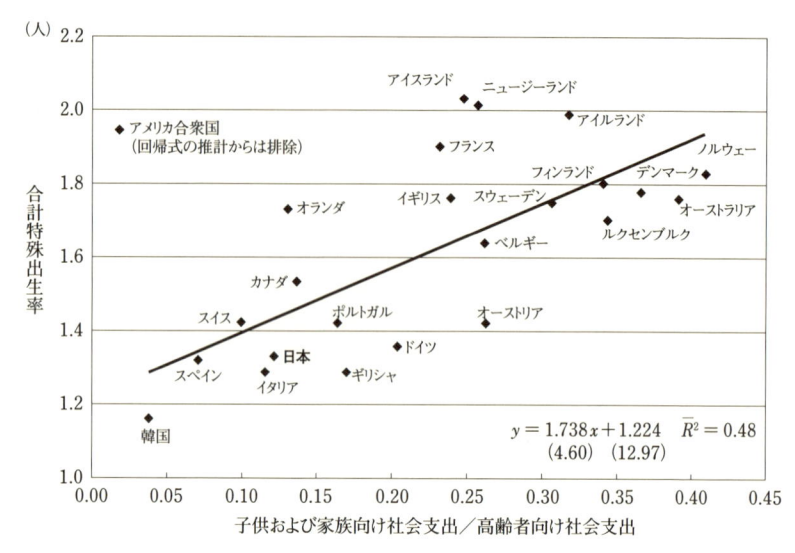

図8.3　子育て支援費と高齢者向け社会保障給付費の比率と出生率(OECD 諸国)

注）社会支出の比率については，出生率が低いと子供向けの社会支出が低くなるという要因を排するために，子供および高齢者1人当たりの社会支出の比率を求めることを目標として，65歳以上人口と0〜14歳人口の比率を調整係数として乗じた値を用いた．

出所）合計特殊出生率は，United Nations, Demographic Yearbook などの2004年データ，社会支出は，OECD, Social Expenditure Database 2004 のデータ，人口の3区分のデータは，United Nations, Demographic Yearbook などの2004年データ（フランスとギリシャは2003年データ）を用いた．

回帰式: $y = 1.738x + 1.224$　$\bar{R}^2 = 0.48$
(4.60)　(12.97)

表8.1　理想の子供の数と実際の子供の数

(%)

調査年	1977	1982	1987	1992	1997	2002	2005
夫婦の平均理想子供数	2.61	2.62	2.67	2.64	2.53	2.56	2.48
夫婦の平均予定子供数	2.17	2.20	2.23	2.19	2.17	2.13	2.11
未婚男子の平均希望子供数	n.a.	2.33	2.30	2.23	2.15	2.05	2.07
未婚女子の平均希望子供数	n.a.	2.28	2.23	2.17	2.13	2.03	2.10
合計特殊出生率	1.80	1.77	1.69	1.50	1.39	1.32	1.26

出所）「出生動向基本調査　わが国夫婦の結婚過程と出生力」国立社会保障・人口問題研究所．

る可能性が高いことを示唆している[5]．また，すでに見た図8.3も，子育て支援策を充実させることで，日本では出生率が増加する余地がまだ存在している可能性を，強く示唆している．以下では，日本では出生率は過小な水準にあるという仮定に基づいて，出生率を効率的な水準に引き上げる政策について考えていく．

注8.1（社会保障制度と出生行動に関する実証研究） 社会保障制度と出生率の関係に関する研究成果を，いくつか紹介しておきたい．まずEhrlich and Kim（2007a；2007b）は，確定拠出型の賦課方式年金が，出生および結婚に与える負の影響を，32年間にわたる57カ国のパネルデータを用いて検証している．そして，特にOECD諸国に関しては，賦課方式年金の拡大が，結婚および出生に対してマイナスの影響を持っていることを示している．さらに，その推計を基に，政策変更が出生および結婚に与える影響のシミュレーションなども行っている．

また，Puhakka and Viren（2006）が，1750〜1995年の時系列データを，11カ国について集計したパネルデータを用いて，（社会保障制度の充実度の代理変数としての）公共部門の大きさと出生率の間には，明確な負の関係があることを示している．さらに，適切にコントロールされた推計式では，高齢化（長寿命化）と出生率の間には正の関係があるといった，興味深い結果も示されている．これは，人々の寿命が長くなると，老後，子供の世話になる期間も長くなるので，子供の価値が高まり，より多くの子供を持つことが予想されるという理論分析の結果を踏まえた推計結果で，興味深い．

注8.2（出生行動と経済成長） 少子・高齢化は，動学的（dynamic）な現象であり，動学的なモデルに基づく分析は，不可欠である．経済学の分野でも，人口成長率を外生変数とみなす古典的な成長モデルとは異なり，出生に関する意思決定を明示的に考慮した成長モデルが開発され（Barro and Becker

---

5) 言うまでもなく，希望する子供数と，実際の子供数が乖離することが，非効率性の存在を意味するわけではない．所得が低いために，車が欲しくても買えない人がいるということが，非効率性の存在を意味するわけではないのと同じである．

(1989) など），様々な興味深い結論が提示されるようになってきた（例えば，加藤（2001）や平田（2011）などを参照）．出生行動が，労働供給や技術進歩の変化を通して，経済成長に与える影響を考えるために，両者が同時決定される動学モデルを分析することは，自然な研究の流れである．社会保障制度の問題も，人口を内生化した動学成長モデルに基づいた分析が行われるようになってきたが（Groezen *et al.* (2003) など），解析的に解けない複雑な動学モデルの場合には，カリブレーションの手法を使って，制度や政策の変更を分析するアプローチがとられている（例えば，小黒・島澤（2011）を参照）．モデルは必然的に複雑になり，導入される仮定によって様々な結論が得られているが，今後さらなる発展が期待されるアプローチである．

8.3 子育て支援

前節では，少子化の原因について，主として理論的な観点から理解を深めることを試みた．そこで明らかになったことの一つは，市場の失敗や政府の失敗の問題ゆえに，出生行動に関して，非効率性が発生しており，それを改善するような政策が正当化できるということであった．「子育て支援」とは，まさにそのような観点から正当化される，社会的な取り組みである．

以下では，どのような「子育て支援」が望ましいのかについて，まず，理論的研究の成果を紹介する（3.1節）．その上で，具体的な子育て支援のあり方について，日本における現物給付（3.2節）および現金給付（3.3節）のあり方に関する問題点を整理しながら，望ましい方向性について議論する．

8.3.1 子育て支援のあり方に関する理論

前節で紹介した Groezen *et al.* (2003) では，子育て支援策としては，児童手当政策のみが考慮され，最適な政策に関する議論が行われた．しかしながら，そのモデルでは，人々の時間選択の問題が捨象されており，実際の子育て支援の望ましいあり方を考える上では，物足りないモデルとなっている．

子育てには，所得だけでなく時間も必要であるという点，そして子育てと労働参加は，密接に関連している点に注目するならば，女性の子育てと労働

の選択問題を明示的に考慮した Apps and Rees (2004) の研究は，興味深いものである（第4章2.3節）．特に，児童手当（子供への定額補助）と保育サービス利用補助（保育サービス利用への定率補助）を比較すると，後者が前者よりも出生率を増加させる効果が高いとの結論が得られていることは，興味深い（第4章命題4.2）．

そのような結論が得られるのは，児童手当が世帯所得を増加させることで，女性の労働供給を減少させ，税収を減少させる効果があるのに対して，保育サービス利用補助は，女性の労働供給を増加させ，税収を増加させる効果があるため，より多くの財源を投入でき，出生率を引き上げる効果が大きくなるからである．

保育サービス利用補助という子育て支援を行うことで，女性の労働参加と出生率を同時に向上させられる可能性があり，それによって財政が改善する効果が生まれるという点が，特に重要である[6]．そのような財政改善効果は，児童手当には期待されない．児童手当は，所得効果を通じて，むしろ女性の労働供給を抑制し，財政を悪化させる可能性があるからである．

近年，先進国の間では，女性の労働参加と出生率の間に，正の関係が見られるようになり（図8.2），このような相関関係に関して，どのように理解したらよいかに関する議論が行われてきた（Kögel (2004) など）．それらが示唆することは，「女性の労働参加」と「出生率」という2つの内生変数の間に，正の相関関係を生み出すメカニズムが，背後に存在するのではないかということである．

ここでは，正の関係が本当に存在しているかという議論よりも，女性の労働参加と出生率がともに高い国々が存在しているという事実が，重要である．

---

[6] この Apps and Rees (2004) の議論は興味深いものであるが，余暇時間を考えていないという点で，限界がある．例えば，育児サービス利用に対して補助を与えることで，育児サービス利用が増加する一方，女性の労働供給ではなく，余暇が増加する可能性がある．その場合には，財政改善効果は期待できないため，育児サービス補助は，ここで期待されるような効果を持たないことになる．したがって，Apps and Rees (2004) の議論は，育児サービスの利用によって労働供給を増加させる子育て世帯に対する，補助政策の効果を分析したものと，限定的に考える必要がある．したがって，「保育サービス利用補助」については，「子育て世帯が保育サービスを利用し労働供給を増加させることへの補助」と，理解しておく必要があるだろう．

Apps and Rees（2004）の議論が示唆するように，それらの国々では，保育サービス補助を通じて，労働と子育ての両立が図られていると考えられるのである[7]．

実は，このような正の関係は，日本の都道府県データにも観察される．図8.4は，2005年の日本の都道府県データを用いて，女性の労働参加率と合計特殊出生率の関係を見たものである．日本でも，都道府県のデータでは，女性の労働参加が大きい地域ほど，出生率も高いという関係が見られる[8]．

ここで見られる相関関係について，山重（2002）は，日本では，3世代同居を通した家族による子育て支援が重要との仮説に基づいて分析を行い，肯定的な結果を得ている．そこでは，3世代同居が女性の労働の参加を促すとともに（第1章図1.7），出生を促しているという構造が示されている．3世代同居の選択も内生変数であり，より緻密な分析が行われる必要があるが，日本では3世代同居が，「女性の労働参加」と「出生率」という2つの内生変数の間に正の相関を生み出すメカニズムとして，機能してきたことが示されている．

3世代同居が減少していく中で，女性の労働参加と子育ての両立を可能にする仕組みがなくなり，特に都市部では，低い出生率と低い女性の労働参加の状態にある．今後は，拡大家族が提供してきた育児支援に変わる仕組みとして，保育所の整備は欠かせない．

---

[7] このような観点からは，図8.2にも見られるイタリアの出生率と女性の労働参加率の低さを説明しようとするDel Boca and Vuri（2007）の分析は，興味深いものである．そこでは，最も重要な要因の一つは，保育所の制度にあるという仮説に基づいて，母親の労働参加の意思決定に与える影響に関する分析が行われる．保育所入所に関する割り当て（rationing）の存在を考慮できるようなモデルに基づいて推計が行われ，保育所への入所の割り当てが，労働参加に重要な影響をおよぼしているとの結果を得ている．日本でも，出生行動や子育て支援との関連で，女性の労働参加に関する実証分析を行った研究は少なくない．先駆的な研究である，加藤（2001）や樋口・府川（2011）に収蔵された論文を参照のこと．また，子育て支援政策の効果に関する実証研究については，山重（2008a）による研究紹介も参照のこと．

[8] 各都道府県のデータを示す点の大きさは，人口の大きさを表している．都市部の人口の多い都道府県ほど，出生率が低いことが，日本全体の平均の出生率を引き下げることに寄与している．

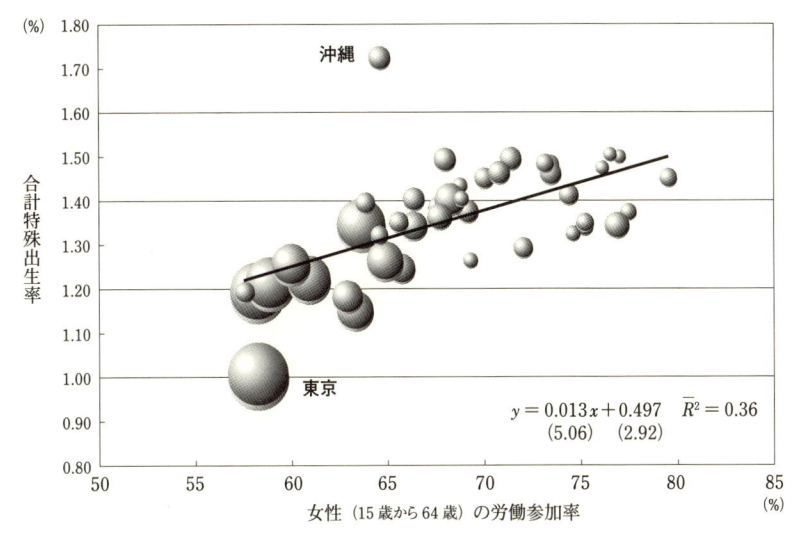

図 8.4 女性の労働参加と出生率の関係

出所）国立社会保障・人口問題研究所（2008）のデータに基づき筆者作成.

回帰式: $y = 0.013x + 0.497$　$\bar{R}^2 = 0.36$
　　　　(5.06)　(2.92)

8.3.2 日本における育児支援政策：現物給付

　子育て支援策の拡充については，これまで多くの論者によって提案され，実施されてきたが，そのような子育て支援策の効果は本当にあるのかという批判や疑問も，投げかけられている．

　特に日本では，1990年代の半ばから，エンゼル・プランなどの形で，保育所の充実が図られてきたが，大きな出生率の回復は見られない．これ以上，子育て支援のための支出を増やしても，出生率を増加させる効果はないのではないかとの疑問には，確かに根拠がある．そして，そのような疑問こそ，大胆な子育て支援策が行えない理由の一つとなっているように思われる．

　実は，クラウディング・アウト命題（第2章3.1節(2)および第6章6.2節を参照）は，このような子育て支援策の無効性と，整合的である．公的な保育サービスの拡大は，家族による保育サービスを代替（クラウド・アウト）するだけで，社会全体の保育サービスの量は変わらず，それゆえ，出生率には影響を与えられない可能性が，理論的には考えられるからである．つまり，公

的な保育サービスの拡大は,専業主婦の減少と同居世帯の減少を招くだけで,出生率には影響を与えられない可能性が,存在するのである.実際,日本でも,専業主婦世帯や同居世帯の割合は,それぞれ低下している[9].そして,この代替の過程は,専業主婦や同居世帯の割合が今なお高い日本では,しばらく続くことになり,現在のような保育サービスの拡大は,出生率の上昇に対しては,あまり効果が見られない可能性がある[10].

しかし,保育サービスの拡大は,出生率の上昇はもたらさなかったが,女性の労働参加は促した(第2章図2.3の出産・育児期の女性の労働参加率の上昇を参照).女性の労働参加の流れの中で,もし保育サービスの拡大が行われていなかったら,出生率はさらに低下していた可能性が高い.出生率の低下を抑制してきたという意味で,保育サービスの拡大は,出生率の一定の引き上げ効果を持ったと考えられる.

言い換えると,出生率をさらに高い水準に引き上げたいのであれば,保育サービスを大幅に拡大させていく必要があるということである.現在,公立および私立の認可保育所に代表される保育サービスが拡大したと言っても,2007年度のデータを見ると,0歳児の保育所利用率(保育所利用児童数が当該年齢の児童数に占める割合)は7.8%,1,2歳児でも26.6%である(図8.5を参照).そして待機児童がなくならない地域が,都市部を中心として数多く存在している.このような状況で,働く女性が安心して子供を育てることができるのかという疑問を抱くことは,重要である.

図8.5では,スウェーデンにおける保育の状況も示されているが,0歳児から1歳児の半ばまでは基本的に,親が育児休業を,休業中の所得補償を受

---

9) 専業主婦世帯は,1980年には勤労者世帯の約3分の2を占めていたが,その後低下し続け,2000年以降は5割を下回っている(内閣府(2008,第1-3-1図)を参照).同居世帯の割合の減少については,第2章図2.2を参照のこと.
10) 男女共同参画会議(2006)の図表3では,いくつかの先進国でも,女性の労働参加率の上昇とともに,合計特殊出生率の減少,停滞,上昇という時系列的変化が見られる.保育所が不十分な段階では,その整備は育児の主体の代替を引き起こすのみで,出生率の低下は食い止められるものの,上昇にはつながらない段階があると考えられる.なお,この図表3では,日本の出生率の低下が,労働参加率の大きな上昇を伴わない形で起こっているが,これは保育の主体が,母親から保育士への代替ではなく,祖父母から保育士への代替という形で進行してきたことを,示唆しているように思われる.

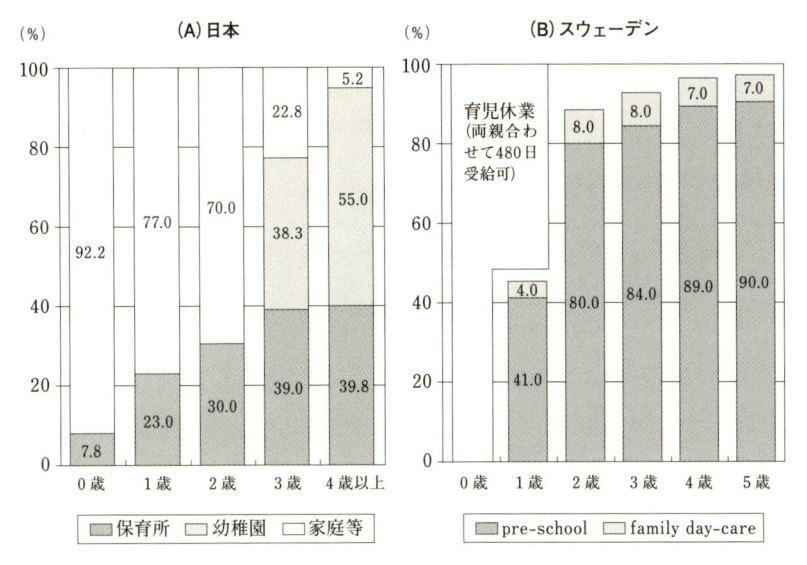

図8.5 日本およびスウェーデンにおける保育の状況

(A) 日本：0歳 保育所7.8/家庭等92.2；1歳 保育所23.0/家庭等77.0；2歳 保育所30.0/家庭等70.0；3歳 保育所39.0/幼稚園38.3/家庭等22.8；4歳以上 保育所39.8/幼稚園55.0/家庭等5.2．

(B) スウェーデン：0歳 育児休業（両親合わせて480日受給可）；1歳 pre-school 41.0/family day-care 4.0；2歳 80.0/8.0；3歳 84.0/8.0；4歳 89.0/7.0；5歳 90.0/7.0．

出所）内閣府作成資料．
http://www.kantei.go.jp/jp/singi/syakaihosyoukokuminkaigi/kaisai/jizoku/dai06/siryou2.pdf
http://www8.cao.go.jp/shoushi/kaigi/ouen/kihon/k4/pdf/s2-1-2.pdf

けながらしっかり取得することで，自宅で保育が行われていることがわかる．そして，育児休業が終わる1歳半以降は，親が働いている間は，保育所・幼稚園（pre-school）および家庭的保育所（family day-care）で保育を受ける．スウェーデンでは，日本のような保育所と幼稚園の区別はなく，保育サービスの申請を受けた自治体は，通常3～4カ月のうちに，保育サービスの提供先を探す義務を負っている．

ただし，保育サービスの拡大は必要だとしても，非効率的な拡大は，経済に対して悪影響をおよぼす．そのような問題の深刻さを実感してもらうために，ここでは，ある自治体（A市）の保育行政を参考事例として取り上げながら，議論を進めていく．

A市は，首都圏にある人口約7万人，市の歳出規模約250億円のベッドタウンである．A市では，2008年度に，約1000人の児童を[11]，市内の公立保育所（4カ所），公立民営保育所（1カ所），および私立保育所（6カ所）で受

け入れ，その運営のために約18億円を支出している[12]．そのうち，保育料徴収を通じた利用者負担は約13%，残りは国と都道府県からの補助金（約25%），および市の一般財源からの拠出（約62%）で賄われている．これを入所児童1人当たり平均でみると，1人当たり年間約174万円の保育費用がかかり，そのうち保護者負担は約22万円，残り約152万円はすべて税金（あるいは公債発行）によって賄われていることになる．

さらに，入所児童の公営・民営別の年齢構成，および国によって定められている年齢層ごとの保育単価などを基に，年齢層ごとの児童1人当たりの年額運営費を試算したものが，表8.2に示されている[13]．

この表でまず注目されるのは，0歳児の保育費用が，公立保育所では約555万円かかると推計されていることである．この費用の高さが，数多くの待機児童の存在にも関わらず，いわゆる低年齢児の定員が増えない理由の一つとなっていることは，想像に難くない[14]．また，これだけの費用をかけて0歳児の受け入れを増やすことが，効率性の観点から見て本当に望ましいのかという疑問も沸いてくる．

次に，保育所運営費に関する公民格差（公立保育所の費用は私立保育所のそれの1.5倍近い）もさることながら，保育料負担が，最大でも年間約60万円に設定されていることにも注目したい．すなわち，0歳児を公立保育所で引き受けた場合には，1人当たり最低でも約495万円の補助が行われることになる．現在の保育所制度の下では，保育所の利用に所得制限はないので，高所得世帯であっても，税金によって賄われる補助を受け取ることができる．

---

11) 現在A市では，保育所に入所する可能性のある5歳以下の児童の総数は，約4000人である．
12) 公立民営保育所は小規模（定員59人）で，国基準の保育単価（46〜60人規模）では低年齢児が割高であり，他の保育所とは若干異なる費用構造となった．また，この保育所では，市外の児童を比較的多く受け入れており，その数を差し引いた児童数で平均費用を求めると，公立保育所の平均よりも高くなった．市外の児童を含む人数で平均費用を求めると，1人当たりの年間経費は公立保育所の平均費用よりも低くなる．
13) 推計は，2008年度の事務事業報告書より，公立および私立の保育費用と，年齢別入所児童数を調べ，推計される年齢別の保育費用の比率が，国で定められた年齢別の保育単価の比率に等しいと仮定して行った．なお保育単価とは，保育運営費計算のベースとなるもので，国基準の保育単価の比率の計算には，14/100地域，91〜120人の規模，園長設置の保育所の基本分保育単価を用いた．

表 8.2 認可保育所の保育費用

(万円)

	0歳	1・2歳	3歳	4・5歳	平均
公立（4園）	555	316	137	113	213
公立民営（1園）	449	274	144	125	218
私立（6園）	384	219	95	79	145
公私平均	454	258	113	93	174
保育料上限	59.4	59.4	30.0	30.0	－

出所）「平成20年度事務報告書」を基に筆者推計．

特に低年齢児については，かなりの額の補助が，税金の中から保育所を利用している高所得者層に対しても行われていることは，公平性の観点から見て再考の余地がある．

これらは，日本の保育所制度が抱えている構造的な問題の，一端にすぎない．現在，日本では，良質な保育サービスへの潜在需要は大きく，その拡大は社会的にも望ましい．しかし，待機児童が存在する現状において，財源が，保育所充実のために有効に用いられているかという観点から，日本の保育所政策の現状を見た場合，1）保育料が低すぎる，2）保育料が行政によって決められているため，待機児童の問題として現れる非効率性・不公平性が発生している，3）認可保育所制度が保育サービス市場の拡大を阻害している，といった問題を抱えている（以下の注8.3も参照のこと）．

保育サービスを充実させるためには，むしろ，認可保育所制度を原則廃止して，健全な保育サービス市場を育成し，「保育に欠ける」か否かに関わらず，適正な価格で保育サービスを受けられるようにすること，そして保育料

---

14) 特に，乳幼児の保育には多額の費用がかかる．最低限と思われる国基準でも，保育士1人当たり児童数は，例えば0歳児の場合には3人，1〜2歳児の場合には6人である．ただし，この人数でも，実際には幼い子供たちの安全を考えれば足りないと考えられるので，多くの自治体では，保育士の数を国基準よりも増やしているようである．このように，乳幼児の保育は，基本的に幼稚園や小中学校などとは異なる状況にある．ちなみに，文部科学省のデータ（地方教育費調査）によれば，2008年度の幼稚園，小学校，中学校の年間学校教育費は，それぞれ1人当たり約91万円，約106万円，約164万円となっている．

も，各保育所が決め，人権保障の観点から，必要ならば利用者に対して保育サービス利用補助を行うことが望ましい[15]．このような仕組みは，東京都の「認証保育所」の制度の中に，一部取り入れられている．しかしながら，公的補助が大きい認可保育所が存在する中で，その規模はあまり拡大していない．

高額の補助が与えられる保育所制度の下では，保育サービスの供給は非効率的になる．例えば，保育費用が高い0歳児については，保育所での受け入れを増やすのではなく，公的補助は育児休業の取得に与えて，女性が仕事を辞めなくても，子供を産み育てることができるようにすることが望ましい．

保育サービスの拡大が出生率を引き上げる効果を持つまでには，もうしばらく時間が必要となるだろう．また，保育サービスの供給方式や，企業における女性の雇用慣行が大きく見直されなければ，保育サービスの拡大は，非効率性を拡大させる可能性もある．時間と財源と改革を行う勇気が必要であるが，今後の日本の社会・経済・財政の維持可能性を考えた場合，効率的な保育サービスの拡大は，やはり必要である．

注8.3（待機児童と潜在的需要） 保育所の整備に関する議論の際に，待機児童をゼロにするという目標が掲げられることが多いが，経済学的な観点からは，あまり意味のない目標である．待機児童とは以下で説明するように，保育サービスへの超過需要であり，待機児童をゼロにすることが目標なら，保育所を拡充しなくても，保育所の利用料を引き上げればよいだけである．保育サービスが，どれくらい供給されることが望ましいのかを考えて，保育サービスの量的拡充の目標を設定し，保育所整備を進めることが重要である．

この点を理解するために，保育サービスを欲する需要者と，保育サービスを提供する供給者が出会う（仮想的な）市場を考えてみる．そこで最終的に決まると考えられる保育サービス取引の特徴は，近似的に需要曲線と供給曲線の分析を通じて理解できると，経済学では考える．図8.6が，保育サー

---

15) これらの点に関しては，山重（2001a）を参照のこと．このような改革案は，基本的には八代（1999）などの主張と同じである．なお，保育サービスに関しては，親との同居などを通した「家族」による供給も重要であり，保育所政策を考える場合，このような代替的供給方式に与える影響は見逃せない．

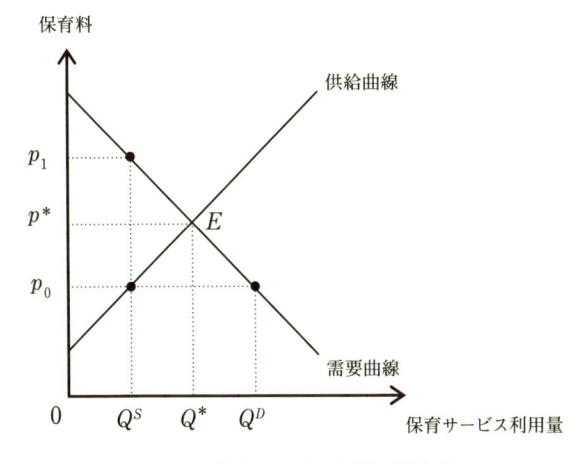

図 8.6 保育サービス市場の概念化

ス市場で想定される需要曲線と供給曲線を，概念的に図示したものである．

　需要曲線とは，それぞれの価格の下で，人々が購入してもよいと考える保育サービス量を示したものであり，供給曲線とは，それぞれの価格の下で，人々が提供してもよいと考える保育サービス量を示したものである．保育料が安くなるにつれて，保育サービスを購入してもよいと考える人々は増加すると考えられるので，需要曲線は右下がりになる．一方，保育料が高くなるほど，保育サービスを提供してもよいと考える人々は増加すると考えられるので，供給曲線は右上がりになる．

　さて，この市場で需要者と供給者が取引を行う場合，どのような保育料で，どれだけの保育サービスの取引が行われるだろうか．経済学者は，最終的には，需要と供給が一致する点で，すなわち p^* という価格で Q^* という水準の取引が行われるだろうと考える．

　ここで，現在の保育料が p_0 のように，均衡価格 p^* よりも低く設定されている場合，供給（Q^S）よりも需要（Q^D）が大きい超過需要の状態になり，保育サービスを受けたくても受けられない人が出てくる．これが待機児童の問題である．このような超過需要が存在する時，必要性の低い人が保育所を利用するといった，不公平性の問題も出てくる．また，潜在的な需要者

(Q^D) の中には、利用申請を行わず待機児童として登録されない人も出てくるため、待機児童をゼロにすることを目標に保育所整備を行っても、利用申請を行っていなかった人たちが申請を行うようになり、再び待機児童が現れることになりやすい.

ところで、待機児童をゼロとすることは容易である. 例えば、保育料を p_1 まで引き上げれば、需要も Q^S となり、待機児童の問題はすぐに解消する. さらに、保育料を p^* とすれば、収入が確保され、供給も徐々に増加し、長期的に待機児童の問題は解消する. 待機児童の問題は、自治体が保育料を引き上げられないことに原因があるとも言える（例えば、表8.2に見られる自己負担の低さ）. 仮に、p_0 を適正保育料と考えるのであれば、その時の潜在需要 Q^D を推計し、それを満たす保育サービスの拡大を図る必要があるというのが、経済学的分析が示唆することである. 子育て支援の観点から、保育料の引き下げを求める声もあるが、現状で、それを実施するならば、待機児童がさらに増え、認可保育所を利用できる人と利用できない人の間での不公平性は拡大するだろう.

8.3.3　日本における育児支援政策：現金給付

2010年に「子ども手当」の制度が導入される以前は、日本では、子育て世帯への現金給付と考えることができる政策として、社会保障制度上の児童手当と、税制上の扶養控除があった.

まず、児童手当は、一定所得以下の子育て世帯に与えられる現金給付である. 一方、所得税における扶養控除は、生計を同じくし、「合計所得金額が38万円以下」であれば、扶養者とみなされ、一定額の所得控除を受けることができる[16]. この所得控除で減額される税金は、高額所得者ほど大きくなる. この点への批判も多く、所得控除方式ではなく、所得に関わらず子育て世帯には一律の補助を行うべきとの議論も行われ、1人月1万3000円を支

---

16) 控除額は、扶養者として子供を想定すると、所得税で38万円と、住民税で33万円を基本とする. ただし、16〜22歳の子供（特定扶養親族）の場合は、所得税で63万円、住民税で45万円となる. このように、年齢によって控除額が異なる仕組みは、子育て支援としての性格が強いことを示している.

給する「子ども手当」が2010年に導入された．所得制限のある児童手当は一旦廃止され，15歳以下の扶養者への扶養控除も廃止された．しかしその後，与野党間の政治的駆け引きの結果，2012年から子ども手当は廃止され，従来のように所得制限のある児童手当の仕組みに戻ることとなった．

このような現金給付は，社会保障制度の下で子供が外部性を持つために，非効率的な少子化が進行するという問題を緩和するという観点から，正当化されるものである．経済学では，正の外部性を生む活動に補助を与え，負の外部性を生む活動に税を課すことで，外部性の問題を緩和するという考え方は，ピグー税・補助金と呼ばれるが（第3章3.5節(2)），児童手当は，まさに，正の外部性を生む出産に対して補助を与えることで，非効率的な少子化を抑制することを目的としていると，考えることができる（本章2.2節を参照）．

さらに現金給付は，所得が低い若年期の子育て世帯にとっては，意義の大きいものである．若年期の子育て世帯は，一般に借り入れを行うことが難しい．子育て世帯への現金給付は，そのような流動性制約を緩めることで，希望する子供を持つことを可能にする．それは，効率性の観点のみならず，公平性の観点からも，意義のある政策と言えるだろう．

しかしながら，共稼ぎ世帯のように，労働意欲や所得が高い世帯にとっては，出産を抑制せざるをえない真の制約は，所得ではなく時間である可能性が高い．その場合，少額の現金給付では，十分な時間を確保できないため，出生行動の変化には結びつきにくい．やはり，適正な価格で，安心して保育サービスを受けられる環境を整える方が，希望する子供を持つことを可能にする政策として有効であろう（本章3.1節の議論を参照）[17]．

8.4 まとめ

本章では，日本における少子高齢化・人口減少の原因となっている少子化について，まず，経済学的な考察に基づいて理解することを試みた．市場経済の浸透と，社会保障制度の充実は，日本の家族の変容をもたらし，女性の

---

17) 少子・高齢化への政策的対応に関しては，山重（2011a）も参照のこと．

労働参加を促してきたが，働きながら安心して子供を産み育てる環境が，日本では，いまだ整えられていない．このことが，少子化の本質的な原因と考えられるということを議論した．

さらに，賦課方式の社会保障制度が，他人の子供へのただ乗りを許容する制度であるがゆえに，出生の非効率的な低下を生み出す制度であることを明らかにし，現在の社会保障制度を維持するのであれば，日本でも子育て支援のための公的支出を，さらに増加させる必要があるとの議論を行った．そして，労働不足や巨額の公的債務といった問題も抱える日本では，子育て支援のための公的支出は，女性の労働供給の抑制要因となる児童手当よりも，働きながら安心して子供を産み育てられる保育サービスの充実や，育児休業制度の充実に用いられる方が望ましいとの政策提案を行った．

ところで，このような政策提案は，基本的に，少子高齢化・人口減少の問題を緩和するために，日本人の子供たちの減少を抑制することが望ましいという観点に立ったものである．しかし，日本人が自らお金をかけて子供を育てるのではなく，移民に来てもらえばよいではないかという議論も考えられる．また，人口が減少しても，ロボットをはじめとする「資本」によって代替すればよいではないかとの議論もありえる．本当に子育て支援は，必要かつ望ましいと言えるのだろうか．

確かに，移民の増加という選択肢は，短期的には安上がりで魅力的な政策的対応である．また，日本の経済を活性化し，海外とのつながりを深め，日本経済がさらなる成長を遂げるという観点からも重要な意味を持つ政策でもある．しかしながら，移民との共生には相当な社会的費用が必要となることも確かである．特に，移民の家族の教育や生活保障には，人的・財政的費用のみならず，ノウハウが必要である．移民の受け入れ拡大を進めるのであれば，仲良く共生していくための社会的な準備を着実に進めていくことが必須である．その準備ができていない中での移民の増加は，長期的に多大な費用を日本社会にもたらすだろう．

一方，ロボット（人間によるサービスを代替できる資本）へのシフトは，多くの経済学者の好む選択肢である．確かに，ロボットの導入は，1人当たりの所得を高める効果を持つので，ロボットへの代替が進むなら，少子化を心配

する必要はなくなる．また，人口減少が進めば，自然にロボットへの代替が進むだろうという議論もある．しかしながら，人口減少が進行する地方で，ロボットへの代替が進んでいるようには思えない．問題は，人間の労働を代替できるようなロボットの開発に必要な，費用と時間だろう[18]．

　このように幾つか考えられる選択肢のうち，いずれの選択肢がよいのだろうか．子供か，移民か，ロボットか？　私には，この問いかけはあまり意味がないように思われる．例えば，平成15年度の内閣府の年次経済財政報告は，「我が国における人口の減少は急速であり，これを外国人・移民の受入れにより補おうとすれば，総人口を維持するためには年間34万人，生産年齢人口を維持するためには年間約64万人の外国人・移民の受け入れが必要になる」(p.186)と指摘しているが，一つの手段に頼ろうとすると，このように極端な政策にならざるをえない．

　いま行うべきことは，望ましい政策のあり方に関する議論に時間を費やし，問題を先送りすることではなく，問題の構造と深刻さを正しく認識し，それぞれの政策を，きちんとしたビジョンを持って実施していくことである．とりわけ，人口の問題は，長期的かつ社会的問題であり，十分な準備を行い，着実に進めていかなければ，次世代に対して，巨額の公的債務という負担のみならず，社会保障制度の破綻，高額の保険料，あるいは混乱した社会といった負担を残してしまうことになるだろう．

---

18) 言うまでもなく，製造業部門でのロボット化は着実に進んでいる．各種の家電が家事サービスを提供し，テレビやゲーム機器は乳幼児に一種の保育サービスを提供している．生活面で人間の労働を代替するサービスロボットも，また着実に浸透してきている．今後ともロボットの開発や導入への政策的支援を行うことは，望ましいだろう．

第9章　生活格差
——相互扶助の低下と潜在力支援

> 「追いはぎはその人の服をはぎ取り，殴りつけ，半殺しにしたまま立ち去った．ある祭司がたまたまその道を下ってきたが，その人を見ると，道の向こう側を通って行った」
>
> 『新約聖書』ルカによる福音書 10：30-31

9.1 はじめに

　私たちの社会では，苦しい生活を強いられている人たちが，確かにいる．例えば，ホームレスの人たちは，家がなく，苦しい生活の中にある．そのような恵まれない人たちと出会った時に，私たちは一人の人間として，救いの手を伸べようとするだろうか．

　冒頭で紹介した聖書の一場面は，災難にあった人を祭司が避けて通るという話であり，私たちの行動を象徴的に表現しているとも考えられる．この追いはぎにあった人は，その後，善きサマリア人によって助けられる．サマリア人は，たとえ損失を被ったとしても，恵まれない人に手を差し伸べようとする（『新約聖書』ルカ 10：33-35）．なぜ祭司は，この恵まれない人を避け，道の向こう側を通っていったのだろうか．

　祭司は，彼を救った時の費用と便益を瞬時に計算し，便益よりも費用の方が大きいという判断をしたのではないだろうか．どのような費用が思い浮かんだのだろう．まず，その場で救済することに伴う時間や労力，あるいは，自分の仕事に不利益がもたらされる可能性が思い浮かんだのかもしれない．

　近年「サマリア人のジレンマ」として知られることになった問題との関連で言えば（第3章注3.9），祭司は，不運に出会った人を救うことは，社会にとって必ずしもよいとは言えないという長期的な費用を考えたのかもしれない．つまり，恵まれない人を救うことで，不運にあっても助けてもらえるという安心感を人々の間に生み，不運を回避する努力を，人々が行わなくなってしまうことを懸念したのかもしれない[1]．

　確かに，不運にあった人を助けるという「善きサマリア人」の行為が，社

会全体に広がると,人々が自助努力を怠るというモラル・ハザード問題(第3章注3.7および注3.9を参照)が起こることが懸念される.その結果として,社会全体が非効率化していく可能性が高まる.このような「サマリア人のジレンマ」は,効率的に公平性を確保するという観点から,格差への対応を考える政府が,直面する問題でもある.

本章の基本的な主張は,このようなモラル・ハザード問題を可能な限り回避しながら,格差問題を緩和していくためには,予防的・投資的社会政策を重視すべきであるというものである.恵まれない人々の潜在力を伸ばす政策を強化することで,再び生活弱者となることを予防するとともに,潜在力を活かして社会に貢献してくれるように支援していくことが望まれる.

本章では,個人間格差の問題を,「所得格差」ではなく「生活格差」という言葉を用いて議論する.格差は,所得の格差だけではなく,資産の格差や健康状態の格差などを通じても生まれており,所得格差だけを議論しても不十分と考えられるからである.経済学的な観点から,個人間格差の問題を考える上で重要となるのは,所得格差ではなく,効用の格差である[2].通常,人々の効用に直接影響を与えるのは,消費と考えられるが,余暇時間や健康状態や居住地など,実際には様々な要因が効用に影響を与える.本章では,消費をはじめ,効用に直接影響を与える様々な要因を考慮した上での個人間格差を,生活格差と呼ぶことにしたい[3].

---

1) 宗教的解釈としては,祭司は,祭礼に関わるため祭礼を優先したという説,あるいは,死体に触れてはいけないという禁忌に反することを恐れたためといった説があるという.ここでは,「サマリア人のジレンマ」という言葉を用いて救済という行為の問題点を論じた,Buchanan (1975) の議論にそった説明を試みた.瀕死の人を助けないという行為が,善か悪かを判断するためには,宗教や倫理や道徳の体系を必要とする.しかしそれらは,人間によって生み出されたものである.絶対的な悪や善は,存在していないと考えられるだろう.ただ私たちは,自ら善と考える行為をとれずに,利己的に行動してしまうと感じることは少なくない.人は生まれながらにして,弱い生き物であることは間違いないだろう.

2) ただし,一般に,個人間の効用は比較できないと考えられるため,ここでは,代表的個人の効用関数を想定した上で,異なる生活状況によって生まれる効用の格差を,生活格差の指標と考えることにしたい.もちろん,想定する効用関数の形状によって,生活水準の評価は変わってくるため,議論はやや曖昧にならざるをえない.不運に出会った時,多くの人は不幸と感じるだろうが,その中に幸福を見いだす人もいる.私たちは運は選べないが,不幸になるか幸福になるかは選べる.

また本書では，格差は社会的シグナルとして重要だが，その存在が望ましくないとは考えない．機会の平等の下で生まれる「努力の差による所得格差」のように，正当化できる格差も存在するからである．しかし，政策や制度設計の稚拙さのために生まれている格差も多い．格差を重要なシグナルとして，政策や制度設計を見直していくことが重要である．そして，生活水準が極めて低い状態にある「生活弱者」については，その原因が本人にあるとしても，基本的人権の保障という観点から対応を行うことは必要であろう．

以下の第2節では，まず生活格差が生まれる原因について考察し，日本の生活格差の現状について議論する．そこでは，本書で考察してきた「家族と共同体の構造変化」が，生活格差が拡大してきた一因と考えられることを指摘する．そして第3節では，生活弱者への政策的対応のあり方について議論する．そこでは，従来のように生活格差を均等化しようとする「均等化政策」ではなく，「潜在力支援型底上げ政策」と呼ぶ，予防的・投資的社会政策を充実させることの望ましさを主張する．第4節はまとめである[4]．

9.2 分析の枠組み

本書の考察において重視するのは，私たちの生活を，誕生から死までという時間の流れで考えるという視点である．生活格差の問題についても，同様の視点からアプローチしてみよう．

9.2.1 生活格差の発生原因

生活格差の第1の要因は，生まれながらの才能や親から与えられる資産といった初期賦存の差である．恵まれた才能や資産を持って生まれた個人は，

---

[3] 言うまでもなく，生活格差を実際に数値化することは難しい．したがって，本章では，あくまでも概念的な用語として「生活格差」という用語を用い，実際にデータに基づいて議論する場合には，不完全ではあるが，所得や消費の格差などを指標として，生活格差を推測するというアプローチをとる．近年は，「幸福度」を直接測定することで，個人間の格差の問題について議論するアプローチもとられるようになった（例えば，大竹・白石・筒井（2010）や小塩（2010，第8章）などを参照のこと）．

[4] 本章は，山重（2006）を基にしている．

生涯にわたって高い生活水準を享受できる可能性は高い．しかし，私たちの人生では，様々な運（幸運や不運）が発生し，初期賦存の差は徐々に変化していく．その運の発生には，私たちの努力も影響してくる．一般に，多くの努力を行う人は，幸運に恵まれる可能性が高まる．

さらに，私たちの人的資本から生み出される所得は，一般にその蓄積とともに増えていくが，肉体の衰えとともに，生活水準が低下する可能性は高まる．つまり生活水準は，年齢によっても影響を受ける．したがって生活水準は，初期賦存，運，努力，年齢といった要因によって，大きく影響を受けると考えられる[5]．

このうち，初期賦存と年齢は，受け入れざるをえない要素であるが，運と努力は，ある程度制御可能である．特に私たちは，一般に危険回避的であり（第3章3.2節），運による生活水準の変動を小さくしようと努力する[6]．運（リスク）の影響を小さくするための基本戦略は，不運にあった時の悪い状況を相殺するような「保険」を持つことである[7]．ここで「保険」という用語は，金融商品としての保険よりも，幅広い意味で用いる．「保険」は，たくさんの人の間でリスクを集め共有することによって可能になる場合も多く，リスク・プーリングあるいはリスク・シェアリングという言葉で表現されることも多い（第3章注3.5も参照）．

例えば，私たちが直面するリスクの一つとして，失業のリスクがあるが，それが産業構造の変動によってもたらされることは多い．産業構造が変化し

---

5) 初期賦存の差もまた，運の一種と考えることもできる．しかしこの運は，個人の努力では変えることができない運であり，人生の途中で発生する運とは区別して考えておくことにしたい．
6) 努力を通じて運をある程度制御できるという事実を踏まえると，運の影響を強く受けてしまう人々は，結局，努力が不足しているという認識を持ちやすい．しかし努力の機会もまた，初期賦存という運によって影響を受ける．どのような資質を持って生まれたか，どのような家庭に生まれたかによって，私たちがどのような努力をどれくらい行えるかは影響を受ける．格差を努力不足の問題とみなす人々は，人間の初期賦存は同じであるという，誤った思い込みに基づいて議論しているように思われる．人間の初期賦存には差があるという事実を踏まえて，議論を行っていく必要がある．ただし，努力不足が格差の重要な要因となっていることも，また事実である．生活水準の変動を小さくする努力が促される社会とすることが，政策的には重要となる．
7) 橘木（2000，第2章）や山重（2011b）も参照のこと．

た場合でも，失業しても新たな仕事を見つけられる能力を，教育を通して身につけることや，次の仕事を見つけるまでの生活を確保するために貯蓄をしておくことも，「保険」となる．さらに，貯蓄が尽きてしまった場合でも，何とか生活できるように，そして新しい仕事を見つけられるように，家族や友人と助け合いのネットワークを維持することも，重要な「保険」となる．

もちろん失業保険が存在するなら，それを購入しておくことも「保険」となる．しかしながら，保険市場は「市場の失敗」の問題のために不完全であり（第2章2.1節），金融商品だけではリスクへの十分な対応はできない．そのような状況で，私たちは，生活に関わるリスクについては，伝統的には家族の形成や，地域共同体とのネットワーク形成によって備えてきた．例えば，病気になった時や長生きした時，自分の貯蓄だけで生活できなくなった場合に，家族や地域の人々に助けてもえるようにしておくことは，市場で保険を購入できない状況で人々が行える，リスク・マネジメントであった．

したがって，生活格差の発生原因としては，運の存在が重要であるが，その存在を所与とすれば，リスクへの備えである「保険」を十分に持つことができていないことが，本質的な要因と考えられる．以下で見るように，家族や共同体の絆が強かった伝統的社会においては，そのような「保険」が自然に存在しており，生活格差が生まれにくい状況にあった．しかしながら，社会構造の変容に伴い，家族や共同体の絆が弱まってくるにつれて，生活格差の問題が普遍的に見られるようになってきたと考えられる[8]．

9.2.2 生活格差と家族・共同体・政府

経済学においても，家族や共同体におけるリスク・シェアリングに関しては，特に，金融市場が未発達な開発途上国において注目され，分析が行われてきた．例えば，Townsend (1994) は，南インドの貧しい3つの村において，各家計の消費は，村落の平均的な消費と連動していることを発見した．これは，消費が，各家計の直面する個別リスクにはあまり左右されていないということであり，共同体内で，リスク・シェアリングが行われていること

---

8) 橘木 (2010) も，同じような観点から「無縁社会」の実態と問題について議論している．

を示唆している.

　また，Fafchamps and Lund（2003）は，フィリピンの農村の家計がどのように所得や支出のショックに対応をしてきたかを調べ，主として友人や親戚のネットワークにおける，贈与や借入れと関係を持つことを発見した．つまり，村レベルでのリスク・シェアリングというよりも，個人的なネットワークの中でリスク・シェアリングが行われている実態が見いだされた．

　このように，私たちは，日常生活の中に存在する様々なリスクに対して，家族や共同体の中でのリスク・シェアリング（インフォーマルな保険）を通して備えてきた．ところが，市場経済の浸透に伴い，家族や地域共同体の相互扶助活動が低下し，リスクへの備えを十分に行えない状況が生まれてきた．

　そのような中で，保険市場が高度に発達するならば問題ない．しかし，情報の非対称性の問題を一因として，保険市場は様々なリスクをカバーするほどには発達していない．多くの人々が，家族や共同体から解放される一方で，十分な保険を持てないまま，様々なリスクにさらされることになった．その結果，政府に生活保障を行う役割が求められるようになり，実際，多くの国で政府が，生活格差を改善する役割を担うようになった（第2章3.2節）．失業保険，年金保険，医療保険，介護保険など社会保険の整備は，「市場の失敗」の問題のために市場では十分対応できないリスクへの政策的対応として，正当化できるものである（第2章2.1節）．

　ところが，このような政策的対応は，伝統的な家族や共同体のリスク・シェアリング機能に，影響をおよぼすことになる．経済学的な観点からは，政府による生活保障が，家族・共同体による相互扶助機能を低下させるという，クラウディング・アウト効果が予想されるのである（第2章3.1節(2)および第6章2.4-2.5節）．最低限度の生活を送ることができない不運に遭遇した際には，政府による支援の手がおよぶかもしれない．しかし，政府が完全な保険を提供するわけではない．従来であれば，低い生活水準に陥った場合には，家族や共同体が支援の手を差し伸べてくれた．しかし，家族や共同体との関係が希薄になった現在，そのような支援を受けることができなくなり，格差や貧困の問題が深刻になっていると考えられるのである．

9.2.3 日本の生活格差

日本でも，20世紀が終わる頃から，所得格差の拡大が指摘されるようになり（例えば，橘木・八木（1994）や橘木（1998）など），生活格差や貧困に対する人々の関心は高まってきた．以下では，まず，日本における生活格差の現状，原因，対応のあり方を概観しておきたい．

(1) 高齢者の生活格差

日本の近年の所得格差の拡大（第1章図1.11）は，その主成分が高齢化によるものであることを明らかにした大竹（1997；2004）の研究は，重要なマイルストーンである．その基本的な主張は，1980年代に「日本の所得格差が高まったように見えた本当の理由は，日本の人口高齢化と単身世帯・二人世帯の増加にある」というものである．「年齢内所得格差は，高齢者ほど大きい」という事実を踏まえれば，「所得格差がもともと大きい高齢者の比率が高まったため経済全体の所得格差」が拡大したと，考えられるからである．そして「80年代における所得格差拡大の多くは，このような見せかけの不平等化であった」[9]と結論付けている[10]．

所得格差の原因の大部分が，高齢化という人口動態の変化によって説明できるという議論は，説得的なものであるが，それが本当に「見せかけの不平等化」と言ってよいかについては，疑問の余地がある．というのも，高齢者層での大きな所得格差は，高齢者層において生活が苦しい状態にある人々が相対的に大きいことを示唆しており（例えば，岩井ほか（2009，第6章）や白波瀬（2009，第6章および第7章）），その層が増えることは，日本全体として不平等化が進んでいるという「実態」があると，考えることもできるからである．また近年，拡大を続ける生活保護世帯の中で，持続的な上昇傾向を示しているのは高齢者世帯であり（第1章図1.13），高齢化に伴い不平等度の指数

---

9) 引用はいずれも大竹（2005, p.1）．
10) このような説明は，1980年代の所得格差拡大に関するものであり，1990年代以降の消費格差に関しては，若年層が失業ショックのような長期の所得ショックにさらされるようになったことなど，いくつかの構造要因が示唆されている．

が上昇するという現象は，注意深く見守る必要がある．

　特に，高齢者の生活保障に関しては，繰り返し指摘してきたように，日本では，伝統的に家族による扶養が重視されていた．しかし近年は，同居率も低下し，高齢者の単身世帯も増加する中で，家族による扶養を受けることができずに，生活弱者となる高齢者が増えてきていると考えられる[11]．すなわち，日本における不平等化は，家族構造の変化による部分が大きいことを，既存の研究もまた示唆しているのである．

(2) 若年層の生活格差

　近年は若年者層でも，生活格差の拡大が見られることが，緻密な分析を通じて明らかにされている．特に，若年層において低賃金の非正規労働者が増加していることが，格差拡大の一因であり，それが所得や社会保障の不安定性をもたらすことには，注意が必要との議論が行われるようになってきた（例えば国連の2007年の報告書 UNESCAP（2007）などを参照のこと）．

　これからの日本経済を担う若年世代に注目した時，非正規雇用，フリーター，あるいはワーキング・プアの問題として注目された現象の中に，これまで日本で見られることのなかった格差が生まれつつあることを感じている人は，少なくないだろう[12]．このような現象を説明するためには，家族の弱体化の結果生じた子供へのしつけや教育投資の低下，あるいは共同体の相互扶助機能の低下といった構造変化とともに，日本の経済環境の変化についても理解しておく必要がある．

　1990年代に日本が長期的な不況に陥り，経済の構造変化が要求されることになった要因の一つは，1980年代後半以降着実に進展してきた「経済のグローバル化」である．この「経済のグローバル化」が，先進国において，不平等化の圧力となることはよく知られている（例えば Förester-Pearson（2002），大竹（2005，第8章）など）．高い技術を必要としない財については，

11）寺崎（2000）は，同居は「税制や社会保障制度による所得再分配よりも所得格差を緩和する効果は大きい」との結果を示している．

12）例えば，山田（2001，第III部），岩井ほか（2009，第2章，第3章），道中（2009，第1章）などを参照のこと．

企業は安価な労働力を求めて，途上国での生産にシフトする．その結果，低い技能しか持たない労働者への需要は減少し，賃金が低下する．一方，高い技能を持つ労働者は，国内の企業からも海外の企業からも引き合いが強く，賃金が上昇する．この結果，賃金格差が拡大する圧力が高まる．1980年代後半からのグローバル化の流れの中で，このような圧力は高まってきたが，日本型雇用慣行や様々な規制の下で，しばらくは顕在化しなかった．

ところが，そのような雇用慣行の問題に気付いた民間企業の多くは，1990年代後半に，正社員の減少，短時間労働者の拡大，成果に応じた賃金体系への移行といった形で，労働者の活用方法の転換を図った[13]．さらに，このような流れを加速させるような規制緩和が行われた結果，正社員として雇用されない若年層の拡大が，非正規雇用者やフリーターの増加として現れた．

今後，日本企業が，社員間で再分配を行う従来のシステムに逆戻りするとは考えにくい．グローバル化への最適な対応として生まれた，「能力に応じた処遇」のルールは維持され，能力の低い労働者と能力の高い労働者の間の格差が小さくなることはないだろう．

グローバル化と低成長という経済構造の変化，そして家族や共同体の弱体化による若者の孤立化という社会構造の変化により，現在の若年層が生活弱者に陥るリスクは，これまでにないほど高まっている．経済のグローバル化を通じて，経済競争は世界的な規模で行われるようになった．これからの若者は，そのような社会で生き抜く能力を身につけていかなければならない．

(3) 子供と女性の生活格差

最後に，子供と女性の生活格差の問題を見る．これら2つの問題は，基本的には異なる問題であるが，シングル・マザーの貧困問題に見られるように，関連している面も少なくないので一緒に取り上げる．

日本における，子供の貧困に関する先駆的な研究である阿部（2008, pp.52-

---

[13] 従来，日本では「終身雇用」という言葉が示唆するように，企業が一種の共同体として労働者の生活を保障する役割を担う慣行があったと言われている．1990年代後半の雇用方式の変更は，このような共同体としての企業の変質を示すものと考えることもできる．その意味では，企業という共同体の解体が，日本における生活格差拡大の一因になっていると考えられるかもしれない．

54）は，日本でも貧困の中で生活している子供たちがおり，相対的貧困率で見ると，20歳以下の子供たちの貧困率は約15%であり，「約7人に1人の子供が貧困状態にある」という事実があることを明らかにしている．そして，その割合が近年上昇してきているとともに，国際的に見ても高い水準にあることを指摘している．

日本では，2004年において，子供の属する家族の中で母子世帯が占める割合は約4.1%であったが，母子世帯における貧困率は66%と極めて高い水準にあり，OECD 24カ国の中では2番目に高いという（阿部2008, pp.56-57）．その事実は，離婚により，女性が一人親として子供を育てることが，日本では貧困のリスクを増大させる要因となることを示唆している．父子世帯の貧困率も高いが，約19%に留まっている[14]．

日本で女性が貧困に陥るリスクが高い理由は，女性が受け取る賃金所得が，平均的に低いことにある．そして，その背後にあるのが，結婚や出産を機に退職するという働き方である．そのような働き方をすることで，女性が犠牲にする生涯所得は，内閣府（2003, p.177）の推計によれば，約2億4000万円に上る場合もあるという[15]．さらに深刻と思われるのは，そのような「女性の生き方」を想定した時に，労働市場で仕事をする期間が短くなるため，教育を受けることから期待される収益率が低い水準に留まり，女性の教育投資が小さくなるという問題である．

---

[14] おそらく，このような労働市場における平均的な賃金の男女差の実態を踏まえて，これまでは児童扶養手当は，母子世帯のみを対象として，父子世帯には与えられていなかった．このように，家庭や個人の状況でなく，性別によって支援が行われない制度は，男女差別の制度と考えられるが，法改正により，ようやく2010年8月から父子世帯にも与えられることになった．男性と女性の平均的な特性を基に異なる処遇が行われることは，統計的差別と呼ばれる「差別」である．このような差別的な政策の問題については，以前から指摘されてきたところであるが（例えば，財務省財務総合政策研究所財政史室編（2003, pp.430-431）や山重（2006）を参照のこと），長い間放置されてきたことは，日本の政策史上残念なことである．なお，女性か男性かで税制上差別的な扱いを受ける寡婦控除と寡夫控除の仕組みは，現時点でもなお存続している．このような差別的な政策が一日も早く改められることを願う．

[15] 大卒女子が22歳で就職し，28歳で出産退職後，34歳から就業調整をしながらパートタイマーとして働いた場合．34歳から，正規雇用の形で再就職した場合との差額は，約8500万円と推定されている．

結婚や離婚に対する楽観的な見込みの下で,「結婚や出産を機に退職するという働き方」を念頭に,「女性が高い教育を受けても仕方ない」という考えで,十分な教育を受けずに大人になった場合,成人になってから大きなリスクに直面する可能性が高まる.現在,日本でも,夫婦の約3分の1は最終的に離婚するとの推計もある (Raymo et al. 2004).離婚のリスクが高いことを踏まえて,女性もまた市場で評価されるような能力を修得するための教育をしっかり受けるという,リスク・マネジメントが重要になっている.

9.2.4 政策的対応の問題

近年,日本では生活格差が拡大していると考えられるが,格差自身はこれまでも存在しており,政策的対応も行われていた.しかしながら,従来型の政策は,近年の社会経済構造の変化を踏まえた対応という観点からは,多くの問題を抱えている.新しい発想に基づく,政策的対応が必要である.本節の最後に,従来型の政策的対応の問題点について議論しておきたい.

(1) 税制を通じた所得再分配の限界

能力の格差は,経済的機会の不平等を生む.市場で評価される能力が低い者と,その能力の高い者が同じ努力をしても,能力の低い者は低い生活水準しか獲得できない.したがって,市場経済において「能力に応じた賃金支払い」が行われるとすれば,市場経済では,経済的機会の平等は達成されない.しかし,生まれつきの能力の格差を是正することは難しいため,次善の措置として,所得の再分配による事後的な経済格差の是正を通して,機会の不平等の問題を緩和することが,多くの国で行われている(第2章注2.1).

実は,そのような意味・意義を持つ再分配政策(以下「均等化政策」という)も,グローバル化された社会においては,維持することが困難となる.再分配のために,高所得者に対して高い税率を設定することは,グローバル化された経済で競争力を維持するために必要な,高い能力を持つ人々の努力を引き出すことを困難にする.さらに,それが高い能力を持つ人々の海外流出を引き起こす可能性もある.1980年代以降,日本を含む多くの先進国において,所得税の最高税率が徐々に引き下げられた.

さらに，同時進行的に行われた法人税率の引き下げも，グローバル化の流れの中で，逃げ足の速い資本を引きとめ，呼び寄せるために必要な改革であったと考えられる．言うまでもなく，そのような改革に伴う税収の減少は，再分配をさらに困難にする．こうして，グローバル化された経済では，税制を通じた「均等化政策」を維持することが困難になり，税による再分配効果は低下してきた（第1章図1.12）．

このようにグローバル化の影響により，均等化政策を維持することが困難になる中で，「均等化政策」にこだわるならば，政府は「経済的機会の格差」の拡大という問題に対して，無策の状態に陥ってしまう危険性が高い．そして，それが危険と考えられるのは，それが人々の潜在力の格差以上の格差を生むと考えられるからである．この点については，次節で詳しく議論する．

(2) 生活保護制度の問題

貧困に陥った場合に，生存権を保障する仕組みとして，生活保護制度がある．被保護者数は，景気変動の影響や制度の見直しなどにより変動するが，近年，増加傾向が見られる（第1章図1.13）．その主な要因は，高齢者の被保護世帯の数および率の増加であり，この変化は，循環的というより，構造的な問題と考えられる（図9.1）．

このように，生活保護に陥る高齢者が増えているという現象は，現在の社会保険制度の構造的問題を示している．すなわち，皆保険・皆年金という社会保険の仕組みがあることを建前としつつ，実態としては，その建前からは程遠い状態を放置しているという問題である．生活保護受給者の構造的な増加傾向は，その問題の顕在化であると考えることができる．

実際，近年明らかな上昇傾向を見せている高齢者の生活保護受給者のうち，約53%（2005年）は，年金未加入者であると指摘されている．また，無年金の高齢者の総数は約45万人で，60%強が生活保護に頼っているとの結果も明らかにされている（『日本経済新聞』2008年1月22日付）．図9.1が明らかにしているように，公的年金への未加入者・未納者は，相当数に上っている．今後，社会保険への未加入・未納問題が改善されないならば，生活保護受給者の増加が続き，社会保険制度に加入してこなかった人々の生活を，生

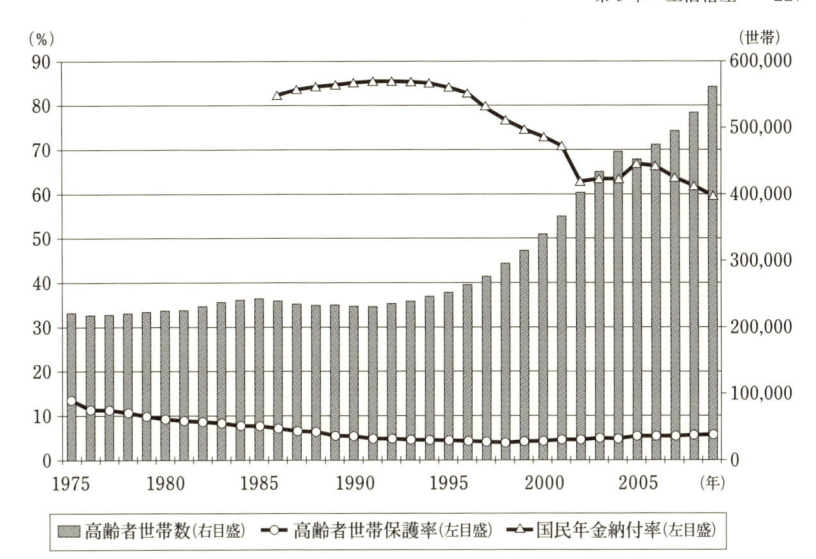

図9.1　国民年金納付率および生活保護を受ける高齢者の推移

出所）社会保険庁（2007）および国立社会保障・人口問題研究所のデータに基づき筆者作成.
http://www.ipss.go.jp/s-info/j/seiho/seihoH21.xls

活保護制度を通じて税金で救済するという構造が，温存されることになる[16]．このような構造は，本書で繰り返し見てきたモラル・ハザード行動を誘発し，非効率性と不公平性を生むことになる．

さらに問題なのは，生活保護制度が不適切に設計されているために，それが格差問題を改善する力を持たず，温存させるメカニズムを持つことである．場合によっては，その魅力が低所得者を吸引し，格差を拡大させる力さえ持つ．生活保護制度が，最後のセーフティ・ネットであるとしても，それを予防的・投資的性格を持つ制度として再設計することは可能である．このような観点からは，現在の生活保護制度は，数多くの問題を抱えている．

わかりやすいケースとして，大田（2003）で紹介されている，「母子家庭・

16）　年金制度と生活保護制度の相互依存関係については，山重・高畑（2010）で理論的な考察が行われている．そこでは，年金制度への加入が実質的に自発的なものである場合には，加入行動が生活保護の水準などに依存するので，2つの制度の相互依存関係を正しく理解した上で，制度設計を行うことが重要との主張が行われている．2つの制度の相互依存関係については，阿部ほか（2008，第4章）も参照のこと．

子供2人（33歳の母と8歳と5歳の子供）」の例を取り上げる．この母子家庭の場合，生活保護の受給対象として認定された場合，月額22万8750円が最低生活費として保証される．このケースでは，住宅扶助が3万5000円となっており，最高限度額6万9800円が適用される上限のケースでは，最低生活費は月額26万円を超える（額はいずれも2003年時点）．この生活保障給付に加え，病気になった場合には医療費は無料になり，公共料金の減免措置などもあるため，生活保護の受給対象世帯として認定されれば，経済的には恵まれた生活を送ることができる．

しかし問題は，生活保護の認定を受けることが一般に難しく，行政の窓口での対応次第で，認定を受けられるか否かが決まってくると言われるように，ある種の恣意性が，認定のプロセスで発生することである．実際，被保護世帯は，2009年で全国で約127万世帯であり（うち母子世帯は約10万世帯），全世帯の2.5%程度に留まっている．とは言え，このような少数の世帯に対して，約3兆円（うち医療扶助が約1兆5000億円）の税金が用いられているという現状がある．

さて，このような仕組みの中で特に注目したいのは，生活保護制度における，勤労所得の扱いである．被保護世帯において，就労の状況にある世帯は，例えば母子世帯において，約半数に上るが，その勤労所得に対しては，極めて高い「限界税率」が適用され，可処分所得として手元に残るのはわずかであり，就労や労働の抑制要因となっていると考えられる．例えば，月20万円の勤労所得を得た場合でも，その所得のほとんどは支給額の減額により相殺され，手元に残るのは約3万円である．

もちろん，被保護世帯に対しては，就労を促す監視・指導・支援が行われるため，就労や労働は金銭的なインセンティブだけで決まるものではない．しかし一度，生活保護の受給が認められた場合に，潜在能力を開発・活用して所得を得ようとする努力が抑制される構造が存在していることは，間違いない．現行の制度は，どのような状況にあれ，一定の生活水準を保証するという観点から設計されており，理解できるものであるが，人々の実際の行動や長期的な影響を考慮した賢い制度とはなっていない．むしろ大田（2003）やNHK取材班（2012）も指摘するように，問題の多い制度となっている．

9.3 格差への対応

前節で見たように，現在，日本で生活弱者となるリスクは高まり，生活弱者が増加している．その一方で，グローバル化の進展とともに，高い所得を得られる機会も増え，生活格差が増大してきた．このような格差の問題に対して，従来のように，生活弱者の生活保障は家族や共同体に任せ，政府は人々の不満を緩和するような所得の均等化を行えばよいといった対応では，不十分となっている．

生活弱者に陥る一因が，リスクへの不十分な備えにあることを踏まえれば，生活格差への対応としては，所得再分配政策ではなく，潜在力が十分に開発・活用されていない人々の能力を高め，活かすような社会政策を中心とすることが望ましい．そのような政策を，ここでは「潜在力支援型底上げ政策」と呼ぶ．それは，本書で繰り返しその重要性を強調する，「予防的・投資的社会政策」の一種である．以下では，まず生活弱者支援に関する基本的な考え方を整理した上で，具体的な政策・制度のあり方について議論していく．

9.3.1 生活弱者支援に関する基本的考え方

(1) 潜在力の開発

「潜在力支援型底上げ政策」は，潜在力が十分に開発・活用されていない人々の潜在力を，底上げ式に引き上げていこうとする政策である．底上げを図ることで，公平性を改善するとともに，人々の能力を高めることで，効率性を改善しようとする．つまり，公平性と効率性をともに改善しようとする．

このような考え方は，理論的には社会的正義に関するロールズの考え方 (Rawls 1971) に近いものである．ロールズは，公平性（社会的正義）の考え方として，社会で最も恵まれない人々に注目し，その利益を最大化することが望ましいという議論を行った．本章で提示する「潜在力支援型底上げ政策」は，最も恵まれない人々の厚生を引き上げていくという方向性において，ロールズの考え方を踏襲している[17]．

(2) 税制と社会保障制度の一体改革

　グローバル化された経済において，そして家族や地域による相互扶助機能が低下してきた社会において，「潜在力支援型底上げ政策」は，今後，重要性を増すと考えられる．伝統的な「均等化政策」で，重要な役割を果たしてきたのは，所得税の累進性である[18]．ところが，所得税に課税最低限が存在する以上，税制だけで所得の均等化を進めることはできない．課税最低限以下の人々の経済的機会を，改善できないからである．

　特に，生活弱者の状況の改善に関しては，現在の税制では基本的に何もできない．したがって，「均等化」から「潜在力支援」へ転換においては，税制と社会保障を一体的に見直すことが重要となる．具体的には，次のような見直しが望ましいと考える．

1) 税制は，重点を「再分配」から「効率的な財源調達」に移す．
2) 社会保障制度は，重点を「保護や措置」から，潜在力の開発・活用を目標とする「潜在力支援」に移す．
3) 効率的に公平性を改善するために，税制と社会保障制度は一体的に改革する．

　以下，3) の税制と社会保障制度の一体改革の重要性について，1) や2) とも関連付けながら，少し詳しく議論しておきたい．

　第1に，税制と社会保障制度が全体として，弱者支援の役割を担うとすれば，一方だけを見ても全体像は見えてこない．例えば，消費税は逆進的であるとの指摘があるが，その財源調達力や使途を含めて，全体的な所得再分配の程度を分析しなければ，その評価は適切とは言いがたい．累進性は高いが，財源調達力の弱い税によって社会保障関係費を賄うことになれば，社会保障給付は薄くなり，全体としては再分配効果が低くなる可能性も高い．税

---

17) ロールズの正義論に対しては，様々な問題点も指摘されており，現実の政策や制度を設計していく上で，その原理を厳密に適用することは難しく，それが望ましいとも考えない．しかし，社会で最も恵まれない人々の状況を，底上げ式に改善していくべきという基本的な考え方には，筆者を含め多くの人が共感するのではないだろうか．

18) 例えば，ジニ係数による所得不平等の改善を求めるならば，所得の上昇に伴い平均税率が上昇するという意味での累進性を税制は持たなければならないことは，理論的にもよく知られている（例えば，Eichhorn *et al.* (1984) など）．

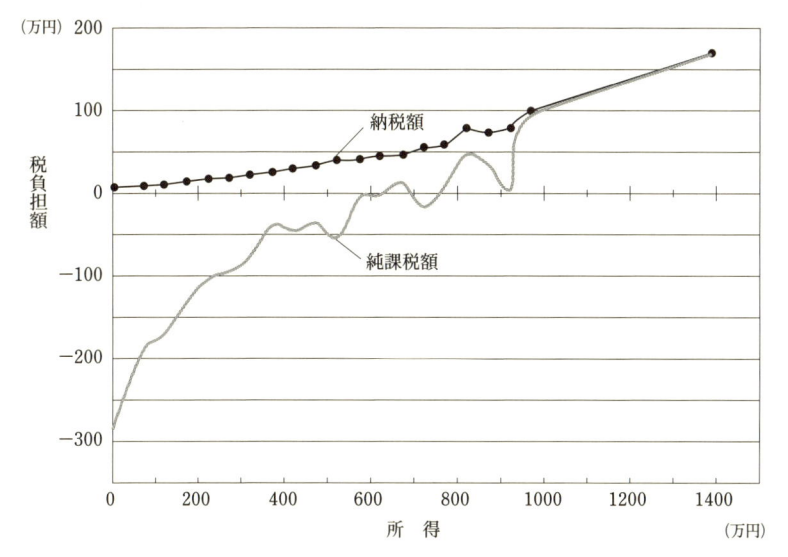

出所)「平成17年所得再分配調査報告書」を基に作成.

図9.2 税制と社会保障を含む再分配効果

制と社会保障制度の一体的な設計を通じて，所得再分配効果の全体像を国民に提示することが，重要となる．

例えば，図9.2は，横軸に再分配前所得を，縦軸に税負担をとったものである[19]．消費税導入後，税負担は低所得層にも広がり，税構造はフラット化し，累進性は弱くなっている．しかし，社会保障給付を負の税負担として純課税額を計算してみると，全体としては，所得の増加に伴い，平均税率（所得に占める純課税額の割合）が大きく上昇していく累進構造が，明確に現れる．税だけを見た議論の不適切さが，強く示唆される．

第2に，課税最低限と生活保護水準，あるいは扶養控除と児童手当のように，人々の経済的機会に対して同じような影響を与える仕組みが，税制と社会保障制度において別々に設計されるならば，個人が直面する予算制約はいびつな形状となる．それは，人々の非効率的な行動を招く可能性が高い．2

---

[19] 図は，実際の世帯の所得，税負担，社会保障給付のデータを基にしているため，納税額や純課税額の線に凸凹が見られる．

つの制度が連続性を保つように，そして，全体として非効率性が大きくならないように設計することが重要となる．

最後に，制度を一体的に設計することで，行政コストの節約などを通じた効率化が進むことが期待される．例えば，皆保険・皆年金制度を維持するためには，社会保険料の徴収は，強制的なものでなければ意味がない．強制性の点では，社会保険料の徴収と税の徴収は同質的なものと考えられるため，別々に徴収する必然性はない．むしろ，一体的に徴収することで，社会保険への未加入・未納を許容している現在の社会保険制度がもたらす不公平性を改善する効果も期待される[20]．

実は，社会保障制度と税制の一体的改革を通じて，潜在力支援型の底上げ政策を行っていくという考え方は，「世界的な潮流」と考えられる．ここで「世界的な潮流」とは，グローバル化の影響を受けてきた多くの先進国で採用されているという意味であるが，小さな政府を志向するアメリカでも，大きな政府を志向してきた北欧諸国でも，潜在力支援型の底上げ政策と考えられる政策・制度が導入されてきた．

例えば，Kato (2003) が示すように，福祉国家の代表として知られる北欧諸国などでは，逆進的と言われる消費税への依存度が高い．それが正当化されるのは，グローバル化された経済では，たとえ税制自身は逆進的であっても，財源調達力の高い税を用いて，保育，教育，雇用，介護などに関して充実した社会政策を行うことが，全体としては効率性を維持しつつ，公平な社会を実現することにつながるという発想があるからだろう．また，イギリス，ドイツ，フランスなどでも，消費税を中心として，効率的に財源確保を図るとともに，充実した若年者雇用対策や少子化対策などの，潜在力支援型の政策を打ち出している．

一方，アメリカでも，1980年代に広く薄くという考え方に基づく税制改

---

20) 給付との対応が比較的明確な社会保険料を，税と一緒に徴収することにより，徴税面での所得捕捉の難しさの問題を緩和できる可能性も生まれる．人々が正確な所得税の申告を行わない理由は，納税額が，受けられる公的サービスと全く関連していないため，納税額は低ければ低いほどよいという構造が存在するからである．負担と給付が連動する社会保険料を，一体的に徴収することにより，正しい所得を申告させるインセンティブも生まれる．

革を行い，財源調達の効率性を高める一方，「給付付き税額控除」制度のように，恵まれない立場の人々の自立を高めるような改革を行った．さらにアメリカ社会では，恵まれない立場の人々を支援するNPOなどの非営利組織の活動が活発であり，政府もまた税制上の優遇措置などを通じて，間接的に支援するという仕組みを充実させている．小さな政府という枠組みの中で，「潜在力支援型底上げ政策」という観点から，税制と社会保障制度を一体的に改革することを考える上で，アメリカから学ぶことも少なくない．

9.3.2 生活弱者支援における国の役割

本節では，「潜在力支援型底上げ政策」の考え方に立ち，国の制度の中で重要な役割を果たす，税制と社会保障制度の見直しについて議論する[21]．

(1) 生活弱者と社会保障制度改革

近年，若者や女性が生活弱者となりやすくなっている理由の一つとして，企業が非正規労働者や短時間労働者へのシフトを強めてきたことがある．そのような労働者は，所得が低く，仕事を失う機会が多いため，生活弱者となるリスクが高くなる．そして，そのようなシフトが起こった一因は，社会保障制度にある．本来，生活弱者を生み出さないことを目的とする社会保障制度の制度設計が不適切であるために，むしろ生活弱者を生み出す一因となっていることは問題であり，抜本的な改革が必要である．

企業が，非正規労働者へのシフトを強めてきた理由の一つが，社会保険料負担の必要性がない点にある．これが，若年者の非正規雇用の増加の，企業側の要因となっている．

さらに，給与所得者の配偶者で，一定の所得（130万円）未満の者は，第3号被保険者として社会保険料を負担しなくてもよいという仕組みが存在しており，それが女性の短時間労働を促してきた（永瀬・村尾（2005）などを参照）．このような既婚女性の働き方は，潜在力の高い女性の能力が十分に活かされない可能性を高め，片稼ぎ世帯の稼ぎ手が，失業や疾病などで職を失った場

---

21) 詳細については，山重（2006）も参照のこと．

合の片稼ぎ世帯の貧困世帯への転落,あるいは,離婚や死別によりシングル・マザーの状態に陥った時の母子世帯の貧困といった,格差問題の原因となる.専業主婦を優遇する政策や制度もまた,結果的に,女性が生活弱者に陥るリスクを高める原因となっている[22].

　問題は,社会保険制度において,就業時間や賃金所得により,雇用者や被雇用者の負担が軽減される特別な仕組みが存在していることにある.そのような制度を活用した労働の需要や供給が行われる結果,生活弱者が生み出されていると考えられる.もちろん,そのような仕組みが存在していることには,歴史的・政治的理由があるので,制度改革は容易ではないだろう.しかし,まずは,社会保険制度が,生活弱者を生み出す原因とならないように設計できることを見ておきたい.

　アイディアはシンプルである.職業によって異なる年金制度を廃止し,税方式によって賄われる1階部分（基礎年金）と,個人勘定を明確にした2階部分（所得比例年金）を,公的年金制度とすればよい.このような提案は目新しいものではないが,ここでは,それが「潜在力支援型底上げ政策」という観点から,望ましいと考えられることを明らかにしておきたい[23].

　まず,この制度の下では,保険料の雇用者負担はないため,短時間労働者増加の一因となってきた労働需要の歪みを,小さくできる.また,職種別の年金制度が廃止されるため,専業主婦が保険料負担を免除してもらうために,短時間労働を選択する必要もなくなる.潜在力を活かした仕事をしてもらい,社会に貢献してもらうことで,生活弱者に陥るリスクも軽減できるようになる.さらに,基礎年金への未加入問題もなくなるため,無年金や低い年金給付のために,貧困に陥る高齢者も減ることが期待される.生活弱者の発生を抑制するという観点からは,様々なメリットを持つ年金制度である.

　このような簡潔な年金制度に反対する理由として,どのようなものが考え

---

22) 厳しいグローバル競争の中で,終身雇用の可能性は低まり,人々が仕事を失うリスクは高まっている.離婚率が高まっていることも踏まえると,専業主婦として安定した一生を送ることを期待できる時代は,終わっているように思われる.

23) 例えば,橘木（2005）など.なお,本章で紹介する現在の年金制度の問題点や改善策については,古くから議論されている（例えば,駒村ほか（2000,第11章）,小塩（2010,第5章）,上村（2009）など）.

られるだろうか．まず，雇用者の負担がなくなり，労働者の負担が増大することが，問題視されるかもしれない．しかしこれまでも，自営業者については，雇用者負担というものはなかったのであるから，給与所得者についても，雇用者負担を廃止することは，公平と言えるのではないだろうか．さらに，経済学的な観点からは，保険料を労働者と雇用者のいずれが支払うかは，労働者の最終的な負担には関係ないと考えられている．雇用者の負担割合を引き下げても，労働者に支払われる賃金が，その分引き上げられると考えられるからである[24]．

基礎年金の財源を，全額税方式にすることにも異論が出るかもしれない．確かに，他の財源調達方法も考えられるが，税で基礎年金を賄い，基礎年金の社会保険料をゼロとする方式には，様々なメリットがある[25]．マクロ的に考えれば，財源を税にするか，社会保険料とするかは，社会保障負担と税負担の比率を変えるだけで，いわゆる国民負担率を大きく変えることはない．

大きく変わるのは，基礎年金に関する負担と受益の構造，つまり，所得再分配の構造である[26]．いま，基礎年金の給付を定額とすれば，所得再分配のその構造は，年金目的税の課税ベースを何にするかによって変わる．「均等化政策」ではなく，底上げ式に「潜在力支援」を充実させるための，効率的

---

24) この点については，例えば，岩本・濱秋（2006, p.205）を参照のこと．なお，そこでは，（労使合わせた）社会保険料の変化が，賃金率の変化を通じて，労働者と雇用者のいずれにより多くの負担が帰着するかについての，様々な研究も紹介されている．社会保険料負担に関して，雇用主の負担をゼロとすることに政治的合意が得られないようであれば，雇用者には賃金支払いの総額の一定割合を社会保険税として年金基金に支払ってもらい，年金財源として活用することも考えられる．

25) 橘木（2005）の議論も参照のこと．

26) 所得再分配の構造を，世代内再分配と世代間再分配に分けて考えてみるならば，ここで想定しているのは，世代間の再分配をできるだけ行わないように，給付額と保険料を決めるという仕組みである．いま t 年に生まれた人々を t 世代と呼べば，世代ごとに，生まれてから現在に至るまでの拠出金を毎年概念的に計算し，その世代が受け取ることができる給付額を，保険の考え方に基づいて算定する仕組みを想定している．したがって，各世代をグループとして見れば，年金保険の特徴を持つ．一方，世代内再分配については，恵まれた人々から恵まれない人々への再分配が行われることになる．このように，毎年の概念的な拠出金を計算することで，移民や海外居住期間がある人の給付を，国内居住期間に応じて計算することが可能になるとともに，移行期の個人の年金給付額の計算を行えるようになるだろう．

な財源調達という観点から考えると，財源としては，やはり消費税が有力な候補となるだろう．その場合，基礎年金に関しては，消費額の多い個人から，消費額の少ない個人への再分配が行われることになるが，所得よりも消費の方が，生活水準の差を反映しやすい課税ベースであること，そして，基礎年金の基本的性格を，「高齢者が貧困に陥るリスクを低減させるための社会保険制度」と考えれば，十分正当化できるものである[27]．

言うまでもなく，改革・移行の進め方は，制度的にも政治的にも最も難しい作業の一つである．しかし，その長期的メリットの大きさを考えると，問題を先送りするのではなく，移行を成功させるための努力を行うことが望まれる．税制と社会保障制度の一体的改革の重要性が，強く示唆される（3.1節(2)を参照）．

(2) 生活弱者と税制改革

次に，「潜在力支援型底上げ政策」という観点から，これまで別々に設計されていた，社会保障給付と税の仕組みを統合するという提案を行う．ただし，それは「負の所得税」の導入，あるいは「給付付き税額控除」という名称で知られる，低所得者への所得移転を含む，所得税改革の提案ではない．

確かに，低所得者には，課税の代わりに一定の所得補助を行うという考え方は，わかりやすい．しかし，本章で繰り返し強調してきたように，所得は生活水準の不完全な指標にすぎない．その不完全な指標に基づいて，所得補助を与えるという仕組みは，限られた財源を用いて効率的に公平性を改善するという観点からは，疑問が多い．したがって，生活弱者への支援は，現在の生活保護制度の仕組みを改善することで，充実させるべきであると考える（次節も参照）．特に，その対象者は，現行の生活保護制度と同様，資産などに関する審査に基づいて，慎重に選ばれるべきである．

---

27) 消費税の税率引き上げに関する政治的な抵抗が強い一方で，社会保険料の引き上げへの抵抗は比較的弱いことを考えれば，基礎年金を完全税財源化する場合には，消費税の社会保険税部分（その財源がすべて社会保険基金に納入される部分）の税率は，給付と1対1対応させるべきであろう．その際，消費税の税率の頻繁な変更が難しいことを考えると，積立基金をバッファーとしながら，最終的には年金財政を維持するための給付または税率の調整を図ることが有用だろう．

その対象者に対して，負の所得税の仕組みを導入することは，前節（2.4節(2)）で指摘した，生活保護制度における労働所得への限界税率の異常な高さの問題への対応として有用である．すなわち，勤労のインセンティブを高めるために，勤労が可能である場合は，労働所得に対して補助（負の所得税あるいは税額控除）を上乗せする形で，最低生活水準が保障されるような構造とすることが考えられる．

所得税制に関しては，児童手当や児童扶養手当などの社会保障給付を，税制の扶養控除や寡婦・寡夫控除などと一体的に設計するという，限定的な改革の提案を行いたい．このような統合が望ましいと思われるのは，所得移転も含めた統合的税制を考えると，現在の仕組みは，複雑で非連続的で不公平となっていると考えられるからである．改革を通じて，税制の簡素性，中立性，そして公平性を高めることが目標である．

まず，子育て世帯への所得補助については，子供が社会保障制度を通じて外部性を持つため，それを内部化することで，非効率的な少子化を抑制しようとする政策と位置付けられる（第8章3.3節）．子育てを社会的に支える仕組みとして，児童手当や扶養控除などの制度を位置付け，制度設計を行うことが有用である．具体的には，子供1人当たりの補助額（児童手当額）を決め，それを子育て世帯に移転する．所得移転を，最も簡素な形で実現する方法は，個人所得税制度を活用することである．そこで，納税者については，子供の数に応じた児童手当額を，税額控除として差し引いた額を納税額とする（納税額がマイナスの場合には還付を受けられる）．一方，非納税者については，児童手当として，子供の数に応じた児童手当額を給付する．

現行制度との違いは，次のように説明される．まず，税制に関しては，所得控除方式ではなく，税額控除方式となっている．扶養控除方式の問題点は，子供1人当たりの補助額が，高所得者ほど大きくなり，子供が持つ外部性の内部化という観点からは，疑問の残る仕組みとなっていることである．一方，所得税の非納税者に関しては，1人当たりの児童手当が所得の多寡によらず一定となる点が，従来の制度と異なる．このように，所得移転制度を一体的に改革することで，効率性の改善が期待できる．

また，寡婦控除や寡夫控除は，一人親世帯への支援と考えられるため，児

童扶養手当と同じ性格を持つ．児童手当とは異なり，高所得の一人親世帯に補助を行う理由は存在しないので，所得制限を設けるべきであろう．さらに，所得水準が低い世帯ほど，補助を大きくした方が望ましい．しかし，低所得者の所得の正確な補足が難しいという制約を考えれば，一定所得以下の一人親世帯に，児童手当に上乗せする形で，定額の補助を与える仕組みとすることが，現実的であるように思われる[28]．いずれにせよ，ここでも所得控除を廃止して，定額補助・税額控除方式とすることで，仕組みの合理的な簡素化を図る方が望ましいと考えられる．

このように，低所得者が子供1人当たり定額の補助を受けられることは，低所得者が子供を生み育てること，そして次世代を担う子供たちが健全に成長することを可能にするので，人々の潜在力を活かす政策の一つと考えられる．また，低所得者の流動性制約を緩和することで，潜在力を伸ばす教育・訓練を受ける機会を拡大することにつながる可能性もある．さらに，従来の制度のように，所得の上昇に伴い補助額が減少することもないため，補助を受けるために低所得に留まるという誘因も小さくなる．所得補助によって期待される「潜在力支援」効果は限定的であるが，低中所得世帯においては，一定の効果を持つと考えられる．

9.3.3　生活弱者支援における地方政府の役割

国が基本設計を行う税制と社会保障制度の改善策について検討してきたが，生活弱者に対して潜在力支援政策を行えるのは，やはり人々に近いところでサービス供給を行う地方政府である．以下では，地方政府による生活弱者支援政策として，現物給付，貸付制度，人的支援，そして地域連携の望ましいあり方について，議論しておきたい．ここでも，潜在力支援という予防的・投資的社会政策の重要性を明らかにしたい．

(1) 現物給付と貸付制度

まず，女性と子供の生活格差の問題から考える．根源的問題は，日本では，

---

28)　確かに，定額補助では本当に生活が苦しい世帯の支援としては不十分になるが，そのような世帯の支援は生活保護制度を通じて行うことが現実的である．

潜在力を活かすことができていない女性が少なくないことにある（本章2.5節(3)を参照）．潜在力支援という観点からは，育児と労働が両立するような環境を整え，女性が労働市場で仕事を継続できる環境を整備することは重要である．

そこで必要となるのは，保育サービスの充実である．この点において，日本の保育所政策が問題を抱えており，公平で効率的な形で保育サービスが提供されていないことについては，前章で詳細に議論した（第8章3.2節）．健全な保育サービス市場の育成は，少子化問題への対応となるのみならず，女性の労働継続を可能にすることを通じて，潜在力支援型の政策になるという認識を持つことは，重要である．

さらに，保育所は，子供たちが貧困な家庭で育つことに伴うリスクを緩和することにもつながる．したがって，子供の生活格差の問題の緩和にも貢献する．そのような観点から，さらに重要な政策は，教育政策である．教育機会の格差は，女性のみならず若者の生活格差の，重要な要因でもある．学力のみならず，コミュニケーション能力をはじめとする「社会力」は，安定した所得や生活を獲得するための重要な能力である．

家族や地域共同体がこれまで提供してきた教育の機会は，その弱体化とともに縮小してきており，その埋め合わせをするように，学校が豊かな教育を提供することは，今後ますます重要になる[29]．地方政府が，地域の伝統的共同体や非営利組織などの新しい共同体との連携を通じて，よりよい教育を子供たちに提供することが期待される．

それぞれの地域で，適切な保育サービスや義務教育が提供されるようにすることは，住民に近い地方政府に相応しい役割である．地方政府は，市場や地域社会の力を借りながら，安心できる保育サービスや豊かな教育が提供されるように，最大限の工夫と努力を行う必要がある．子供の健全な成長を促す政策は，潜在力支援型の政策の中でも最も重要な政策の一つである．

ところで，現在，生活保護制度をはじめとする生活弱者支援政策の多くは，給付の形をとっている．しかし，保護の必要性が，一時的な経済的困難の状

---

[29] 子供の貧困の問題と貧困の連鎖を断ち切るための教育の重要性については，例えば，小塩（2010，第9章）を参照のこと．

況を乗り越えることにある場合も多く，給付ではなく，貸付によって支援することが望ましいケースも少なくない．実際，潜在力支援を要するケースの多くは，潜在力に関する情報の非対称性の問題ゆえに，借入れが困難となる流動性制約により，生じていると考えられる．

そのような場合，長期・低利での貸付が，望ましい潜在力支援政策となりうる．生活保護制度においても，働ける人に対しては，給付ではなく貸付とすることで，勤労所得に対する「限界税率」(本章2.5節(2)を参照)を，思い切り引き下げることもできる．それによって，自立や就労のインセンティブを高め，潜在能力の開発や，活用を促すことも可能となる．さらに，貸付という形式をとることで，支援が不要になった時に貸与額の返済を求めることができるため，限られた財源で，より多くの人々の支援を行うことができる．出産，育児，教育などに関しても，給付ではなく，貸付を通じた支援の充実を図ることも検討に値する．

確かに，貸付に関しては，特に生活弱者の場合，返済が行われない可能性が懸念される．しかし，計画的な返済を相談しながら支援していくことは，以下で議論する「自立のための人的支援」の一つとして有用である．ただし，返済しないことへの適切なペナルティが存在しないならば，人的支援も有効に機能しない場合も少なくない．そこで，長期的に返済がない場合，強制執行により賃金や年金給付から差し引かれる仕組み[30]を整えることは，被保護者に，返済と自立を本気で考えてもらうためにも，有用であると思われる．

(2) 人的支援と共同体との連携

潜在力支援については，「給付から貸付へ」という流れとともに，「金銭的支援から人的支援へ」という流れを作ることも，重要である．例えば，生活保護においては，被保護者の自立を促し，支援するケース・ワーカーの役割が極めて重要である．しかし，実際にその役割を担っているのは，専門的な

---

[30] スウェーデンでは，離婚後に適切な養育費が支払わなれない場合，養育費の政府による立て替えが行われるが，扶養義務者が返済に応じない場合，国税庁の強制執行により，賃金からの差し引きや資産の差し押さえなどが行われる（例えば，善積 (2012, p.269) を参照）．ここではそのような仕組みを想定している．

教育を受けた人々ではなく，市役所や役場に勤務する一般の公務員である場合も多いと言われる．

　もちろん，民生委員といった形で，地域住民の協力により，幅広い人的支援を行う努力は見られるが，地域共同体の弱体化や報酬の低さから，十分な対応ができていない現状がある．さらに近年は，児童虐待や育児放棄などの問題も増加しているようである．人々の潜在力を伸ばすことを目標とする潜在力支援政策において，人的支援の重要性は，これまで以上に高まっている．

　今後，心理的問題や家庭問題などの複雑なケースに対応できる，高い専門性を持つソーシャル・ワーカーやケース・ワーカーを，日本でも育成・活用していくことが，潜在力支援の観点からは重要である．セーフティ・ネットとして，生活の困難に直面する人々を受け止める制度を作るだけでなく，受け止めた人々の潜在力を，伸ばし活かすための人的支援が，重要である．その点では，地方政府は，地域共同体や非営利組織などとの協働が欠かせない．特に人的支援では，寄り添いながら支えるという献身的な取り組みが求められることが多く，人々の善意を集めることができる「新しい共同体」（第7章を参照）は，重要な役割を果たしうる．地方政府が，その活動を支援し，両者が協力し合うことで，地域の生活弱者への人的支援のネットワーク（セーフティ・ネットワーク）を，充実させることが可能となるだろう．

　また，生活弱者への直接的な人的支援のみならず，扶養義務者に義務を果たすように働きかけることも，間接的な人的支援として重要である．例えば，母子・父子家庭において，扶養義務者からの養育費の支払いが行われない場合，取り立てる必要があるが，その仕事を公共部門が担うことで，生活弱者の支援が可能になる．そのような取り立てを，強制徴収を行う権限を持つ政府が行うことは，比較的容易である．スウェーデンのように，政府が養育費を立替えで支払い，扶養義務者から徴収する制度を設けることは，低い費用で行える人的支援であり，導入のメリットは大きい（脚注30も参照）．

9.4　まとめ

　本章では，近年，その存在が注目されてきた生活格差の問題を取り上げて，

原因を明らかにしながら，政策的対応のあり方について議論してきた．生活格差は，人々の努力によって生まれる部分も存在するが，リスクの存在によって生まれる部分が大きい．そしてリスクの存在を所与とすれば，人々がリスクへの備えを十分できない状況にあることが，生活格差や生活弱者の問題の本質と考えられる．

　私たちは，市場の失敗の問題のために，市場で適正な保険を購入できない可能性が高い．そのような中で，人々は，家族や友人を含む共同体においてリスクを共有し，「相互扶助」の形で様々なリスクに備えてきた．しかしながら，家族や共同体の絆の低下に伴い，そのようなリスク・シェアリングを十分行えなくなり，生活弱者に陥る人々が増えてきた．近年，日本でも不平等度の増加が指摘されるが，このような社会構造の変容が一因になっている．例えば，高齢者の単独世帯が増加し生活弱者に陥る可能性が高まったり，生活保護に頼る高齢者が徐々に増加していることは，家族による相互扶助の低下の現れと考えられる．

　そのような，家族や共同体の弱体化により生み出される生活弱者を救済する役割を，社会保障制度の拡充を通じて，政府が担うようになった．しかし，それが家族や共同体による相互扶助をクラウドアウトし，家族や共同体のさらなる弱体化を招いている．

　そのような流れの中で，生活弱者への政策的対応のあり方は極めて重要になる．これまで，個人間の格差への政策的対応としては，主として，累進的な税制を通じて，所得の均等化を図るという発想で行われてきた．しかし，生活弱者の増加への対応という観点からは，そのような政策的対応では不十分である．効率的な税制を通じて財源を調達し，生活弱者の潜在力を活かすような支援策を充実させることが重要である．

　生活弱者への対応が救済的・消費的なものであれば，それは生活弱者を減らすどころか，人々の政府への依存を高め，生活弱者を増やすことになりかねない．本章の第1節で紹介した「サマリア人のジレンマ」の問題として知られる問題である．今後の政策的対応としては，人々の潜在力を高めることで，貧困に陥るリスクを低下させる予防的な取り組みを行うとともに，恵まれない状況に陥った人々に対して投資的な政策対応を行うことで，困難から

抜け出せるように支援することが重要である．

　本章では，そのような支援を通じて，生活弱者の状態を底上げしていく「潜在力支援型底上げ政策」が望ましいという観点から，政策や制度の望ましいあり方について議論してきた．生活弱者の潜在力をどのように強化していくかを政策課題とすることで，限られた財源を上手に用いて，すべての国民が最低限度の生活を送れるようになるための政策や制度のあり方が，見えてくる．

第10章　地域格差
――地方分権と政府間財源移転

「入るを量りて出ずるを制す」
『禮記』王制篇

10.1　はじめに

　現在，地方部に存在する多くの地域で，高齢化や人口減少が急速に進展している．高齢化率が50%を超える「限界集落」のように，存続さえ危ぶまれている地域も少なくない．そのような地域では，少ない税収と高齢者向けの大きな公的支出に直面し，厳しい財政状況にある．一方，都市では，出生率は低い水準にあるものの，人口流入により今なお人口は増加し，一定の成長が続いている．

　このような日本の地域格差の問題は，以前から存在していた．しかし，国が巨額の債務を抱え，都市部での成長にも限界が見える現在，これまでのように地方への財源移転や公共投資を続けることは，もはや困難になっている．しかも日本の人口は，今世紀中には現在の半分以下になると推計されている（第1章1.1節）．地域格差の問題を緩和する道筋が見えないだけでなく，その悪化が予想される状況にある．

　そのような中で，地方分権が叫ばれ，住民に最も近い「基礎自治体」，すなわち市町村への財源と権限の移譲が進められてきた．しかし，高齢化や人口減少が進む過疎地域の状況が，基礎自治体への地方分権で改善するようにはあまり思えない[1]．

　それでは，どのような政策的対応を行うことが望ましいのか．この疑問に答えるためには，なぜ地域間の格差が生まれたのか，そして，どのような格差が存在しているのかについて，理解を深めることが重要である．家族や共同体の変容に注目する本書の観点からは，家族や共同体の弱体化によって，過疎地域などの問題が深刻になったという事実認識は重要である．少子・高

齢化や生活格差の問題と同様,地域格差の問題もまた,家族や共同体の弱体化によってもたらされたと考えられるのである.

これまで,地域格差への政策的対応は,過疎地域への公共投資や,地方自治体への財源移転の形で行われてきた.しかし,そのような政策は,格差を温存し,長期的にはむしろ拡大させるような対応であった.体質改善を促すことで治療すべき病気に対して,症状を緩和するような対症療法的な投薬を続けることで対応してきた.そう喩えられるかもしれない.

政府は,地域が持つ潜在力を活かし,バランスのとれた,持続可能な地域を再生・創造していくような,「予防的・投資的社会政策」を実施すべきであった.しかしながら,そのような政策的対応はあまりとられず,政府の財源が枯渇するにつれて,これまで行われていた救済的対応が行えなくなり,様々な地域格差の問題が露出してきたと考えることもできる.このような政策的対応の問題を踏まえて,地域格差問題への今後の政策的対応のあり方を考えていくと,結局のところ,日本において,今後,地方分権あるいは政府間の財源移転をどのように考えていくかという問題にぶつかる.

私たちは消費者として,「入るを量りて出ずるを制す」,すなわち「収入を踏まえて支出を決める」という原則の大切さを知っている.しかしながら,自分の住む自治体や国の財政の話となると,話は別のようだ.歳出拡大となる要望は次々に出されるが,歳入をしっかりと踏まえて歳出をコントロール

---

1) 地域によって,消費や就労の機会の差,そして,医療や公共財など,公共部門が関与する財・サービスの水準に,差が存在する.経済学的な観点からは,そのような差は,人々が直面する選択集合が,地域によって異なるということを意味する.本書が重視する「機会の平等」という公平性の観点(第2章注2.1)からは,問題が存在していると考える.このような地域間の「機会の不平等」は,あまり問題ないと考える経済学者も少なくない.現代社会では,個人は,自分にとって最もよい地域を選択することが可能である.自分にとって好ましい地域に移動すればよいのだから,不公平とは言えないと考えられるからである.このような議論は確かに,一定の説得力を持つ.しかし,いくつかの重要な要因を見落としている.まず,人々の地域移動には,様々な費用が必要であり,人々は実際には自由に地域間を移動することができないという問題がある.つまり,他の恵まれた地域に移動することが非常に難しい人々にとっては,恵まれない地域に住み続けることは,やはり「強いられる」ことであり,不公平と考えられるのである.このように,移動費用の存在を踏まえれば,地域間の差は,やはり公平性の観点から問題があると考えられる.

していくべきだといった議論，あるいは，歳出拡大に見合う増税が必要だとの議論は，住民の間からは，なかなか出てこない．

　歳入面に関しても，自分たちの関心のない事業を減らせば，必要な予算は確保できるはずだといった議論や，国の税収をもっと地方に回すべきだといった議論が行われるだけで，全体として税を引き上げなければ歳出が賄えないという事実を，多くの人は見ようとしない．このように「入るを量りて出ずるを制す」という原則が軽視される時，様々な問題が起こる．国および地方の巨額の公的債務は，その現れの一つである．

　本章では，前章同様，格差の存在は一つのシグナルであり，それ自身が望ましくないという立場はとらない．個人間の格差と同様に，地域格差が生まれる原因を考えた時に，正当化できる格差も存在する．しかしながら，政策や制度設計の稚拙さのために生まれている地域格差も存在している．格差を重要なシグナルとして，政策や制度を見直していくことは重要である．

　以下の第2節では，地域格差の発生原因について考える．そして，その理解に基づいて戦後の日本の経済発展の歴史を振り返り，現在の地域格差の問題についての理解を深める．そこでは，家族と共同体の構造変化が，地域格差の発生に大きな影響を与えていることを明らかにする．

　続く第3節では，政策的対応のあり方について考察し，救済的・消費的政策から，予防的・投資的政策に転換することが，地域格差の問題への対応としても有効と考えられることを議論する．そのような政策的対応の変化は，具体的には，「活性化」政策から「調和社会の創造支援」政策への転換と表現できる．過疎地域に活性化のためのカンフル剤を投入するような政策ではなく，それぞれの地域が持つ潜在力を活かし，伸ばし，持続可能な調和のとれた地域社会を再生・創造していくための政策・制度について議論する．第4節はまとめである[2]．

2）　本章は山重（2010a；2010b）を基にしている．

10.2 分析の枠組み

本節では,地域格差が発生する原因,および望ましい政策的対応のあり方について理解を深めるために,有用と考えられる経済学的分析の枠組みを整理しておきたい.

10.2.1 人口移動と政策

以下では,地域格差を生み出す重要な要因である人口移動に関して,理解を深めておきたい.人口移動に関する3つの理論を,簡単に紹介しておく.

まず,経済成長が,人口移動の大きな要因になるという議論である(例えば,Harris and Todaro (1970)).これは,基本的に,成長する都市に人々が移動するという現象を説明する.そして,そのような人口移動では,人々が集まることで集積のメリットや規模の経済性(第2章2.1節(3)を参照)が発生し,それがさらに人々を呼ぶといった構造も生まれやすくなることも知られている(Krugman (1991) など).そこでは,人口は地方から都市部へ流出するという基本構造が明らかにされている.過疎化が,地方での生活を不便にし,さらなる人口流出を招くという現象は実際に観察される.

次に,政策との関係で言えば,自治体の競争が人口移動の一因になることも,よく知られている.中でも,Tiebout (1956) の「足による投票」の議論は,自治体間の競争が,人口移動をもたらす一因となることを明らかにした重要な議論である.私たちの地域選択は,確かに地域の公共財の水準や税負担にも影響を受けている.

最後に,家族や共同体もまた,人口移動の原因と帰結について考える際の重要な要因になる.この点を強調する経済学的理論はあまりないが,地域への愛着が,人口移動や足による投票の議論を考える上で重要との指摘が行われてきた(Mansoorian and Myers (1993) など).例えば,高齢の親が住んでいる地域から,子供が移動するのかしないのかという意思決定が,実は頻繁に行われている.老親がいるから地元に留まるということもあるし,逆に家族を養うために稼ぎが必要だからということで,都市に行くということも出て

くる．また地域での人間関係が，人々の地域間移動を考える上では重要で，移動の結果，地域のソーシャル・キャピタルに影響を与え，成長率にも影響を与えるといった議論もある（第7章3節）．

このように，人口移動の要因に関する様々な議論があるが，私たちの関心の一つは政策にあるので，そのような人口移動の結果として生まれる社会経済の状態について，次に考えてみたい．

まず，経済成長と人口移動の関連では，成長率の高い地域への人口移動は，労働市場の効率性の観点から望ましいと考えられる．しかしながら，市場に任せていたら効率的になるかというと，実は人口移動には外部性があるので（第2章2.1節(2)を参照），そうとは限らない．人口移動が経済の効率化に寄与することもあるが，例えば過密や過疎といった，非効率性を引き起こしてしまうこともある．

次に，政府と人口移動に関しては，Tiebout（1956）が指摘したように，足による投票を通じて効率化が進むという可能性はあるが，逆に有害な租税競争が発生して，非効率性や不公平性が生ずる可能性もありえる（例えば，Wilson（1999）やOECD（1998）など）．したがって，ここでも，人口移動が必ず効率性を高めるというわけではなく，放っておくと望ましくない状況も，十分起こりえるという結論が知られている．

最後に，家族・共同体と人口移動に関しては，人口が移動しないことで，家族やコミュニティの絆やネットワークが維持されやすくなるので，相互扶助の規範が持続し，社会の効率性が高まる可能性がある（第6章3節）．しかしながら，人口移動が起こらない場合，家族や共同体といった閉じられた社会での取引が中心となってくるため，ネットワークの閉鎖性が非効率性を持つことも知られており，家族・共同体との関連でも，人口移動が望ましいか否かは明確ではない（第7章3.2節）．

このように，規範的な観点からは，人口移動には，メリットとデメリットがあることがわかる．経済学では，基本的に，ヒト・モノ・カネが，不足しているところに移動することで，効率性が高まると考えるが，人口は，混雑などの外部性を持つため，非効率性を生み出す可能性も高い．人々の自然な人口移動の結果，効率的な人口分布が実現されるという，一般的な理論は存

在しない．それゆえ，人口の地域分布の非効率性を改善することは，政府に期待される役割の一つと考えられる（第2章2.1節）．

10.2.2　地域格差と家族・共同体・政府

　日本の場合，地域格差の問題は，固有の地域資源の偏在によるところもあるが，「過疎問題」という言葉で表現されるように，人口移動によって引き起こされている面が大きい．そして，戦後の経済成長の過程で起こった人口移動は，本書で繰り返し強調してきた家族や共同体の変容と深く結びつくとともに，政策によって引き起こされた側面もあった．歴史を振り返る中で，これらの点を確認しておきたい．

　日本では，第1章の図1.10が示唆するように，1950年代後半から始まる高度成長期に，人口の都市部への集中が始まる．そして人口を都市部へ送り出した地方では，高齢者のみの世帯が徐々に増加していくことになった（第1章図1.6）．若者の流出による高齢世帯の増加に伴い，地方では，取り残された高齢者の生活保障の問題が徐々に深刻になった．それが1960年代における，社会保障制度の充実につながった（第2章3.2節(3)を参照）．

　社会保障制度の充実という流れの一つの頂点は，1973年の福祉元年宣言である．そしてこの時期，「日本列島改造論」に象徴されるように，政府の公共投資も地方の開発に重点が移り始めた．その結果，第1章の図1.10に見られるように，1970年代の後半からは都市圏への人口流入は，低水準に留まるようになった．社会保障制度の充実，そして地方への公共投資の増加という政策変化は，高度成長期における地域社会の構造変化への政策的対応という側面を，強く持っていた．

　しかし，社会保障制度の充実は，老親の扶養に関する規範意識を低下させる（第2章3.2節(3)を参照）．そして，社会保障制度の充実を一因とする家族間扶養の規範の衰退は，高齢者のみの世帯を増加させる要因となる．若年者の都市部への移動を抑止するアンカーの力は弱まり，都市部への継続的な人口移動が起こった．1960年代以降の社会保障制度の充実は，人口流出を促進し，過疎化を進行させることで，地域格差の一因となったと考えられる（山重（2010a；2010b）も参照）．

このような人口移動は，経済の効率性を高める役割も果たす．しかしその一方で，政策的には，家族による介護・扶養にはますます期待できなくなることも意味する．今後，地方に取り残される高齢者の生活を支えるサービスの充実が，一層求められることになるだろう．

10.2.3　政策的対応の問題

これまで日本では，地域格差が生まれる中で，地方への財源移転や公共投資によって，問題を緩和しようとしてきた．大都市圏で生まれる豊かな税収を地方に与えることで，地方において産業が生まれ，大都市圏への人口流入が抑制され，国土のバランスある成長が見込めると考えられてきた．戦後の高度成長期の政策として見た時，そのような政策的対応には合理性があった．

実際，地方の社会資本は厚みを増し，暮らしやすさは格段に高まっている．しかし，民間需要の旺盛な都市部で行われた公共投資とは異なり，地方では，公共投資は民間需要が弱い中で行われた．その結果，地方経済が自立的な発展を遂げるというより，公共投資に依存する体質が生まれた．活性化のために発行された公債の累積も，限界に近づき，公共投資の抑制が試みられるようになると，地域経済は減速し，暮らしやすいが仕事がないという状況が生まれ，地方の問題が顕在化した．そのような政策的対応の問題について，過疎地域および過疎対策の現状を見ることで，考えてみたい．

総務省自治行政局過疎対策室（2010）によれば，過疎地域は国土の面積の約57%，市町村数の約45%を占める一方，人口が占める割合は全国の約9%に過ぎない．ここでいう過疎地域とは，基本的には「過疎地域自立促進特別措置法」の定義に基づくもので，速いスピードで人口が減少し，その結果として高齢化が進展している地域である[3]．

そのような過疎地域への財政措置としては，元利の70%までが地方交付

---

[3] 過疎地域とは，具体的には，以下の条件のいずれかを満たす地域とされている．(1) 国勢調査の結果による昭和35年〜平成7年の35年間の人口減少率が30%以上である（第二条一イ）．(2) 人口減少率が25%以上で，(i) 平成7年で65歳以上の高齢者比率が24%以上，または，(ii) 平成7年で15歳以上30歳未満の若年者比率が15%以下．(3) 国勢調査の結果による昭和45年〜平成7年の人口減少率が19%以上である．(4) 平成8年度〜平成10年度の財政力指数が0.42以下．

税で補塡される地方債の発行が可能といった仕組みがある．また，これまで過疎対策事業として，1970年度～1999年度には約63兆円，2000年度～2004年度には約14兆円の支援が行われている．さらに，2005年度～2009年度には，総額約11兆円の過疎対策事業が計画されている．今後とも，このような過疎対策事業を続けていくのか，真剣に検討される必要があるだろう．

　2007年の夕張市の財政破綻問題は，このような過疎対策が引き起こした問題の一つと考えられる[4]．夕張市は，1960年代には炭鉱町として栄え，人口は10万人を超えていたが，炭鉱の閉鎖とともに人口は流出し続けた．2006年には人口は約1万3000人にまで減少し，高齢化率は40％に達した．国策の転換に伴う炭坑の閉鎖で，地域経済が受けるダメージを緩和するために，夕張市は1981年から産炭地域振興臨時措置法（産炭法）の適用を受け，様々な補助を受けられるようになり，観光施設などへの積極的な投資を行った．

　産炭法は，1961年に5年の時限立法として成立したものであったが，その後，何度も延長され，40年間も有効となった法律であった．しかし，産炭地域振興審議会の答申を受けて，それは2001年度に失効した．それが，観光施設などでの事業の赤字も含め，夕張市の財政状況が急速に悪化した直接的原因となった．そして，増え続ける債務が表面化しないような「不適正な財務処理」が発覚し，財政破綻が認定された．夕張市のケースは，債務の隠蔽などの点で，やや極端なケースではあるが，人口減少に直面する地方の問題と救済的政策の問題という観点からは，特殊なケースではない．むしろ，日本における「ソフトな予算制約の問題」(第3章注3.9)が凝縮されている事例である．

　夕張市の財政破綻が一つのきっかけとなり，大きく動き出した政策として，「地方自治体健全化法」の制定がある．この法律は，1954年に制定された「地方財政再建促進特別措置法」(以下「再建法」という)を見直し，「地方公共団体の財政の健全化に関する法律」(以下「健全化法」という)として，新たな枠組みを提供する抜本的改正である．新しい枠組みの特徴は，その名称の変更によく表れている．

---

　4) 夕張の財政破綻問題については山重 (2008b, 第2節) を，ガバナンスの観点からの評価に関しては山重 (2007) を参照のこと．

従来の「再建法」は，破綻に陥った自治体の認定とその再建に関する法律である．これに対して，新しい「健全化法」では，自治体の財務に関する4つの指標を基に，財政の健全性を測り，破綻とは言えないが不健全と考えられる自治体を認定する．それにより，早期健全化の取り組みを行わせることが，可能になる．このような法改正の背後にあるのは，破綻に限りなく近い自治体が数多くある一方で，そのような自治体に対して，早期健全化を強く求める仕組みがないことに対する，危機感であろう．

過疎対策の実情を見ていくと，結局，日本における分権化というのは，各自治体が，国の庇護と監視の下で，できるだけ多くの裁量権を持てるようにしてあげるということなのだろうかと感じてしまう．実際，困ったことがあれば，国に補助金や公共投資の陳情に行けば，国がその要望に応えるという構造があった．

図10.1は，市町村の高齢化率と，税収・歳出の関係を見たものである[5]．

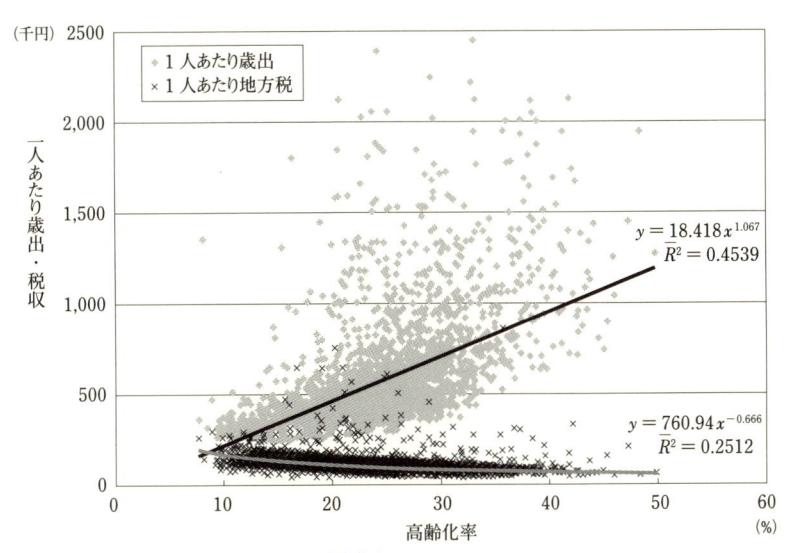

出所）総務省統計局の市区町村データを基に著者作成．
　　　http://www.stat.go.jp/index.htm

図10.1　市町村の高齢化率と財政の関係

---

5) 税収や歳出には下限があるため，近似式は，1次関数ではなく，指数関数を用いた．

今後，高齢化の進行に伴い，1人当たりの税収は減少していく一方で，1人当たりの歳出は増加していく．したがって，人口減少・高齢化の深化が大きい基礎自治体では，(税収が歳出に占める割合で見た) 財政的自立性が，急速に低下していく．

今後，基礎自治体に権限委譲・財源委譲が進められても，高齢化が進んだ地域では歳出規模は大きくなるが，税収が増加する効果は，あまり期待できない．多くの基礎自治体が，交付金や補助金への依存を高めていくような改革を，「望ましい地方分権の推進」と呼ぶことには疑問が残るのである．

10.3　地域の再生

これまで日本では，地域格差の問題に対して，公共投資などの活性化政策によって対応しようとしてきた．しかし，2007年の夕張市の財政破綻の事例が示唆するように，活性化のための投薬が続けられると，体が薬に依存するようになり，表面的には元気に見えるが，薬がなくなると問題が表面化してしまう．

今後，身体自身が持つ免疫力を高めるような工夫を行うことで，薬なしで自立した生活が営めるような支援策を考えることが，望ましい．特に，高齢化が高度に進行している場合，もはや活性化は難しい．むしろ，バランスがとれるような工夫をすることで，お金をかけずに，静かで穏やかな生活を続けてもらうことができる．本章で「調和社会の創造支援」と呼ぶ政策的対応とは，そのような発想に基づいて支援策を考えることである．免疫力を高め，健康な生活を続けられるようにするための，予防的・投資的社会政策を考えることである．以下では，そのような観点から，地域格差の問題への政策的対応について議論する．

10.3.1　望ましい人口分布と地域構造

すでに見たように，日本では，地域格差の主な要因は人口の偏在にある．したがって，望ましい政策を考えるために，望ましい人口分布について考えてみたい．望ましい人口分布とは，効率的で公平な居住地選択が行われてい

る状態を指す.

　まず,日本の人口の地域分布は,効率的になっていると言えるだろうか.例えば,都市の人々に少し地方に移ってもらうことで,都市の人々にとっても,地方の人々にとっても,厚生が改善するということは考えられないだろうか.大都市圏では,長い通勤時間,満員の通勤電車,保育所の不足,低い出生率といった,「過密人口」に起因すると考えられる様々な問題を見いだすことができる.一方,地方では,利用者の減少による公共交通の衰退,中心市街地の衰退による利便性の低下,人口減少による採算性悪化が原因と考えられる,医療サービスなどへのアクセスの難しさなど,「過疎化」に起因すると考えられる様々な問題が見いだせる.確かに,それらの問題のいくつかは,都市あるいは地方における政策の失敗によって起こっていると考えられる部分もあるが,人口分布が変わることで,問題が改善されると考えられるものも少なくない.

　増加してきた人口が逆戻りし,縮小していく日本社会において,仕事と生活の調和,環境負荷の低減,行財政の効率化といった調和社会の目標を考えると,望ましいと思われる人口分布は,やはり中核都市を中心として,人々の生活圏を徐々にコンパクトにしていくことである.特に地方の中核都市は,これまでの地方への投資によって,格段に住みやすくなっている.大都市圏と比べると,平均的に通勤時間も短く,その分生活を充実させることが可能となっており,「仕事と生活の調和」が図られやすい環境がある[6].したがって,今後の方向性としては,過疎地域の人々に中核都市に移り住んでもらうことで,広域的な観点から見て,コンパクトな地域社会を作っていくことではないかと考える(山重(2008b,第3節)を参照).

　そのような居住地選択を促すことは,公平性の観点からは,移動を求められる人と移動が必要ない人の間で,「機会の不平等」を生むことが問題となる.実際,移動したくても移動できない人々がおり,上記のような政策が受け入れられにくい一因になっている.しかし,その不公平感は,移動費用の補助を含む,所得補償や公共財の拡充によって緩和できるだろう.望ましい

---

6) 都市圏ごとの生活時間の比較.山重(2008b,図表12-6)も参照のこと.

人口分布を実現するためには，効率性の観点を重視する一方で，所得補償などの形で，不公平性を緩和する政策を実施することが望ましいと考えられる．

10.3.2　地域の再生と国の役割

現在，急速な人口減少・高齢化に直面している地方での最大の課題は，人々の生活保障の問題であろう．人々が仕事を見つけることが難しく，医療をはじめとする基本的な財・サービスが不足する中で，人口減少・高齢化がさらに進み，財政状況も厳しさを増すといった問題を抱える地域が，数多く存在している．

以下では，そのような問題が起こる原因の一つが，現在の社会保障制度および交付税制度の仕組みにあることを明らかにし，制度を見直すことで問題を改善できることを指摘したい．

(1)　社会保障制度の見直しによる地域の再生

社会保障制度の中でも，地域格差の問題がわかりやすいのは医療である．そこで以下では，医療制度を事例として取り上げ，基本的な問題を指摘してみたい．医療に関する現在の地域格差の問題は，「保険料の地域格差」と「不採算医療」という，2つの言葉で表現できる．

まず，高齢化が進んだ地域では，医療費が相対的に高くなりやすく，基礎自治体が保険者となる国民健康保険の保険料負担が高くなる「保険料の地域格差」が起こりやすい．あるいは，保険料の引き上げが難しいために，高齢化が進んだ自治体の保険財政の赤字が累積するという問題が起こる．また，過疎化が進んだ地域では，規模の経済性を活かせず，必要な医療を提供するための費用は割高になりやすい．その一方で，診療報酬は全国一律であるため，病院では費用を診療報酬で賄えず赤字が発生する「不採算医療」の問題が起こりやすい．場合によっては，赤字に耐えられず医療サービスが低下していくという問題として現れる．

現在の制度の下では，医療保険にしても，医療サービスにしても，過疎地域では今後とも難しい問題を抱えることになる．問題を緩和するために，国から補助が与えられる構造があるが，そのような救済的措置は，モラル・ハ

ザード問題を生み，公立病院や自治体の経営の効率性や安定性を低めることになる(第3章注3.9)．このような社会保障の仕組みが存続し続ける限り，過疎地域の生活や財政は不安定性にさらされる．調和のとれた地域を再生・創造するためにも，社会保障制度は，抜本的に見直される必要がある．

「保険料の地域格差」が起こる理由は，保険者ごとに保険料が異なるという，医療保険の仕組みにある．日本では，医療保険としては，給与所得者が加入する組合健康保険，政府管掌保険，共済組合保険に加えて，自営業者や退職者などが加入する国民健康保険がある．この国民健康保険の保険者は，基本的に市町村などの基礎自治体であり，自治体ごとに保険料が異なる仕組みとなっているのである．

金融商品としての保険は，本来，多くの加入者のリスクをプールすることで，安定した財務基盤を確立できる（第3章注3.3）．したがって，小規模なところも多い基礎自治体が，保険者となることには問題が多い．さらに，自営業者や退職者が加入する国民健康保険は，他の医療保険と比べて高齢者の割合が高く，保険料も高額になりやすい．また，低所得者も多いため，国費や他の保険から拠出金が投入される仕組みがある．

一方，「不採算医療」の問題が発生する理由は，医療サービスの単価である診療報酬が，全国一律となっていることにある．厚生労働省の資料によれば，不採算医療とは「救急医療，災害医療，へき地医療など社会の基盤を整備するために必要不可欠ではあるが，資金面で困難な不採算を伴う事業」と説明される．結局，この「不採算医療」とは，国の定める診療報酬が低いために，採算が合わない医療サービスのことである．保険料収入から支払われる診療報酬が低いという制度が，政策的に生み出している問題なのである．

そのしわ寄せは，自治体の財政にくる．一定水準の医療サービスを得るために，過疎地域の住民が，追加的な負担を行わなければならないという構造には問題があり，国は，補助を通じて，その調整を図ろうとしてきた．地方公営企業法施行令では，一般会計から公立病院に繰出金を計上することができ，その繰出金は「地方交付税等において考慮」されることになっている．そして，その交付金を使えるのは，基本的には自治体の公立病院であったため，「不採算医療の担い手＝公立病院」という構造が存在していた．

そもそも「不採算医療」が政策的に作られなければ，自治体が，公立病院を運営する必要性はあまりない．全国一律の診療報酬体系と，自治体が医療サービスの確保の責任を担うという構造のゆえに[7]，公立病院に大きな役割が期待されることになってしまった．このような日本の医療供給体制は，市場経済が発達する前に，医療サービスを国民に遍く提供する仕組みとしては，ある程度理解できるものである．しかしながら，市場経済が発達してきた現在，このような体制の存続には疑問が残る．

以上の考察を踏まえると，医療保険および医療サービス供給の望ましい仕組みは，次のように整理できる．
1) 公的な医療保険は国が保険者となり「保険料の地域間格差」をなくす．
2) 基本的な医療サービス提供に必要な費用は，診療報酬などで賄えるようにし，「不採算医療」をなくす．

このような制度の下で，国民は日本中どこでも同じ負担で基本的な医療サービスを受けられるようになる．自治体への補助も公立病院も必要なくなり，医療サービスは基本的に民間病院で提供されるようになる．

このような制度改革に対して予想される批判は，自治体が負担せずにすむようになると，医療費の拡大に歯止めがかからなくなるのではないかというものである．実は「医療費が高い基礎自治体では，高い保険料負担を求められる」という構造こそ，基礎自治体が，保険者となることが望ましいと考えられてきた理由の一つだからである．つまり，地域の医療費が上昇すると，保険料も上げざるをえないため，それを嫌う住民は，医療費を抑制する努力を行うだろうということである．

しかし，医療費の拡大を抑制するために自治体を介在させるという考え方は，不思議な考え方である．過剰なサービス供給を抑制するためには，医療サービスの需要と供給を抑制すればよい．需要は，保険者（国）とサービス利用者（消費者）の保険契約で対応できる．一方，供給については，保険者

---

7) 日本の医療法によれば，「国及び地方公共団体は，医療計画の達成を推進するため，病院又は診療所の不足している地域における病院又は診療所の整備その他必要な措置を講ずるように努めるものとする（第30条の10）」とあり，医療サービスの確保は，国のみならず，地方自治体の役割とされている．

と医療機関との契約関係の中で改善できる．

そのような制度への移行が，地域格差を減らす要因になるのみならず，地域の再生をもたらす可能性を秘めていることにも，注目したい．この点が，「調和社会の創造支援」のための具体的な政策について議論することを意図する本章で，社会保障制度改革について詳しく取り上げる理由である．

これまでのように，自治体が財源を投入して，医療サービスの確保を行わなければならないという仕組みの下では，医療サービスへの需要の高い高齢者は，自治体にとっては「お荷物」となりうる．高齢者に来て欲しいと考える自治体を探すことは，難しい．しかしながら，自治体が社会保障を担う必要性がなくなれば，高齢者は「お荷物」ではなく，むしろ宝となる．高齢者が来ることで，地域には福祉サービスをはじめとする，高齢者向けサービスが拡大する．それは，地域の若者が雇用される機会を生み出し，社会保障関係の支払いが地域に落ちることによって，地域経済の持続的な維持・再生が可能になってくる．実際，地方では，社会保障制度を通じた所得移転やサービスはすでに，地域を支える重要な所得，そして雇用機会となっている[8]．

例えば，渋谷・根岸（2007）や渋谷ほか（2008）は，年金および高齢者向けの医療保険を通じて，都市で集められた財政収入が地方に配分される再分配の構造が，確かに存在していることを明らかにしている（図10.2）[9]．また図10.3は，高齢化率の高い都道府県では，医療・福祉事業者の占める割合が高くなる傾向があることを示している（中里（2007）も参照）．

特に，高齢者が住みやすく，高齢者向けサービスを効率的に提供できる地域では，自治体も積極的に高齢者を呼び込み，それに付随して事業者や労働者が流入し，地域が再生する可能性も生まれる．言うまでもなく，地価や物価の低い地方で高齢者向けのサービスを積極的に提供することは，効率性の観点からも望ましい．これまで，そのような地域が日本でなかなか現れな

---

[8] このような社会保障制度を通じた地域間再分配は，社会保障制度が，基本的に国の仕組みとして設計されている中で，高齢化が，地方で進行している結果として生まれているものであり，公平性の観点から，批判されるべき問題ではない．

[9] 同様の再分配構造は，例えば，櫻井・井上（2008）が明らかにするように，介護保険にも存在する．

260 ── 第 III 部　社会政策のあり方

(%)

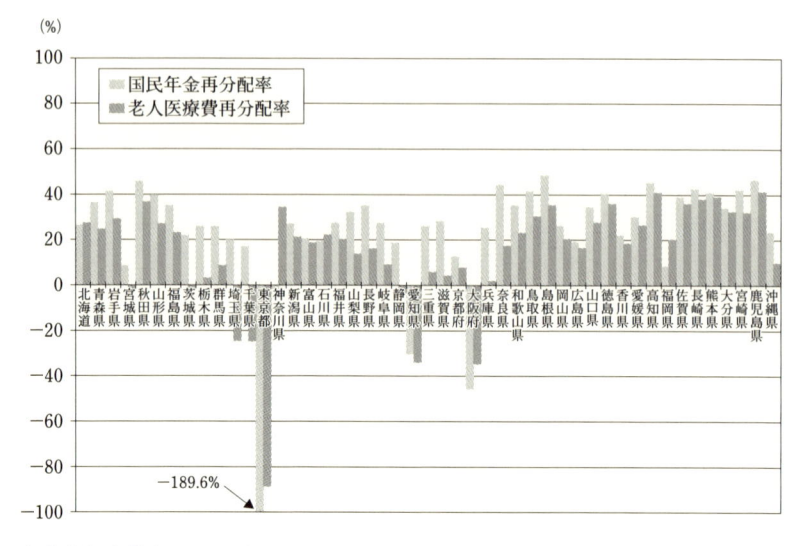

凡例:
- 国民年金再分配率
- 老人医療費再分配率

（棒グラフ。横軸は都道府県：北海道、青森県、岩手県、宮城県、秋田県、山形県、福島県、茨城県、栃木県、群馬県、埼玉県、千葉県、東京都、神奈川県、新潟県、富山県、石川県、福井県、山梨県、長野県、岐阜県、静岡県、愛知県、三重県、滋賀県、京都府、大阪府、兵庫県、奈良県、和歌山県、鳥取県、島根県、岡山県、広島県、山口県、徳島県、香川県、愛媛県、高知県、福岡県、佐賀県、長崎県、熊本県、大分県、宮崎県、鹿児島県、沖縄県。東京都に −189.6% の値）

出所）渋谷・根岸（2007，図 1.4）および渋谷ほか（2008，図 2.6）を基に筆者作成．

図 10.2　社会保障制度を通じた地域間の再分配

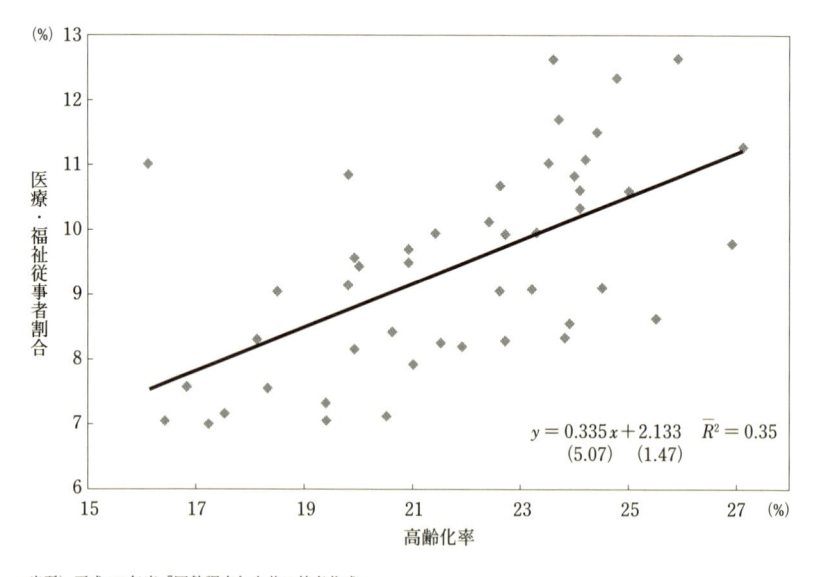

（散布図。横軸：高齢化率(%)、縦軸：医療・福祉従事者割合(%)）

$y = 0.335x + 2.133 \quad \bar{R}^2 = 0.35$
$(5.07) \quad (1.47)$

出所）平成 17 年度『国勢調査』を基に筆者作成．

図 10.3　高齢化と医療・福祉従事者の割合の正の相関

かった理由の一つは,高齢者が増加すると,社会保険と福祉サービス供給の役割を担わされる自治体の負担が増加するという問題があったからである.現行の社会保障制度が,地域の再生を妨げる一因となっていたのである.

言うまでもなく,そのような再生が可能な地域は限られているだろう.しかしながら,いくつかの地域が再生すれば,過疎地の高齢者が移り住みやすい環境も整い,地域のコンパクト化が進展するという副次効果も期待できる[10].また,若者が都市ではなく,高齢者の住みやすい地方に住むことで,都市問題という側面が強い少子化問題や,ワーキング・プア問題も改善が期待される.さらに,自治体の役割を軽減することで,次節で見るように,様々な問題の原因となる補助金を,減らすこともできる.社会保障制度の見直しは,現在の日本社会が直面している多様な問題を緩和する改革となりうるのである(山重(2010a)も参照のこと).

(2) 補助制度の見直しによる地域の再生

日本の地方自治体の多くは,国からの補助金に依存している.特に,小さい基礎自治体ほど,国からの補助金への依存が高くなる傾向がある(図10.4).地方自治体が,このように補助金に依存する構造は,効率性あるいは効率的な公平性の確保という観点から,望ましい構造と言えるだろうか.

自治体が受ける補助金は,大きく2種類に分けられる.第1の補助金は,その自治体が生み出す価値に対する対価としての補助金である.例えば,自

---

[10] 第1章で指摘したように,日本の人口は,今世紀末には約5000万人になり,高齢化も約40%に達すると推計されている.高齢化・人口減少のスピードは,地方ではさらに大きい.すべての地域が生き残れるとは思えない.これからの日本における,社会保障の責任を持つ主体を考える際には,このような高齢化・人口減少の現実を見据えることが重要である.過疎地域では,現在でも,医療従事者の確保が難しいと言われている.若い医療従事者も,様々な地域で経験を積むことができるのであれば,ある時期に過疎地域で仕事をすることも,よい経験と考えるのではないだろうか.そのようなキャリア・パスが可能となるような仕組みを整えることが,有用である.従来の医局の制度も,そのような仕組みの一つと考えられるが,広域的なネットワークを持つ民間病院を支援すること,あるいは,公立病院を都道府県あるいは道州レベルで広域的に再編することなども考えられる.詳しくは,山重(2010a,第4節)なども参照のこと.

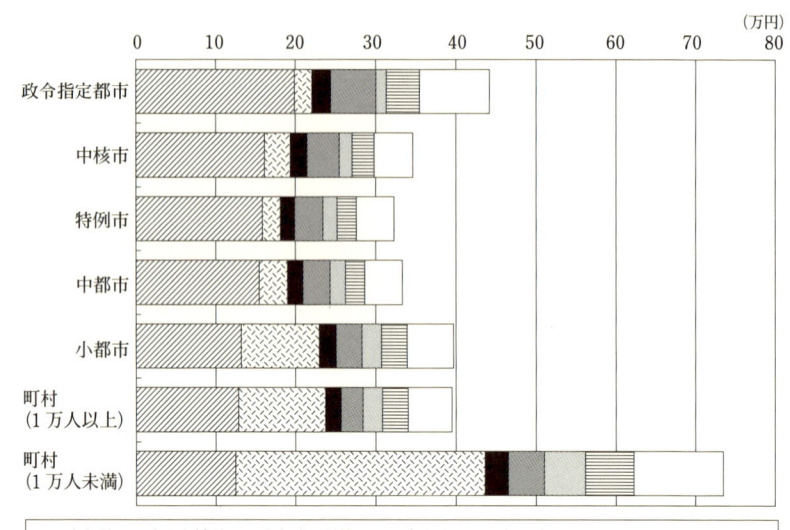

図 10.4　地方政府の規模別歳入構造（人口 1 人当たり額）

出所）総務省『平成 21 年地方財政白書』第 78 図を基に筆者作成．

凡例：地方税／地方交付税／地方譲与税等／国庫支出金／都道府県支出金／地方債／その他

区分：政令指定都市／中核市／特例市／中都市／小都市／町村（1 万人以上）／町村（1 万人未満）

治体が子供たちの教育を行う時，その効果は最終的には日本全体におよぶと考えられる．教育に対する国からの補助金は，自治体が他の地域にもたらす外部性に対する対価と考えられる．第 2 のタイプは，自治体が財源不足のため期待される支出を行えない場合に，不足分を補うために与えられる補助金である．例えば，ある地域で，最低限度のサービスを確保するための財源が不足する場合に与えられる補助金が，その例である．

　以下では，国からの補助金を想定して，前者を国庫支出金，後者は交付金と呼ぶことにしよう．この名称は，上記の 2 つの補助金の特性の違いをうまく表現している．前者は通常，外部性があると考えられる事業に対して，国が「応分の負担」として支払うタイプの補助である．一方，後者は国が集めた「交付税」を原資として，各自治体に対して，必要と考えられる支出（基準財政需要額）のうち，標準的に得られると考えられる収入（基準財政収入額）で賄えない不足分を埋めるために，交付される補助金である．

　適切に設計された国庫支出金は，望ましい補助金である．それが与えられ

ないならば，他の地域が「ただ乗り」することになり，非効率性が生まれる．一方，交付金は，効率性の観点からは望ましくない補助金である．財源が不足する自治体が，全国から集められた税を財源とする補助金に「ただ乗り」しようとして，財源創出の努力が行われなくなるからである[11]（第3章3.5節を参照）．

日本の補助金の最も深刻な問題の一つは，交付金への依存度が高い自治体が多い点にある．この制度の本質的な問題は，「入るを量りて出ずるを制す」という原則ではなく，いわば「出ずるを量りて入るを制す」という原則に基づいている点にある．すなわち，まずは「基準財政需要額」として支出側から計算して，自治体収入（基準財政収入）で賄えない部分を交付金で埋め合わせるという考え方に基づいて，制度が設計されているのである．このような制度設計が，様々な問題を生むことはすでに繰り返し指摘してきた．自治体もまた，「入るを量りて出ずるを制す」という原則に基づいて，財政運営を行うべきである．

しかしながら，どの自治体であっても，最低限度のサービスは必要なのではないか．そのために必要な財源は，手当てしてあげる必要があるのではないか，という声が聞こえてくる．「入るを量りて出ずるを制す」という基本原則を，この場合に適用するということはどういうことなのだろうか．

理論的には，答えは簡単である．基礎自治体には，自らの財源で賄える公共サービスの供給を行ってもらい，不足するサービスは，都道府県あるいは国が供給するという財政構造を作ればよいだけである．これにより，各政府は「入るを量りて出ずるを制す」という原則を維持しつつ，各地域で最低限の公共サービスが確保されることになる．図10.5は，その考え方を示したものであるが，そこで示されているように，これまで基礎自治体が担ってきた公共サービスは，上位政府のみならず，民間で担ってもらえる部分も多い．「入るを量りて出ずるを制す」という原則に基づいて，収入の少ない基礎自治体には，それに見合った役割を与えて，それ以外の役割については，上位

---

11) 交付税交付金制度の問題点については，赤井・佐藤・山下（2003）の詳細な分析や議論なども参照のこと．また，地方税および財政移転制度のあり方を包括的に議論した，佐藤（2011）の議論も参照のこと．

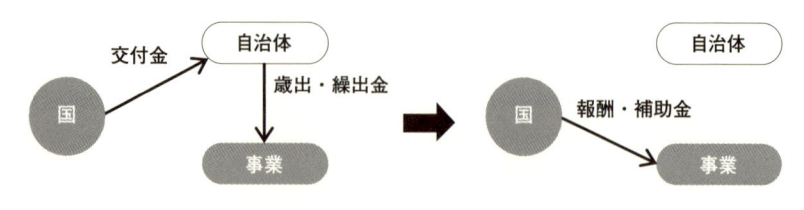

図 10.5 交付税制度の見直し

政府に委譲するという構造を作ればよいのである.

このような考え方に対しては，上位政府が公共サービス供給を担ってくれるのであれば，基礎自治体はサービス供給を行う努力を行わなくなるだろう，との批判が考えられる．このような批判に対しては，各自治体の基準財政収入額を基に，上位政府は，それで賄える公共サービス以外のサービスを供給する仕組みにすればよいと考える．その場合，自治体が賄えるはずの公共サービスが供給されないならば，公共サービスの不足が生じて，住民が不利益を被ることになるので，各基礎自治体は努力を行うことになるだろう.

ただ，そのような理想的な仕組みを完全な形で導入することには，様々な困難が伴うため，実際には不完全な制度とならざるをえない．しかしながら，基礎自治体を，いくつかのタイプに類型化し，タイプに応じて担える役割を定義していくことは，現実的な制度設計と考えられる．そしてその際生じる「基準財政収入額」と「基準財政需要額」の若干のずれについては，補助金で埋め合わせることは許容されるだろう.

現在の制度の最大の問題は，自主財源の極めて小さい自治体にも，大きな役割が求められるために，交付金への依存度が極めて大きくなるという点にある（図 10.4）．基礎自治体の類型化をこれまで以上に細分化し，交付金への依存が極力小さくなるよう，基礎自治体に求める役割を見直していくことが，実際の改革案となるだろう.

注 10.1（基礎自治体への分権について） 上記の改革案に対して，「地方分権」の理念と逆行するという批判も予想される．確かに，住民に近い基礎自治体に権限を与えることは，直感的には望ましいように思える．しかし，経済学的に考えると，基礎自治体に権限を与える「地方分権」が望ましいとは

必ずしも言えない．すでに議論したように，保険事業はリスク・プールが大きいほど，効率性・安定性は高いので，小さな基礎自治体に保険事業を担わせることは，望ましいとは言えない．福祉サービスも，利用者に近い民間事業者が提供すればよいのであって，基礎自治体が大きな権限と役割を担う必要はない．産業振興政策も，他の自治体へ波及効果（外部効果）を考えれば，広い地域をカバーする地方政府が立案・実施する方が，効果的である．さらに，警察，消防，ごみ収集といった基礎的な公共サービスも，広域的に行った方が，効率的に行えるだろう[12]．基礎自治体の役割としては，公共性の高いサービスが適切に提供されているかを監視し，住民に対して基礎的な行政サービスや情報提供を行うことで，十分ではないだろうか．それ以外のサービスについては，広域的な政府が規模の経済性を活かしたサービス供給を行う方が，望ましいと考えられる[13]．

　従来よりも住民に近いところで，政策決定を行うという意味での分権化は望ましい．しかし，基礎自治体への権限委譲を進めることが望ましいとは，必ずしも言えない．それぞれの自治体の規模や特性に応じた望ましい役割分担を行うことで，望ましい分権が進められる．サービス供給の役割の多くを，民間が担えるようになった現在，基礎自治体が有することが望ましい権限は，意外と小さい．むしろ，現在，基礎自治体が担っている役割を，都道府県や道州が担うことで，望ましい分権社会が実現する可能性は高いと思われる．

---

[12] 教育に関して，現在，基礎自治体が主要な役割を担うのは，義務教育である．義務教育に関して，基礎自治体が主要な役割を担う理由は，学校が地域住民の小さな子供たちを預かるという側面を持っているからであろう．しかし，現代社会では，子供たちが他地域に移動する状況が少なくないことを考えれば，教育内容に関して，基礎自治体に大きな権限を与えることには，懸念が生まれる．また，教員についても，広域的な交流が行われる方がよいと考えられる場合も少なくない．さらに，小中学校の施設整備に関しても，少子化で子供の数が減っている地域などでは，学校の統廃合も含めて，広域的に整備計画を考える方が望ましい場合も少なくない．

[13] もちろん，基礎自治体でも大きな規模を持つ自治体の場合，財源に応じて，規模の経済性を活かした公共財供給を行うことは，全く問題はない．また，そのような状況にある基礎自治体が，近隣自治体と合併することを住民が選択するのであれば，全く問題ない．

10.3.3　地域の再生と地方政府の役割

　過疎地域を，持続可能な調和のとれた地域社会に再生していくために有効と考えられる，社会保障および財政移転の制度のあり方について議論してきたが，地域の再生のためには，地方政府による草の根的な取り組みもまた，重要になる．特に，地域の共同体との連携を通して，地域を再生していく取り組みは有用である．過疎地域などでは，地域の伝統的な共同体との連携が重要であるが，地方でも，伝統的な共同体は弱体化しつつある．今後は，新しい共同体を育て，連携や協働を行っていくことも重要になるだろう．

(1)　非営利組織との連携

　本書の議論の前提となっているのは，サービス供給の基本的な担い手は，民間事業者でよいという考え方である[14]．しかしながら，今後，公共部門から民間部門への事業の移転が，それほど簡単に行えるわけでもない．福祉サービスのように，健康や命に関わるサービスでは，サービスの品質が重要であるが，その正確な測定は難しいため，情報の問題に直面して，適切な契約を結ぶことが難しい．さらに，過疎地のように人口密度の低い地域では，規模の経済性が低いために，営利企業が参入しやすい環境にないことが多い．

　そのような状況で期待されるのは，非営利事業者である．第7章では，非営利組織は利益を追求できないという制約ゆえに，サービスの品質を追求する可能性が高く，それゆえ，サービスの品質に対する消費者の信頼を得やすいという特色を持つことが示唆された（第7章2.3節）．例えば，保育所の民営化に際しては，営利企業ではなく，非営利事業者の参入を求める自治体は少なくないが，それなりの根拠がある．

　さらに，低所得者が多い地域では，十分な収益を確保できない場合も少なくない．しかし，そのような環境においても，非営利事業者が，地域の人々

---

14)　情報の非対称性という「市場の失敗」の問題のために，確かに民間事業者では，資金調達が難しい，あるいは，サービスの質に対する消費者の信頼が得られないといった問題に直面して，適切なサービス供給者になれない時代もあった．そのような時期に，公共部門がサービスの拡大を行ったことは，理解できるものであった．

の善意やボランティアを集めることで,事業継続が可能となる場合も少なくない.自治体は,サービス提供に関する情報の収集・発信,あるいは仲介といった間接的な役割を積極的に果たすことで,地域の非営利事業者を育成し,民間事業者へのサービス事業の委譲を進めていくことが望ましい.これまで以上に,非営利組織や地域共同体との連携が重要になっている.

(2) ソーシャル・キャピタルの醸成と「学校」の役割

共同体との連携に関しては,地域の人々のネットワーク,すなわちソーシャル・キャピタルが豊かであることが有用である(第7章3.2節).地域住民による活動が生まれ育つように,地域のソーシャル・キャピタルを醸成していくことは,自治体が担える役割の一つである.地域の祭りや行事を通して,ソーシャル・キャピタルを育むといった伝統的な手法も,地域によっては有効であろう.しかし,地域共同体の弱体化に伴い,そのような地域共同体を中心とするソーシャル・キャピタルの醸成には,限界があるかもしれない.

そのような観点から,市民に,地域のNPO活動やボランティア活動に関心を持ってもらう取り組みは,新たな可能性を秘めている.内閣府(2007)によれば,社会のために役立ちたいと考えている人は,近年徐々に増加している(図10.6).ただ実際に,NPO,ボランティア,地域の活動に参加していない人は多い.その理由として,「時間がない」という理由が多いが,「参加する機会や情報がない」といった理由も,合計すると約32%に達する(内閣府2007,図2-1-33).言い換えると,そのような情報や機会を,自治体が提供できれば,参加してくれる人が増加することが期待されるのである.

また,地域のソーシャル・キャピタルを醸成する上で,地域の小中学校は,重要な役割を果たしうる.近年,地域共同体の弱体化とともに,子どもたちの教育に,近隣住民に自然な形での協力を得ることが難しい状況が生まれてきた.それとともに,子供たちが,学校外で地域の人とふれあう機会も減り,子供たちの社会力の低下が指摘されるようになってきた(例えば,門脇(1999)).そのような子供たちの育ちの環境の変化に対応するために,小中学校では,地域の人々を招いて,子供たちの学力,そして社会力の向上のために協力してもらう試みを行っている[15].さらに,職業体験の機会を地域で

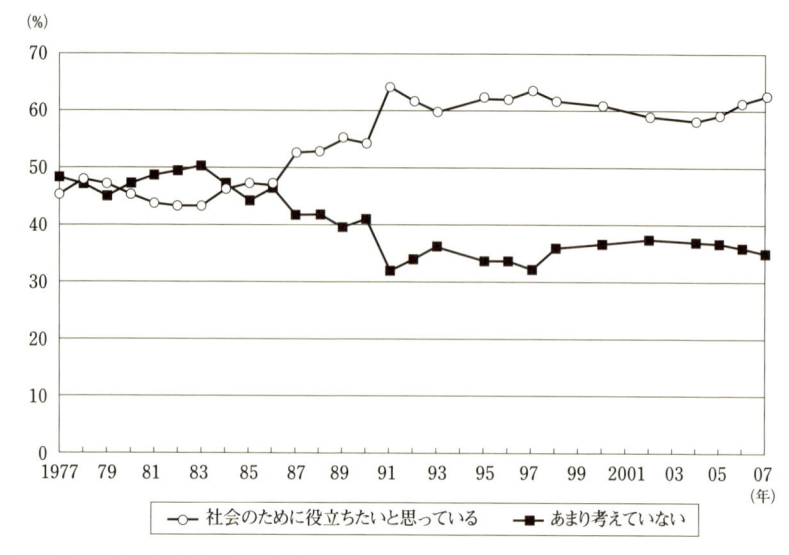

出所）内閣府（2007）『平成19年版国民生活白書——つながりが築く豊かな国民生活』（図2-1-30）.

図10.6　社会への貢献意識

作ってもらう取り組みなどを通して，子供たちが地域社会に出ていって，地域の人々と接する機会を作る取り組みも行われている．

　このような取り組みは，地域の人々のネットワーク作りにも貢献する．実は，このような視点は，ソーシャル・キャピタルに関する先駆的な研究であるHanifan（1916）が，明確にした視点である．地域の人々の協力は，学校が成功するために重要であるとともに，地域自身もまた，その取り組みを通じて便益を受けるとHanifan（1916）は議論している．学校は，地域のソーシャル・キャピタルを醸成し，非営利活動を生み出すきっかけを作り出す潜在力を秘めている．地方政府が，その潜在力を引き出すような取り組みを行うことは，人々の生活格差の問題を改善し，調和のとれた地域社会を再生し

---

15) 国もまた「地域支援本部」事業などを通して，そのような仕組みを定着させる取り組みを行ってきた．子供たちが地域の人たちとのつながりを深めることで，外国籍の子供たちや，家庭に問題を抱える子供たちの問題，あるいは，いじめの問題などにも，多面的に取り組むことが可能になる．家族や地域共同体の絆が弱くなる中で，学校が地域との関係を積極的に作っていくことは重要であり，予防的・投資的社会政策の観点からも，そのような取り組みに対して財政的支援を行っていくことは，有用である．

ていく上で，極めて重要であるように思われる．

　また，地域の経済的再生に関して，地域の高等教育機関に求められる役割も，重要である．グローバル化された世界の中で自立していくためには，地方においても海外との取引や関係を高めていかなければならないが，外国語を自由に操れる人材は，地方で十分育っているだろうか．また，チャンスをつかみ，ビジネスとして育てるためには，高い創造性と経営感覚を持つ人材が必要となるが，そのような人材が育つ環境が地方にあるだろうか．さらに，今後急増すると考えられる介護や医療のサービスを担う人材，そしてサービスが適切に提供されることを管理・監督する人材への育成は，地方において十分行われているだろうか[16]．

　小中学校においては，地域社会を取りこむことで，豊かな学びの場を子供たちに提供し，学力とともに社会力も育成する．「ゆとり教育」ではなく「豊かな教育」が，いま求められている．そして，高等学校，専門学校，大学，大学院といった教育機関においては，これからの社会・経済で求められる専門的なスキルを高める．そのような一貫した取り組みを継続的に行っていくことで，若年者の雇用問題も緩和され，地域に対する強い愛着を持つ人材が育ち，自立した地域が創造されていくことが期待される．

10.4　まとめ

　本章では，地域格差の問題について，その原因を明らかにしながら，望ましい政策的対応について議論してきた．今後の政策的対応で重要と考えられるのは，「入るを量りて出ずるを制す」という原則である．従来の地域格差問題への対応は，必要な支出を量った上で，その支出を賄えるような収入を与えるという意味で「出ずるを量りて入るを制す」という原則に基づいてい

---

16)　地方での高等教育機関での教育水準の向上を，急速に図ることが難しいのであれば，1年間の国内留学のような形で，意欲の高い学生が，都市部の比較的恵まれた高等教育機関で学ぶことができる機会を創ることも，地方で活躍する人材を育成するという観点からも，地域格差を改善するという観点からも望ましいように思われる．さらに，交換留学のような形で，都市部の学生と地方部の学生の交流を通じた多様な学びの機会を創ることも，望ましいと考えられる．

た．このような原則は「ただ乗り」を許容することで，再分配の対象となる人や地域の努力を削ぐ効果を持ってしまう（第3章3.5節を参照）．

　政策的対応の観点から見ると，このような政策は，財源を与えて地域での生活を何とか維持させようとする救済的な政策である．実際，そのような財政制度が，地域格差の問題を温存させる一因になった．本来，政府は，家族の変容の結果生じた地方における高齢化や過疎化といった問題に対して，調和のとれた持続可能な地域社会を創造するための予防的・投資的社会政策を実施すべきであった．例えば，地方で，高齢者が住みやすい地域づくりが行われるならば，都市部からも高齢者が移り住むとともに，サービス供給を行う若者が地域に定住することも期待される．その結果として，調和のとれた持続可能な地域社会の再生が図られる．

　そのような対応が行われてこなかった理由は，日本の社会保障制度では，小さな基礎自治体が保険者となり，地域の福祉サービスの責任を持つ仕組みとなっていることにある．現在の仕組みの下では，高齢者の増加は自治体の負担となるため，高齢者向けのサービスを拡大するような取り組みは行われにくいのである．

　そこで，本章では，社会保険および福祉サービスの財源確保は国の責任として，基礎自治体の財政負担を軽減する制度改革を提案した．その結果，基礎自治体の歳出は大幅に削減され，国から自治体への財政移転も減少し，「入るを量りて出ずるを制す」という基本原則に基づく財政運営が，自治体に求められるようになる．財政面で自立した自治体運営が求められるようになると，これまで以上に地域の共同体との連携も行われるようになり，地域の潜在力を活かした，調和のとれた地域社会作りが行われことも期待される．

　地域格差の問題に関しても，個人の場合と同様，地域の潜在力を伸ばすという視点が重要である．さらに，収入に見合った役割を自治体に与えることで，自治体の自立を促すという発想も，真の「地方分権」のあり方を考える上で重要である．基礎自治体の収入を超える歳出については，上位政府が実施することになるが，上位政府は規模の経済性を持つがゆえに，効率的な公共財供給を行える可能性は高い．

　今後，規模の経済性を活かしつつ，地域的な特性の違いを吸収して安定し

た財政を確立できる可能性がある仕組みとして，道州制について，さらに議論していくことも重要である．自治体に，その規模やレベルに応じて，収入に応じた支出を行ってもらうという意味で自立してもらうことは，社会構造が大きく変化した現在の日本において，調和のとれた地域社会を創造し，地域間格差を建設的に改善していくために，極めて重要であると思われる．

エピローグ
―― 日本社会の未来と政策

> 「そのような予防的政策は，もちろん必然的に家族と未来の国民である子供たちに向けなければならない．そのような政策は，一国の人的資本への高度な「投資」と考えられるのである」
>
> G. ミュルダール『人口――民主主義における問題』[1]

1. 日本社会の変容と選択

家族や共同体は，それらを取り巻く社会の変容に応じて変化していく．そして，家族や共同体の変化は，さらなる社会変容をもたらす．

日本では，「市場経済の浸透」という大きな社会変容が，人々を家族や共同体の束縛から解放し，家族や共同体は大きく変化した．そして，家族や共同体の変化の中で，政府は「社会保障制度の充実」という政策的対応を行ってきた．家族や共同体が担ってきた相互扶助機能が，低下したからである．そして，福祉社会への移行という社会変容は，家族や共同体のさらなる弱体化をもたらした（第2章図2.1参照）．

本書では，このような歴史認識の妥当性を，既存の社会学的研究（第2章）や，経済学的分析（第3章～第7章）に基づいて議論してきた．そして，そのような事実認識に基づいて，日本社会の変容への政策的対応のあり方について，議論した（第8章～第10章）．

日本社会の構造が大きく変化した結果，現在，日本社会は様々な社会問題に直面している．政策的対応という観点からは，日本の家族と共同体が弱体化する要因にもなった社会保障制度を，今後どのように見直していくかが，最大の課題となる．そして，見直しに際しては，社会保障制度のみならず，保育政策，教育政策，労働政策，家族政策など，社会政策全体を見直すこと

---

1) Myrdal (1940, p.206)，筆者訳．原文は"Such prophylactic policy must naturally and necessarily be directed at the family and at the children who are the people of the future. Such a policy is in a high degree an "investment," in the personal capital of the country."

が重要となる．

　本書で繰り返し示唆してきたことの一つは，望ましい社会政策の設計においては，それが家族や共同体に与える影響を十分考慮することが，決定的に重要であるということである．今後，家族や共同体の相互扶助を促す政策的対応をとるのか，それとも，家族や共同体の弱体化を前提とした政策的対応をとるのか．その選択は，一つの大きな分かれ目になる．

2.　高福祉・高負担のスリムな国家

　この問題は，「市場」を活用した生活保障（自助），家族を含む「共同体」による生活保障（共助），社会保障制度を通じた「政府」による生活保障（公助）の，いずれが望ましいのかという問題と考えることもできる．それは「市場の失敗」の問題と，「共同体の失敗」の問題と，「政府の失敗」の問題の，いずれが深刻かという問題と考えることもできる（第2章2節を参照）．

　本書における経済学的分析が明らかにしていることの一つは，市場経済では，「市場の失敗」の問題のみならず，「共同体の失敗」の問題も，かなり深刻であるというものである．市場経済では，家族や共同体において，効率的な相互扶助を維持することは難しいのみならず，市場経済の浸透に伴い，その難しさは深刻になっていく（第5章および第6章）．それゆえ，政府が大きな役割を担うようになったと考えられる．

　実際，日本では「家族や共同体の相互扶助」に関する伝統的な規範が残っていることが，むしろ様々な問題を引き起こしている．現在でも，女性が家族や共同体での相互扶助の主役として働くことが期待され，女性の社会進出や子育ての公的支援が十分行われず，非効率性や不公平性が発生し，少子化，生活格差，地域格差など，様々な社会問題が発生する原因の一つとなっている（第8章～第10章）．

　日本で，このような「家族や共同体の相互扶助」の伝統的規範が存在しているのは，公的な社会保障が低水準に留まり，それを補う役割が，家族や共同体に期待されているからである．そこで，問題を改善するための一つの方法は，思い切って，子育て支援などの社会政策の，さらなる充実を図ること

である．象徴的な表現で言えば，「中福祉・中負担」という中途半端な状態を目指すのではなく，高福祉を実現するとともに，高負担を国民に求める「高福祉・高負担」の国家を目指す方が，望ましいということである（第6章4節も参照）．

そのような福祉国家を目指す方が望ましいと考えるのは，「市場の失敗」の問題が大きいと考えるからではない．「共同体の失敗」の問題が大きく，家族や共同体の相互扶助への依存を続けると，市場経済の効率性を低下させてしまうと考えるからである．市場経済の効率性を維持するためには，生活保障に関しては，政府が大きな役割を果たす方がよいと考えられるのである．

言うまでもなく，上記の議論は「共同体の失敗」と，深く関わる政策に関連するものである．その他の「市場の失敗」の問題についても，政府を拡大すべきであるという議論を行うものではない．特に，サービス供給に関しては，効率性の点で優位性がある市場メカニズムを，これまで以上に活用し，政府の役割を小さくしていくことが望ましい．そのような立場を明確にするために，今後の方向性に関しては，「高福祉・高負担のスリムな国家」を目指すべきと表現したい．税や社会保険料は高いが，その負担に見合う質の高いサービスが，賢く設計された制度の下で，民間事業者によって効率的に提供される国家のイメージである．

例えば，医療，介護，保育，教育などは，「市場の失敗」の問題を考慮して，適切なサービスが供給されるように，十分な財源の確保と支払いを政府が行うことは望ましい．しかし，実際のサービス供給は極力民間に任せ，政府は適切なサービスが提供されるよう，監視・監督を行う役割を担うべきである．場合によっては，サービス供給を，家族や共同体に（市場のルールに準じて）委託することも考えられる．サービスを必要とする人の家族に，契約に基づいてサービス供給を行ってもらうことで，「共同体の失敗」の問題を回避しつつ[2]，「市場の失敗」や「政府の失敗」を改善できる可能性がある．

しかしながら，基本的な生活保障に関して，政府と市場が大きな役割を果たすようになったとしても，家族や共同体の役割がなくなることはない．人々が，仕事を続けながら，愛情を持って育児や介護を行えるように，家族を支える政策を充実させることは，極めて重要である．そして，家族を補完

する役割を果たす共同体，とりわけ，人々の善意を集め，それを必要とする人々に届けることができる新しい共同体を，育成・支援することも重要である．

　市場経済の浸透とともに，人々が居心地の悪い共同体から離れることは容易になり，掟と制裁に基づいて相互扶助を行う共同体から，人々が離れていっている（第2章3節）．伝統的な家族や地域共同体もまた，愛や信頼に基づくネットワークへと衣替えしていくことが求められているように思われる．私たちの生活の豊かさや幸福の基礎は，今後とも，間違いなく家族や共同体の中にあるだろう．

3. 予防的・投資的社会政策

　政府が「高福祉・高負担のスリムな国家」を目指す際に，特に重要となるのは，社会保障，子育て支援，労働政策，教育政策といった「社会政策」の質を高めることである．従来の社会政策は，どちらかと言えば，生活に困った人々や，地域に手を差し伸べるという，救済的・消費的性格の強い政策であった．

　しかし，政府がそのような発想に基づく社会政策を継続するならば，公的救済に依存する人々や地域を増加させ，公的負担を増やすだけで，国全体で生み出される付加価値は低下し，財政は悪化の一歩を辿る可能性が高い．そこで本書では，政策的対応の基本性格を見直し，人々や地域が持つ潜在力を伸ばし活かすことで，健康で文化的な生活を保障するという予防的・投資的社会政策を充実させるべきという考え方に基づいて，政策提案を行ってきた．このような考え方こそ，70年以上前に人口問題に直面した，スウェーデンの経済学者ミュルダールの主張の根底にある考え方であった（冒頭の引用お

2）「共同体の失敗」の問題の一つは，明示的な契約の欠如のために，相互扶助が行われなくなることにある（第2章2.3節(3)および第5章3.2節）．家族介護への現金支払いに関する，菊池（2010）の研究は興味深い．また，保育所を利用せず，育児休業を取得して，自ら育児を行う者への所得補償は，そのような支払い制度の一つと解釈することもできる．乳児の保育費用の高さを考えると（第8章表8.2），そのような制度は様々なメリットを持つと考えられる．

よび第2章4節を参照).

　以下では，予防的・投資的社会政策の中でも，特に重要と考えられる社会政策として，第Ⅲ部で議論した様々な政策の中から，1) 子育て支援，2) 潜在力支援，3) 労働参加支援，4) 税方式による社会保険料の徴収，という4つの政策を取り上げ，日本社会の未来と関連付けながら，最後に要約的に議論しておきたい．

　本書で繰り返し指摘してきたように，社会保障の充実は，人々が子供を持つ意欲を低下させる．したがって，出生率を引き上げる一つの方法は，社会保障の水準を引き下げることである．しかし，老後の生活を自分の子供に依存することを求めるほどの社会保障水準の低下は，すでに家族や共同体が弱体化している中では，多くの人々に深刻なダメージを与えるだろう．また，家族のケアを行うことが期待される人々の労働参加が抑制されることで，市場の効率性が低下することも懸念される．そこで，社会保障水準の引き下げではなく，非効率的な出生率の低下を抑制するような「1) 子育て支援」を積極的に行うことが重要となる．つまり，子育て支援策は，社会保障制度が人々の出生行動に対して持つ副作用を緩和し，効率性を改善する政策と考えられるのである．

　さらに，子育て支援に関しては，児童手当のように子供の数に応じて現金給付が増える方式よりも，保育サービスや育児休業の取得に対する補助の方が，予防的・投資的社会政策の観点からは望ましい（第8章3節）．そして，「未来の国民」である子供たちが，豊かな教育を受けられるような財政支援は，子育て支援としてのみならず，効率性と公平性をともに改善することにつながる，「2) 潜在力支援」の観点からも望ましい[3]．

　潜在力の開発を支援する政策は，青少年のみならず，産業構造の変化のために仕事を失った人，出産・育児のために離職した人，あるいは，高齢のために退職した人に対しても幅広く実施されるべきである．そのような人々は，家族や共同体が弱体化する中では，社会的弱者となりやすい．弱者になってから救済するのではなく，予防的・投資的社会政策を積極的に行っていくことが，日本の未来につながる．

　そして，人々の潜在力開発を支援するのみならず，開発された潜在力が活

かされるように,「3) 労働参加支援」を積極的に行っていくことも重要である．とりわけ，今後，高齢化の進展とともに，高齢者向けのサービスを担う労働者への需要の増加が予想される一方で，労働力の減少が予想されるため[4]，若者や失業者の就職支援のみならず，女性および高齢者の労働参加を積極的に促す政策は重要である．その際，女性の労働参加を支援する政策に関しては，それが非効率的な出生率の低下をもたらすことにならないよう，子育て支援を同時に実施することが重要である．さらに，そのような労働参加支援政策が，子供や女性が貧困に陥るリスクを減らす効果を持つことにも，注目したい（第9章2節を参照）．

言うまでもなく，社会政策の充実には，追加的な財政支出が必要となる．予防的・投資的社会政策の興味深い特徴は，人々の労働生産性および労働参加を向上させることで，それ自身が財源を生み出す政策になりうるという点にある．予防的社会政策は，将来の財政支出を抑制する効果を，投資的社会政策は，将来の税収や保険料収入を増加させる効果を持つことが期待される．

したがって，社会政策の充実のために必要な財源は，政策を実施する結果，少なくとも一部分は事後的に回収できると考えられる．このような特性もまた，予防的・投資的社会政策が，現代の日本において重要と考えられる理由の一つである．

しかしながら，高齢化の進展により，社会保障給付は急速に増加していく．そのための費用を，どのような形で賄うのかに関する議論は，避けて通るこ

---

3) 人々が，老後の生活を市場や社会保障制度に依存するようになると，自分の子供への依存が小さくなるため，子供の収益率を高める教育投資も小さくなりやすい．また，児童手当などの現金給付は，子供の数に応じて行われやすいため，質から量へのシフトが起こり，子供の教育への過小投資が生じることも予想される．このような状況では，良質な教育という，現物給付の充実を図ることが有用である．幼児期の教育が，人の一生に大きな影響を与えることに注目し，子供たちへの早期教育・保育（Early Childhood Education and Care）のOECD諸国での取り組みを紹介したOECD（2001b；2006）も，早期教育・保育の重要性を強調している．女性の労働参加が求められる中で，取り残される子供たちの問題を考える上でも，また，子供の貧困と貧困の連鎖の問題（第9章2.3節）を考える上でも，予防的・投資的社会政策として，幼児期の保育や教育を充実させることは，極めて重要と考えられる．

4) 例えば，厚生労働省の雇用政策研究会の2012年度の報告書などを参照のこと．

とはできないだろう．現在，社会保障の費用については，年金，医療，介護は「社会保険」の考え方に基づき，社会保険料の徴収の形で賄われているが，極めて不完全な形で徴収されている．すなわち，（ⅰ）社会保険の一部が税財源によって賄われている，（ⅱ）強制加入の制度であるにも関わらず保険料未納者を許容している，（ⅲ）個人のリスクではなく支払い能力に応じた保険料徴収になっている部分がある，といった問題である．

このような不完全性は，様々な問題を引き起こす．まず，（ⅰ）のように社会保険の給付の一部が税財源によって賄われることは，社会保険の体系に穴を開けることになり，不健全な保険財政運営につながりやすい[5]．また，（ⅱ）のように未加入・未納を許容する仕組みは，強制加入を求めることに意義がある公的社会保険の意義をなくし，社会保険から漏れて貧困に陥る人々を生み出しやすい．そして，（ⅲ）のような保険料徴収の構造は，社会保険が保険ではないことを意味し，疑問を投げかけるものとなっている．

社会保険方式の不完全性を考慮すれば，基礎年金や医療保険のような最も基本的な社会保険に関しては，むしろ，全国一律の仕組みとして，「4）税方式による社会保険料の徴収」とすることは合理的である．それは，国民全員が公的保険に加入することで，生活弱者となることを予防するとともに，高齢化率の高い地域の生活基盤の充実・再生に寄与する，予防的・投資的社会政策になる（第9章3.2節および第10章3.2節も参照）．

社会保険料方式から社会保険税方式への転換は，社会保障給付に変更がない限り，国民負担率を変えることはない．税方式と保険料方式の，いずれが望ましいかの選択の問題である．その課税ベースとしては，一般に，所得よりも消費がよりよい支払い能力の指標であることを考えると，すべての国民が支払う消費税が，最も相応しいと考えられる．しかしながら，国民的な合意を得るためには，企業による社会保険税の負担も含めて，今後とも多様な財源調達の方法を検討することが重要だろう．

---

[5] 第3章注3.9の「ソフトな予算制約の問題」を参照のこと．

4. 日本社会の未来を描く

　2012年の人口推計によれば[6]，2050年の日本の人口は約9700万人．その頃には，日本の人口は毎年約100万人減少し，2082年には，現在の人口の半分である約6400万人になると予想されている．急激な人口減少や高齢化が，日本の社会，経済，そして財政に恐ろしいほどの影響をもたらすことになるのは，おそらく約40年後のことであろう．その頃に生きる日本の人々は，過去に生きた日本の人々，すなわち現在を生きる私たちの選択について，どのような判断を下すことになるだろうか．

　人口問題への政策的対応の効果は，長期にしか現れない．自分たちへの直接的なメリットが見えにくい政策に，私たち国民は残念ながら無関心となりやすい．しかしながら，私たちの現在の選択は，これからの日本に生きる人々に大きな影響を与える．未来は，私たちの選択によって変わる[7]．

　日本の未来のために，私たちはどのような選択を行ったらよいのだろうか．「人口の危機は，制度としての家族に起こっている本当の危機が表面化したものにすぎない」というミュルダールの言葉を，第8章の冒頭で紹介した．この認識は，本書の根底に流れる基本認識でもある．日本の未来を考える上で，家族について，そして家族を支える政策について深く考えることは，最も重要なことの一つである．

　政策は，望ましい社会を実現するための手段である．とすれば，私たちは，価値観なしに政策について議論することはできない．望ましい政策のあり方について議論する本書において，明確にすべきことは，私の価値観であろう[8]．それを最後にもう少し明確にして，本書を閉じることにしたい．

　現在の日本は，人口減少，高齢化，巨額の公的債務，大震災の発生といっ

---

[6] 国立社会保障・人口問題研究所による中位推計（合計特殊出生率が約1.35人に落ち着くケース）．
[7] 将来の日本の人口も，私たちの選択によって変わる．
[8] 私の価値観は，基本的に「機会の平等」という本書の根底に流れる公平性の考え方（第2章注2.1）に集約される．

た様々な問題を抱えている．そのような中で，日本社会のあり方を考えた時，私が望ましいと感じる日本社会の未来の姿は，男性であっても女性であっても，労働参加と子育てを両立させられる社会である．そのような社会の実現のためには，乳児を持つ親が安心して育児休業を取得できること，保育所の拡充を通じて育児休業後も安心して復職できること，そして，子供が大きくなっても安心して働けるように学童保育所などの「子供の居場所」を確保し，次世代を社会全体で育てる仕組みを整備していくことが重要である．

　日本では，育児休業，保育所，そして学童保育所のいずれも，その充実が必要とされながら，十分整備されていない現状がある．その理由としては「女性は専業主婦として働き，子供はお母さんが育てるのが一番幸せ」という，伝統的な価値観・家族観があるのではないだろうか．経済学的な観点から，そのような役割分担の望ましさが指摘されることもある[9]．しかしながら，高齢者を社会全体で支えるという社会保障の仕組みを支持するのであれば，従来の家族主義的価値観を少し修正し，男性であれ女性であれ，潜在力を活かして働き，子供も社会全体で育てていくことが重要という考え方に基づいて，人々の労働参加と子育てを社会的に支援する施策を積極的に支持したい．

　言うまでもなく，私自身は，例えば「女性は専業主婦として働き，子供はお母さんが育てるのが一番幸せ」という価値観を批判するものではない．それは知恵に満ちた価値観の一つと感じる[10]．また，女性が専業主婦として働くという選択をすることに異を唱えるつもりも全くない[11]．ここで議論しているのは，そのような価値観を，政策を考える際の基礎として社会全体に求めることは，社会の効率性の観点からも公平性の観点からも，もはや望ましいと言えないのではないかということである．

9）　家計内における男女の役割分担は効率的であるという主張が，経済学における「比較優位の理論」に基づいて行われることがある．確かに，夫婦が，相対的に得意な仕事に特化することで，家計全体として高い付加価値を生み出せることは，簡単に示せる．しかしながら，家事や育児のサービスが市場で提供されている場合には，夫婦ともに外で稼ぐ仕事に特化して，家事・育児サービスを利用する方が効率的である可能性は高い．さらに，公平性の観点からも，長期的な厚生の観点からも，上記の主張には様々な反論を行うことができる．「比較優位の理論」に基づく議論には要注意である．

すでに述べたように，価値観なしに望ましい政策について議論することはできない．現在の日本の家族制度・家族政策は，いずれも一定の価値観の上に構成されている．制度・政策の基礎となる価値観は，社会全体を制約し，社会の現在そして未来に大きな影響を与える．政策を考える際の基礎として，どのような価値観を持つかは，極めて重要な問題である．私の主張は，現在の日本そして未来の日本を考えた時，従来の家族観を若干修正し，「男性でも女性でも無理なく労働と子育てに参加できる家族」という家族観を，制度・政策設計の基礎とすることが望ましいのではないかというものである．

急速な高齢化・人口減少が進行する中で，労働力不足の問題が懸念されている[12]．様々な能力を持つ女性が，出産・育児を諦めることなく，そして家族との充実した生活を諦めることなく，社会で活躍できる環境を整えることは，日本の未来を考える上で特に重要と考える．女性の労働参加は，税制や社会保障制度を通じて，巨額の債務を抱える日本の財政に対しても，プラスの影響を持つ．

現在の日本は，様々な課題を抱えている．日本の未来は明るくない．そのような中で，健全で持続可能な社会・経済を維持していくために，3つのことを大切にしていくことが重要であるように思われる．「働くこと」，「生き

---

10) 夫婦間の役割分担は，分担が個人の選好と能力に沿ったものであれば，効率性および公平性の両方の観点から，望ましいものになりうる．また，役割分担を明確にすることは，ただ乗りの余地を自然な形で狭めるとともに，夫婦で助け合わずには生活できない状況を創り出す．その結果，夫婦関係を良好に保つための双方の努力が引き出され，家族の安定性が高まることも期待される．夫婦の役割分担は，長い歴史の中で育まれてきた知恵の一つと考えられる．一方，共稼ぎ夫婦が良好な関係を保つ知恵については，日本ではまだ十分な蓄積がない．さらに，転勤制度の存在などは，共稼ぎ世帯にとっては結婚継続の大きな障害となる．給与は少し低くても，転勤の必要のない働き方をもっと選択できるようになって欲しい．今後，日本でも，共稼ぎという選択を行う夫婦もまた良好な関係を保てるように，知恵の蓄積や社会制度の見直しを行っていくことが望まれる．

11) しかしながら，離婚や，配偶者が仕事を失うリスクが極めて高くなっている現在の日本において，専業主婦あるいは専業主夫として関係特殊的（relation-specific）な働き方をすることは，リスクの高い働き方でもあるということを自覚しておくことは，重要である（第4章脚注24，第9章2.3節(3)，山田（2001, IV）などを参照のこと）．

12) 労働力不足の問題とは，経済学的には，賃金率の上昇や，有能な人材の不足による技術進歩の停滞が，懸念されることである．

ること」,「学ぶこと」の3つである.英語で言えば Work, Life, Learning.
これら3つを,生涯を通じてバランスよく充実させられる国になれば,どのような課題に直面しても,私たちは,その課題を乗り越えていくことができるだろう.

　生涯を通じて,よく学び,よく働き,そして,子供を育てたり,家族や地域社会のつながりを大切にしながら,よく生きることができる社会にしていくことが,目標である.そのために,政府がしっかりとした政策を実施することは重要であるが,それと同時に,企業,そして私たち一人一人が,その社会的責任を果たすことはさらに重要である.特に,勤労者が,家族の状況に応じて,賃金や労働時間を柔軟に選べる労働環境を作ることは,保育環境整備の施策が期待される効果を持つためにも,やはり必要である.労働環境と保育環境の改善がともに図られて初めて,これからの日本を支える若者は,仕事を続けながら,安心して子供を産み育てることができる.すべての人が,生涯を通して,よく働き,よく生き,よく学ぶことができる社会を作っていくことを,私たちの社会的責任ととらえ,そのような社会の実現のために努力し続けたい[13].

　本書が,日本の未来を思い描くための一つの理論的基礎を与えるものとなることを願う[14].

---

13) これからの社会を考える上で,インターネットが私たちの生活に与える影響についての理解を深めることは,必須である.特に,インターネット上のソーシャル・ネットワークや,ネット・コミュニティと呼ばれる「共同体」の特性については,本書で取り上げるべき事項の一つであったが,残念ながら取り扱えなかった.残された課題の一つとしたい.

14) ここで提示した価値観に対しては,多くの批判がありうる.そのような批判は,よりよい政策立案のために必要である.しかしながら,それは,過去の成功体験に基づく,感覚的なものであってはならないだろう.「賢者は歴史に学び,愚か者は体験に学ぶ」という第1章の冒頭で紹介した知恵の言葉が示唆するように,日本社会の歴史的な構造変化を正しく認識し,日本社会の現状と未来を見据えた上での批判であることが望まれる.未来の日本を担うのは,現在の若者,そしてこれから日本に生まれてくる子供たちである.彼ら,彼女らのためにも,英知を尽くして,よりよい日本社会の未来を創っていくための政策を選択していくことが,求められている.

参考文献

Abreu, D. (1988) "On the Theory of Infinitely Repeated Games with Discounting," *Econometrica* **56**(2): 383–396.

Akerlof, G. (1970) "The Market for Lemons: Quality Uncertainty and the Market Mechanism," *The Quarterly Journal of Economics* **84**(3): 488–500.

Akerlof, G. A., J. L. Yellen, and M. L. Katz (1996) "An Analysis of Out-of-Wedlock Childbearing in the United States," *The Quarterly Journal of Economics* **111**(2): 277–317.

Andreoni, J. (1988) "Privately Provided Public Goods in a Large Economy: the Limits of Altruism," *Journal of Public Economics* **35**: 57–73.

Apinunmahakul, A. and R. Devlin (2008) "Social Networks and Private Philanthropy," *Journal of Public Economics* **92**(1–2): 309–328.

Apps, P. and R. Rees (2004) "Fertility, Taxation and Family Policy," *The Scandinavian Journal of Economics* **106**(4): 745–763.

Arrow, K. J. (2000) "Observations on Social Capital," in P. Dasgupta and I. Serageldin, *Social Capital: A Multifaceted Perspective*, World Bank Publications.

Axelrod, R. (1984) *The Evolution of Cooperation*, Basic Books.（松田裕之［訳］『つきあい方の科学――バクテリアから国際関係まで』1987 年，HBJ 出版局）

Barro, R. and G. Becker (1989) "Fertility Choice in a Model of Economic Growth," *Econometrica* **57**(2): 481–501.

Becker, G. (1973) "A Theory of Marriage: Part I," *Journal of Political Economy* **81**(4): 813–846.

—— (1974a) "A Theory of Marriage: Part II," *Journal of Political Economy* **82**(2): S11–S26.

—— (1974b) "A Theory of Social Interactions," *Journal of Political Economy* **82**(6): 1063–1093.

—— (1985) "Human Capital, Effort, and the Sexual Division of Labor," *Journal of Labor Economics* **3**(1): S33–S58. (Reprinted in G. Becker (1993) *A Treatise on the Family*, Supplement to Chapter 2.)

—— (1993) *A Treatise on the Family*, Harvard University Press.

Becker, G. and R. J. Barro (1988) "A Reformulation of the Economic Theory of Fertility," *The Quarterly Journal of Economics* **103**(1): 1–25.

Becker, G. and H. G. Lewis (1973) "On the Interaction between the Quantity and Quality of Children," *Journal of Political Economy* **81**(2): S279–S288.

Bergstrom, T. (1997) "A Survey of Theories of the Family," in M. R. Rosenzweig and O. Stark (eds.) *Handbook of Population and Family Economics*, Vol. 1A: 21–74, Elsevier Science.

Bergstrom, T., L. Blume, and H. R. Varian (1986) "On the Private Provision of Public Goods," *Journal of Public Economics* **29**(1): 25–49.

Bergstrom, T. and R. Schoeni (1996) "Income Prospects and Age-at-Marriage," *Journal of Population Economics* **9**(2): 115–130.

Bernheim, D., A. Shleifer, and L. H. Summers (1986) "The Strategic Bequest Motive," *Journal of Political Economy* **93**(6): 1045–1076.

Blanchard, O. J. and S. Fischer (1989) *Lectures on Macroeconomics*, The MIT Press.

Bliss, C. and B. Nalebuff (1984) "Dragon-slaying and Ballroom Dancing: The Private Supply of a Public Good," *Journal of Public Economics* **25**(1–2): 1–12.

Boix, C. and D. N. Posner (1998) "Social Capital: Explaining Its Origins and Effects on Government Performance," *British Journal of Political Science* **28**(4): 686–693.

Bougheas, S. and Y. Georgellis (1999) "The Effect of Divorce Costs on Marriage Formation and Dissolution," *Journal of Population Economics* **12**(3): 489–498.

Boulier, B. L. and M. R. Rosenzweig (1984) "Schooling, Search, and Spouse Selection: Testing Economic Theories of Marriage and Household Behavior," *Journal of Political Economy* **92**(4): 712–732.

Brint, S. (2001) "*Gemeinschaft* Revisited: A Critique and Reconstruction of the Community Concept," *Sociological Theory* **19**(1): 1–23.

Brinton, M. (2000) "Social Capital in the Japanese Youth Labor Market: Labor Market Policy, Schools, and Norms," *Policy Sciences* **33**(3–4): 289–306.

Bruce, N. and M. Waldman (1990) "The Rotten-Kid Theorem Meets the Samaritan's Dilemma," *The Quarterly Journal of Economics* **105**(1): 155–165.

Bryant, W. K. and C. D. Zick (2006) *The Economic Organization of the Household, Second Edition*, Cambridge University Press.

Buchanan, M. (1975) "The Samaritan's dilemma," in E. S. Phelps (ed.) *Altruism, Morality, and Economic Theory*, Russel Sage Foundation.

Cartwright, J. (2000) *Evolution and Human Behavior*, The MIT Press.

Chami, R. (1996) "King Lear's Dilemma: Precommitment versus the Last Word," *Economics Letters* **52**(2): 171–176.

Chiappori, P.-A., B. Fortin, and G. Lacroix (2002) "Marriage Market, Divorce Legislation and Household Labor Supply," *Journal of Political Economy* **110**(1): 37–72.

Christakis, N. and J. Fowler (2009) *Connected: The Surprising Power of Our Social Networks and How They Shape Our Lives*, Little Brown and Company.（鬼澤忍［訳］『つながり――社会的ネットワークの驚くべき力』2010年，講談社）

Cigno, A. (1991) *Economics of the Family*, Oxford University Press.（田中敬文・駒村康平［訳］『家族の経済学』1997年，多賀出版）

―― (1993) "Intergenerational Transfers without Altruism: Family, Market and State," *European Journal of Political Economy* **9**(4): 505–518.

Clark, S. (1999) "Law, Property, and Marital Dissolution," *Economic Journal* **109**(454): C41–C54.

Clarkson, K. (1972) "Some Implications of Property Rights in Hospital Management," *Journal of Law and Economics* **15**(2): 363–384.

Clutton-Brock, T. H. and G. A. Parker (1995) "Punishment in Animal Societies," *Nature* **373**: 209–216.

Coase, R. H. (1960) "The Problem of Social Cost," *Journal of Law and Economics* **3**: 1–44.

Coleman, J. S. (1988) "Social Capital in the Creation of Human Capital," *The American Journal of Sociology* **94**: 95–120.

―― (1990) *Foundation of Social Theory*, Harvard University Press.

Costa-Font, J. (2010) "Family Ties and the Crowding Out of Long-Term Care Insurance," *Oxford Review of Economic Policy* **26**(4): 691–712.

Dawkins, R. (1976) *The Selfish Gene*, Oxford University Press.（日高敏隆・岸由二・羽田節子・垂水雄二［訳］『利己的な遺伝子』1991年，紀伊國屋書店）

Del Boca, D. and D. Vuri (2007) "The mismatch between employment and child care in Italy: the impact of rationing," *Journal of Population Economics* **20**(4): 805–832.

Derosas, R. and M. Oris (eds.) (2002) *When Dad Died: Individuals and Families Coping with Distress in Past Societies*, Peter Lang.

Dnes, A. W. and R. Rowthorn (2002) *The Law and Economics of Marriage and Divorce*, Cambridge University Press.（太田勝造・飯田高［訳］『結婚と離婚の法と経済学』2004年，木鐸社）

Durkheim, E. (1897) *Le suicide: Étude de sociologie*, Presses Universitaires de France.（宮島喬［訳］『自殺論』1985年，中央公論社）

Durlauf, S. N. (2002) "On the Empirics of Social Capital," *The Economic Journal* **112**(483): F459–F479.

Easley, D. and M. O'Hara (1983) "The Economic Role of Nonprofit Firms," *The Bell Journal of Economics* **14**(2): 531–538.

Ehrlich, I. and J. Kim (2007a) "Social Security and Demographic Trends: Theory and Evidence from the International Experience," *Review of Economic Dynamics* **10** (1) : 55–77.

—— (2007b) "Has Social Security Influenced Family Formation and Fertility in OECD Countries? An Economic and Econometric Analysis," *Journal of Pharmaceuticals Policy and Law* **9**: 99–120.

Eichhorn,W., H. Funke, and W. Richter (1984) "Tax Progression and Income Distribution," *Journal of Mathematical Economics* **13**(2): 127–131.

Ermisch, J. F. (2003) *An Economic Analysis of the Family*, Princeton University Press.

Fafchamps, M. and S. Lund (2003) "Risk Sharing Networks in Rural Philippines," *Journal of Development Economics* **71** (2): 261–287.

Fernández, R., N. Guner, and J. Knowles (2005) "Love and Money: A Theoretical and Empirical Analysis of Household Sorting and Inequality," *The Quarterly Journal of Economics* **120**(1): 273–344.

Förester, M. and M. Pearson (2002) "Income Distribution and Poverty in the OECD Area: Trends and Driving Forces," *OECD Economic Studies* (34).

Gale, D. and L. Shapley (1962) "College Admission and the Stability of Marriage," *The American Mathematical Monthly* **69**(1): 9–15.

Gittell, R. and A. Vidal (1998) *Community Organizing: Building Social Capital as a Development Strategy*, SAGE Publications.

Glaeser, E. L. (2003) "Introduction," in E. L. Glaeser (ed.) *The Governance of Not-for-profit Organizations*, The University of Chicago Press: 1–43.

Glaeser, E. L. and A. Shleifer (2001) "Not-for-Profit Entrepreneurs," *Journal of Public Economics* **81**(1): 99–115.

Glaeser, E. L., D. Laibson, and B. Sacerdote (2002) "An Economic Approach to Social Capital," *The Economic Journal* **112**(483): F437–F458.

Gordon, R. and H. Varian (1988) "Intergenerational Risk Sharing," *Journal of Public Economics* **37**(2): 185–202.

Groezen, B. van, T. Leers, and L. Meijdam (2003) "Social Security and Endogenous Fertility: Pensions and Child Allowances as Siamese Twins," *Journal of Public Economics* **87**(2): 233–251.

Grossbard-Shechtman, S. (1984) "A Theory of Allocation of Time in Markets for Labor and Marriage," *The Economic Journal* **94**(376): 863–882.

—— (1993) *On the Economics of Marriage: A Theory of Marriage, Labor, and Divorce*, Westview Press.

Halpern, D. (2005) *Social Capital*, Polity Press.
Hanifan, L. (1916) "New Possibilities in Education," in E. Ostrom and T. Ahn (eds.) *Foundations of Social Capital*, Edward Elgar: 22-35.
Hansmann, H. (1980) "The Role of Nonprofit Enterprise," *The Yale Law Journal* **89**(5): 835-898.
―― (1981) "Nonprofit Enterprise in the Performing Arts," *Bell Journal of Economics* **12**(2): 341-361.
Hardin, G. (1968) "The Tragedy of the Commons," *Science* **162**(3859): 1243-1248.
Harris, J. and M. Todaro (1970) "Migration, Unemployment and Development: A Two-Sector Analysis," *The American Economic Review* **60**(1): 126-142.
Heutel, G. (2009) "Crowding Out and Crowding In of Private Donations and Government Grants," *NBER Working Papers* (15004).
Hirshleifer, J. (1977) "Shakespeare vs. Becker on Altruism: The Importance of Having the Last Word," *Journal of Economic Literature* **15**(2): 500-502.
Horioka, C. (1984), "The Applicability of the Life-Cycle Hypothesis of Saving to Japan," *Kyoto University Economic Review* **54**(2): 31-56.
Ishi, H. (1993) *The Japanese Tax System, Second Edition*, Clarendon Press.
―― (2001) *The Japanese Tax System, Third Edition*, Oxford University Press.
Johnson, D. D. P. and O. Krüger (2004) "The Good of Wrath: Supernatural Punishment and the Evolution of Cooperation," *Political Theology* **5**(2): 159-176.
Kato, J. (2003) *Regressive Taxation and the Welfare State: Path Dependence and Policy Diffusion*, Cambridge University Press.
Keeley, M. C. (1977) "The Economics of Family Formation," *Economic Inquiry* **15**(2): 238-250.
Khanna, J. and T. Sandler (2000) "Partners in Giving: The Crowding-In Effects of UK Government Grants," *European Economic Review* **44**(8): 1543-1556.
Knack, S. and P. Keefer (1997) "Does Social Capital Have an Economic Payoff? A Cross-Country Investigation," *The Quarterly Journal of Economics* **112**(4): 1251-1288.
Kögel, T. (2004) "Did the Association between Fertility and Female Employment with OECD Countries Really Change Its Sign?" *Journal of Population Economics* **17**: 45-65.
Kotlikoff, L. and A. Spivak (1981) "The Family as an Incomplete Annuities Market," *Journal of Political Economy* **89**(2): 372-391.
Kropotkin, P. (1902) *Mutual Aid: A Factor of Evolution*, William Heinemann. (大杉栄

［訳］（同時代社編集部現代語訳）『新版　相互扶助論』2009年，同時代社）

Krugman, P. (1991) "Increasing Returns and Economic Geography," *Journal of Political Economy* **99**(3): 483-499.

Lommerud, K. E. (1997) "Battles of the Sexes: Non-Cooperative Games in the Theory of the Family," in C. Jonung and I. Persson (eds.) *Economics of the Family and Family Policies*, Routledge.

Lundberg, S. and R. Pollak (1996) "Bargaining and Distribution in Marriage," *The Journal of Economic Perspectives* **10**(4): 139-158.

——— (2003) "Efficiency in Marriage," *Review of Economics of the Household* **1**(3): 153-167.

Lundholm, M. and H. Ohlsson (2002) "Who Takes Care of the Children? The Quantity-Quality Model Revisited," *Journal of Population Economics* **15**(3): 455-461.

Mackintosh, N. J. (1998) *IQ and Human Intelligence*, Oxford University Press.

Mansoorian, A. and G. Myers (1993) "Attachment to Home and Efficient Purchases of Population in a Fiscal Externality Economy," *Journal of Public Economics* **52**(1): 117-132.

Manzoor, S. and J. Straub (2005) "The Robustness of Kingma's Crowd-Out Estimate: Evidence from New Data on Contributions to Public Radio," *Public Choice* **123**(3-4): 463-476.

Minami, R. and W. Jiang (1997) "Income Distribution and Sociopolitical Transformations in Japan," *The Economic Review* **48** (2) : 97-112.（『經濟研究』（一橋大学経済研究所編）第48巻2号，97-112頁）

Myrdal, A. (1941) *Nation and Family: The Swedish Experiment in Democratic Family and Population Policy*, Harper & Brothers.

Myrdal, G. (1940) *Population: A Problem for Democracy*, Harvard University Press.

Nash, J. F. (1950) "The Bargaining Problem," *Econometrica* **18**(2): 155-162.

Newhouse, J. (1970) "Toward a Theory of Nonprofit Institutions: An Economic Model of a Hospital," *American Economic Review* **60**(1): 64-74.

OECD (1996) *National Accounts: Main Aggregates, Vol. I (1960-1994)*, OECD Publishing.

——— (1998) *Harmful Tax Competition: An Emerging Global Issue*, OECD Publishing.

——— (2001a) *The Well-Being of Nations: The Role of Human and Social Capital*, Center for Educational Research and Innovation, OECD Publishing.

——— (2001b) *Starting Strong: Early Childhood Education and Care*, OECD Publishing.

——— (2006) *Starting Strong II: Early Childhood Education and Care*, OECD Publishing.

―― (2010) *OECD Family database*, OECD Publishing.
Ono, A. and T. Watanabe (1976) "Changes in Income Inequality in the Japanese Economy," in H. Patrick (ed.) *Japanese Industrialization and Its Social Consequences*, University of California Press.
Ostrom, E. (1990) *Governing the Commons: The Evolution of Institutions for Collective Action*, Cambridge University Press.
Otsuki, T. and N. Takamatsu (1978) "An Aspect of the Size Distribution of Income in Prewar Japan," *Working Paper Series* (9), International Development Center of Japan.
Pargal, S., M. Huq, and D. O. Gilligan (2000) "Private Provision of a Public Good: Social Capital and Solid Waste Management in Dhaka, Bangladesh," *World Bank Policy Research Working Paper* (2422).
Pauly, M. and M. Redisch (1973) "The Not-for-Profit Hospital as a Physicians' Cooperative," *The American Economic Review* **63**(1): 87–99.
Payne, M. (2001) "Measuring the Effect of Federal Research Funding on Private Donations at Research Universities: Is Federal Research Funding More than a Substitute for Private Donations?" *International Tax and Public Finance* **8**(5–6): 731–751.
Persson, I. and C. Jonung (1997) *Economics of the Family and Family Policies*, Routledge.
Peters, M. and A. Siow (2002) "Competing Premarital Investments," *Journal of Political Economy* **110**(3): 592–608.
Pigou, A. C. (1920) *The Economics of Welfare*, Macmillan.
Pollak, R. A. (1985) "A Transaction Cost Approach to Families and Households," *Journal of Economic Literature* **23**(2): 581–608.
Puhakka, M. and M. Viren (2006) "The Effects of the Size of the Public Sector on Fertility," Discussion Papers (8), Aboa Centre for Economics.
Putnam, R. D. with R. Leonardi and R. Y. Nanetti (1993a) *Making Democracy Work: Civic Traditions in the Modern Italy*, Princeton University Press. (河田潤一 [訳]『哲学する民主主義――伝統と改革の市民的構造』2001 年, NTT 出版)
Putnam, R. D. (1995) "Bowling Alone: America's Declining Social Capital," *Journal of Democracy* **6**(1): 65–78.
―― (2000) *Bowling Alone: The Collapse and Revival of American Community*, Simon & Schuster.
Rainer, H. (2007) "Should We Write Prenuptial Contracts?" *European Economic Review* **51**(2): 337–363.

Rawls, J. (1971) *A Theory of Justice*, Belknap Press of Harvard University Press.（矢島鈞次［監訳］『正義論』1979 年，紀伊國屋書店）

Raymo, J., M. Iwasawa, and L. Bumpass (2004) "Marital Dissolution in Japan: Recent Trends and Patterns," *Demographic Research* **11**, Article 14: 395-420.

Rege, M. (2004) "Social Norms and Private Provision of Public Goods," *Journal of Public Economic Theory* **6**(1): 65-77.

Rose-Ackerman, S. (1986) "Do Government Grants to Charity Reduce Private Donations?" in S. Rose-Ackerman (ed.) *The Economics of Nonprofit Institutions: Studies in Structure and Policy*, Oxford University Press: 313-329.

Rowthorn, R. (1999) "Marriage and Trust: Some Lessons from Economics," *Cambridge Journal of Economics* **23**(5): 661-691.

Salamon, L. M., M. A. Haddock, S. W. Sokolowski, and H. S. Tice (2007) "Measuring Civil Society and Volunteering: Initial Findings from Implementation of the UN Handbook on Nonprofit Institutions," Working Paper (23). (Baltimore: Johns Hopkins Center for Civil Society Studies, 2007)

Sethi, R. and E. Somanathan (1996) "The Evolution of Social Norms in Common Property Resource Use," *The American Economic Review* **86**(4): 766-788.

Shiller, R. J. (1999) "Social Security and Institutions for Intergenerational, Intragenerational, and International Risk Sharing," *Carnegie-Rochester Conference Series on Public Policy* **50**(1): 165-204.

Smith, I. (2003) "The Law and Economics of Marriage Contracts," *Journal of Economic Surveys* **17**(2): 201-226.

Solow, R. M. (2000) "Notes on Social Capital and Economic Performance," in F. Dasgupta and I. Serageldin (eds.) *Social Capital: A Multifaceted Perspective*, The World Bank: 6-10.

Sundström, G. (1994) "Care by Families: An Overview of Trends," in OECD *Caring for Frail Elderly People: New Directions in Care*, OECD Publishing.

Sussman, M. B., J. N. Cates, and D. T. Smith (1970) *The Family and Inheritance*, Russell Sage Foundation.

Tiebout, C. (1956) "A Pure Theory of Local Expenditure," *Journal of Political Economy* **64**(5): 416-424.

Tocqueville, A. (1840) *Democracy in America*, P. Bradley (ed.), Alfred A. Knopf.（井伊玄太郎［訳］『アメリカの民主政治』1987 年，講談社学術文庫）

Tönnies, F. (1887) *Gemeinschaft und Gesellschaft*, Leipzig: Fues.（杉之原寿一［訳］『ゲマインシャフトとゲゼルシャフト』1957 年，岩波文庫）

Townsend, R. (1994) "Risk and Insurance in Village India," *Econometrica* **62**(3): 539–591.

United Nations (1995) *World Population Prospects: The 1994 Revision*, United Nations.

UNESCAP (2007) *Economic and Social Survey of Asia and the Pacific 2007*, United Nations Economic and Social Commission for Asia and the Pacific.

Uslaner, E. M. (2002) *The Moral Foundations of Trust*, Cambridge University Press.

Vogel, E. F. (1979) *Japan as Number One: Lessons for America*, Harvard University Press.

von Neumann, J. and O. Morgenstern (1944) *Theory of Games and Economic Behavior*, Princeton University Press.

Wagner, A. (1883) "Three Extracts on Public Finance," in R. A. Musgrave and A. T. Peacock (eds.) (1958) *Classics in the Theory of Public Finance*, MacMillan & Co.

Warr, P. G. (1982) "Pareto Optimal Redistribution and Private Charity," *Journal of Public Economics* **19**(1): 131–138.

—— (1983) "The Private Provision of a Public Good is Independent of the Distribution of Income," *Economics Letters* **13**(2–3): 207–211.

Weinsbrod, B. (1975) "Toward a Theory of Voluntary Non-profit Sector in a Three-Sector Economy," in E. Phelps (ed.) *Altruism, Morality, and Economic Theory*, Russell Sage Foundation.

Weiss, Y. (1997) "The Formation and Dissolution of Families: Why Marry? Who Marries Whom? And What Happens Upon Divorce?" in M. Rosenzweig and O. Stark (eds.) *Handbook of Population and Family Economics* 1A, Elsevier Science: 81–123.

Weiss, Y. and R. J. Willis (1985) "Children as Collective Goods and Divorce Settlements," *Journal of Labor Economics* **3**(3), 268–292.

Willis, R. J. (1973) "A New Approach to the Economic Theory of Fertility Behavior," *Journal of Political Economy* **81**(2), Supplement: S14–S64.

—— (1999) "A Theory of Out-of-Wedlock Childbearing," *Journal of Political Economy* **107**(S6): S33–S64.

Wilson, J. D. (1999) "Theories of Tax Competition," *National Tax Journal* **52**(2): 269–304.

Wintrobe, R. (1981) "It Pays to Do Good, but Not to Do More Good than It Pays: A Note on the Survival of Altruism," *Journal of Economic Behavior and Organization* **2**(3): 201–213.

Yamashige, S. (1997) "Fairness in Markets and Government Policies: A Weak Equity Criterion for Allocation Mechanisms," *Hitotsubashi Journal of Economics* **38**(1): 61–

77.

――― (2002) "The Role of Families, Communities, and Governments in Improving Socioeconomic Performance: The Japanese Experience," *World Bank Institute Working Paper* (37204).

赤井伸郎・佐藤主光・山下耕治 (2003)『地方交付税の経済学――理論・実証に基づく改革』有斐閣.
安達智則 (1998)『市民による行政改革――自治体調査と予算分析の手引き』勁草書房.
阿部彩 (2008)『子どもの貧困――日本の不公平を考える』岩波新書.
阿部彩・國枝繁樹・鈴木亘・林正義 (2008)『生活保護の経済分析』東京大学出版会.
飯田高 (2004)『＜法と経済学＞の社会規範論』勁草書房.
磯村英一・星野光男［編］(1990)『地方自治読本』東洋経済新報社.
市田行信・平井寛・近藤克則 (2008)「健康とソーシャル・キャピタル」稲葉陽二［編］『ソーシャル・キャピタルの潜在力』(第7章) 日本評論社.
稲葉陽二 (2007)『ソーシャル・キャピタル――「信頼の絆」で解く現代経済・社会の諸課題』生産性出版.
稲葉陽二［編著］(2008)『ソーシャル・キャピタルの潜在力』日本評論社.
岩井浩・福島利夫・菊地進・藤江昌嗣［編著］(2009)『格差社会の統計分析』北海道大学出版会.
岩本康志・濱秋純哉 (2006)「社会保険料の帰着分析――経済学的考察」『季刊社会保障研究』第42巻第3号, 204-218頁.
上村敏之 (2009)『公的年金と財源の経済学』日本経済新聞出版社.
エスピン－アンデルセン, G. (2001)『福祉国家の可能性――改革の戦略と理論的基礎』(渡辺雅男・渡辺景子［訳］) 桜井書店.
NHK取材班 (2012)『NHKスペシャル　生活保護3兆円の衝撃』宝島社.
大石亜希子・伊藤由樹子 (1999)「所得分配の見方と統計上の問題点」『日本経済研究センター会報』7月号, 40-45頁.
大川一司・高松信清・山本有造 (1974)『長期経済統計1　国民所得』東洋経済新報社.
大竹文雄 (1997)「1980年代の所得・資産分布」『季刊理論経済学』第45巻5号, 385-402頁.
――― (2005)『日本の不平等――格差社会の幻想と未来』日本経済新聞社.
大竹文雄・白石小百合・筒井義郎 (2010)『日本の幸福度――格差・労働・家族』日本評論社.

大田のりこ（2003）『プチ生活保護のススメ――我が家にも公的資金を！』クラブハウス．
大塚久雄（2000）『共同体の基礎理論』岩波現代文庫．
岡田章（2008）『ゲーム理論・入門――人間社会の理解のために』有斐閣．
――（2011）『ゲーム理論』有斐閣．
小塩隆士（2010）『再分配の厚生分析――公平と効率を問う』日本評論社．
奥野正寛・鈴村興太郎（1985）『ミクロ経済学Ⅰ』岩波書店．
――（1988）『ミクロ経済学Ⅱ』岩波書店．
小黒一正・島澤諭（2011）『Matlab によるマクロ経済モデル入門――少子高齢化経済分析の世代重複モデルアプローチ』日本評論社．
落合恵美子・小島宏・八木透［編］，比較家族史学会［監修］（2009）『歴史人口学と比較家族史』（シリーズ比較家族第Ⅲ期）早稲田大学出版部．
戒能通孝（1943）『入会の研究』日本評論社．
加藤久和（2001）『人口経済学入門』日本評論社．
――（2007）『人口経済学』日経文庫．
門脇厚司（1999）『子どもの社会力』岩波新書．
加茂直樹（2010）『現代日本の家族と社会保障』世界思想社．
菊池いづみ（2010）『家族介護への現金支払い――高齢者介護政策の転換をめぐって』公職研．
経済企画庁国民生活局［編］（1999）『新国民生活指標：PLI (People's Life Indicators) 平成 11 年度』経済企画庁国民生活局．
経済企画庁経済研究所［編］（2000）『国民経済計算年報　平成 12 年版』大蔵省印刷局．
厚生省人口問題研究所［編］（1996）『現代日本の家族に関する意識と実態――第 1 回全国家庭動向調査（1993 年）』厚生統計協会．
国立社会保障・人口問題研究所［編］（2000；2008；2011）『人口統計資料集』（国立社会保障・人口問題研究所ホームページ）．
――（2003；2007）『現代日本の家族変動――全国家庭動向調査』（第 2 回；第 3 回）厚生統計協会．
駒村康平・渋谷孝人・浦田房良（2000）『年金と家計の経済分析』東洋経済新報社．
財務省財務総合政策研究所財政史室［編］（2003）『昭和財政史――昭和 49～63 年度　第 4 巻　租税』東洋経済新報社．
櫻井潤・井上洋一（2008）「介護保険」渋谷博史・根岸毅宏・木下武徳［編著］『社会保障と地域』（福祉国家と地域：第 4 巻，第 4 章）学文社．
佐藤進・宮島洋（1990）『戦後税制史』税務経理協会．

佐藤主光（2011）『地方税改革の経済学』日本経済新聞出版社．
自治大臣官房地域政策室編（1972；1998）『行政投資実績――都道府県別行政投資実績報告書』（昭和47年度；平成10年度）財団法人地方財務協会．
渋谷博史・根岸毅宏（2007）「医療保険と地域再分配――20世紀的な福祉国家の仕組み」渋谷博史・水野健二・櫻井潤［編著］『地域の医療と福祉』（福祉国家と地域：第3巻）学文社．
渋谷博史・根岸毅宏・木下武徳［編著］（2008）『社会保障と地域』（福祉国家と地域：第4巻）学文社．
白波瀬佐和子（2009）『日本の不平等を考える――少子高齢社会の国際比較』東京大学出版会．
菅谷章（1986）「ビスマルク社会保険成立への系譜」『東海大學紀要（政治経済学部）』第18巻，15-28頁．
総務省自治行政局過疎対策室（2010）「平成21年度版「過疎対策の現況」について（概要版）」総務省ホームページ（http://www.soumu.go.jp/main_content/000087817.pdf）．
総務庁統計局［編］（1997）『住民基本台帳人口移動報告総合報告書――昭和29年～平成7年』日本統計協会．
滝沢武久（1971）『知能指数――発達心理学からみたIQ』中公新書．
橘木俊詔（1998）『日本の経済格差――所得と資産から考える』岩波新書．
――（2000）『セーフティ・ネットの経済学』日本経済新聞社．
――（2005）『消費税15％による年金改革』東洋経済新報社．
――（2010）『無縁社会の正体――血縁・地縁・社縁はいかに崩壊したか』PHP研究所．
橘木俊詔・木村匡子（2008）『家族の経済学――お金と絆のせめぎあい』NTT出版．
橘木俊詔・八木匡（1994）「所得分配の現状と最近の推移――帰属家賃と株式のキャピタルゲイン」石川経夫［編］『日本の所得と富の分配』（第1章）東京大学出版会．
谷沢弘毅・南亮進（1993）「補論　第2次大戦直後における所得分布の平等化要因――高額所得者をめぐる環境変化とその評価」『経済研究』第44巻第4号，365-373頁．
男女共同参画会議（2006）「少子化と男女共同参画に関する社会環境の国内分析報告書」男女共同参画局ホームページ（http://www.gender.go.jp/danjo-kaigi/syosika/houkoku/index-kokunai.html）．
寺崎康博（1993）「日本における所得分布の計測」『日本統計学会誌』第22巻3号，599-612頁．

──(2000)「成人同居にみる世帯の生活保障機能」国立社会保障・人口問題研究所［編］『家族・世帯の変容と生活保障機能』（第3章）東京大学出版会.

田淵（2005）「ソーシャル・キャピタルが教育に与える影響」山内直人・伊吹英子［編］『日本のソーシャル・キャピタル』大阪大学大学院国際公共政策研究科NPO研究情報センター.

東京大学社会科学研究所［編］（1984）『福祉国家の形成』（福祉国家：第1巻）東京大学出版会.

内閣府（2003）『ソーシャル・キャピタル――豊かな人間関係と市民活動の好循環を求めて』内閣府ホームページ（https://www.npo-homepage.go.jp/data/report9_1.html）.

──（2007）『平成19年版国民生活白書――つながりが築く豊かな国民生活』内閣府ホームページ（http://www5.cao.go.jp/seikatsu/whitepaper/h19/10_pdf/01_honpen/index.html）.

──（2008）『平成20年版少子化社会白書』内閣府ホームページ（http://www8.cao.go.jp/shoushi/whitepaper/w-2008/20pdfhonpen/20honpen.html）.

──（2009）「平成19年度非営利サテライト勘定に関する調査研究報告書」『季刊国民経済計算』No.138.

内閣府経済社会総合研究所［編］（2004）「スウェーデンの家族と少子化対策への含意――「スウェーデン家庭生活調査」から」内閣府経済社会総合研究所研究会報告書等No.11（http://www.esri.go.jp/jp/archive/hou/hou020/hou11c.pdf）（http://www.esri.go.jp/jp/archive/hou/hou020/hou11d.pdf）.

中尾英俊（1965）『林野法の研究』勁草書房.

中川剛（1980）『町内会――日本人の自治感覚』中公新書.

中里幸聖（2007）「人口構造変化の地域間格差とその影響」『経営戦略研究』第13号, 34-43頁.

永瀬伸子・村尾祐美子（2005）「社会保障や税制等は家族・家族形成に影響を与えるか――日本の社会的保護の仕組みが持つ特定タイプの家族へのバイアス」『季刊社会保障研究』第41巻第2号, 137-149頁.

西川善介（1957）『林野所有の形成と村の構造――入会権の実証的研究』御茶の水書房.

野崎祐子（2006）「男女間賃金格差の要因分解――学歴別検証」『生活経済学研究』第22・23号, 151-166頁.

野々山久也［編］（2009）『論点ハンドブック家族社会学』世界思想社.

林健久・今井勝人・金澤史男［編］（2001）『日本財政要覧（第5版）』東京大学出版会.

原田敏丸 (1969)『近世入会制度解体過程の研究——山割制度の発生とその変質』塙書房.
樋口美雄・府川哲夫 [編] (2011)『ワーク・ライフ・バランスと家族形成——少子社会を変える働き方』東京大学出版会.
平田渉 (2011)「人口成長と経済成長——経済成長理論からのレッスン」日本銀行ワーキングペーパーシリーズ (No.11-J-5).
深谷昌弘 (1974；1975)「社会保障と家族規模 (I), (II)」『季刊社会保障研究』第10巻第2号・第3号.
藤田友敬 [編] (2008)『ソフトローの基礎理論』(中山信弘 [編集代表] ソフトロー研究叢書：第1巻) 有斐閣.
藤田菜々子 (2010)『ミュルダールの経済学——福祉国家から福祉世界へ』NTT 出版.
本間正義 (1995)「農業保護政策と弱者問題」八田達夫・八代尚宏 [編]『「弱者」保護政策の経済分析』(現代経済研究：第10巻) 日本経済新聞社.
松井彰彦 (2002)『慣習と規範の経済学——ゲーム理論からのメッセージ』東洋経済新報社.
溝口敏行 (1974)「戦後日本の所得分布と資産分布」『経済研究』第25巻第4号, 345-366頁.
溝口敏行・寺崎康博 (1995)「家計所得の分布変動の経済・社会および産業構造的要因——日本の経験」『経済研究』第46巻第1号, 59-77頁.
道中隆 (2009)『生活保護と日本型ワーキングプア——貧困の固定化と世代間継承』ミネルヴァ書房.
南亮進 (1996)『日本の経済発展と所得分布』岩波書店.
南亮進・小野旭 (1987)「戦前日本の所得分布——戸数割資料による山口県の分析」『経済研究』第38巻第4号, 333-352頁.
宮川公男・大守隆 [編] (2004)『ソーシャル・キャピタル——現代経済社会のガバナンスの基礎』東洋経済新報社.
宮島洋 (1992)『高齢化時代の社会経済学——家族・企業・政府』岩波書店.
八代尚宏 (1999)『少子・高齢化の経済学——市場重視の構造改革』東洋経済新報社.
柳川範之 (2000)『契約と組織の経済学』東洋経済新報社.
山内直人 (1997)『ノンプロフィット・エコノミー——NPOとフィランソロピーの経済学』日本評論社.
山重慎二 (1997)「現代社会における政府の役割」『一橋論叢』第117巻第4号, 21-36頁.
—— (1998)「家族および地域共同体の機能と政府の役割——日本型福祉社会の経済学的分析」『一橋論叢』第120巻第6号, 38-62頁.

―――(2000)「公平性の観点からの政策評価」『会計検査研究』第 22 号,33-45 頁.
―――(2001a)「日本の保育所政策の現状と課題――経済学的分析」『一橋論叢』125 巻第 6 号,633-650 頁.
―――(2001b)「日本の社会経済構造と税制――20 世紀の回顧と 21 世紀の展望」『一橋大学研究年報経済学研究』第 43 巻,171-244 頁.
―――(2002)「保育所充実政策の効果と費用――家族・政府・市場による保育サービス供給の分析」国立社会保障・人口問題研究所［編］『少子社会の子育て支援』(第 11 章) 東京大学出版会,241-264 頁.
―――(2005)「公共経済」武隈愼一［編著］,金子浩一・丹野忠晋・小川浩・原千秋・山重慎二［著］『入門ミクロ経済学』(第 6 章) ダイヤモンド社,218-258 頁.
―――(2006)「税制と社会保障制度の一体改革による格差問題への対応――均等化政策から潜在力支援型底上げ政策へ」貝塚啓明・財務省財務総合政策研究所［編著］『経済格差の研究――日本の分配構造を読み解く』(第 9 章) 中央経済社,245-284 頁.
―――(2007)「地方自治体の経営とガバナンス――夕張市を事例として」『経営戦略研究』第 13 号,44-56 頁.
―――(2008a)「少子高齢化・人口減少社会における財政負担――「投資としての子育て支援」の観点から」貝塚啓明・財務省財務総合政策研究所［編著］『人口減少社会の社会保障制度改革の研究』(第 6 章) 中央経済社.
―――(2008b)「地域社会の構造変化と政策的対応――活性化から調和社会の創造支援へ」樋口美雄・財務省財務総合政策研究所［編著］『人口減少社会の家族と地域――ワークライフバランス社会の実現のために』(第 12 章) 日本評論社.
―――(2009)「少子化対策の経済学――戦略的制度設計」『租税研究』第 715 号 (5 月号),5-41 頁.
―――(2010a)「地域経済と社会保障」宮島洋・西村周三・京極高宣［編］『財政と所得保障』(社会保障と経済:第 2 巻) 東京大学出版会,51-71 頁.
―――(2010b)「財政制度と地域経済――財政制度を通じた地方の疲弊と再生」『租税研究』728 号,56-88 頁.
―――(2011a)「少子化と税・社会保障制度の一体改革」『一橋経済学』第 5 巻第 1 号,51-74 頁.
―――(2011b)「公共部門のリスク・マネジメント――経済学の観点から」高橋滋・渡辺智之［編著］『リスク・マネジメントと公共政策――経済学・政治学・法律学による学際的研究』(第 1 章) 第一法規.
山重慎二・高畑純一郎 (2010)「年金制度と生活保護制度――高齢期の所得保障スキームの在り方をめぐって」『季刊社会保障研究』第 46 巻第 1 号,58-69 頁.

山田昌弘（2001）『家族というリスク』勁草書房.
勇上和史（2003）「日本の所得格差をどうみるか──格差拡大の要因をさぐる」『JIL労働政策レポート』vol. 3.
湯沢雍彦（1995）『図説家族問題の現在』NHK ブックス.
善積京子（2012）「スウェーデン家族の変遷──変わるパートナーと親子の関係」レングランド塚口淑子［編］『「スウェーデン・モデル」は有効か──持続可能な社会へむけて』（第 7 章）ノルディック出版.
吉田建夫（1993）「所得格差──税制の再分配機能を考える」小泉進・本間正明［編］『日本型市場システムの解明──日本経済の新しい見方』有斐閣.
吉原健二・和田勝（1999）『日本医療保険制度史』東洋経済新報社.
労働政策研究・研修機構（2010）「男女間賃金格差の経済分析」JILPT 資料シリーズ第 75 号.
渡辺洋三・北條浩［編］（1975）『林野入会と村落構造──北富士山麓の事例研究』東京大学出版会.

初出一覧

第Ⅰ部

山重慎二 (1997)「現代社会における政府の役割」『一橋論叢』第 117 巻第 4 号, 21-36 頁.

山重慎二 (1998)「家族および地域共同体の機能と政府の役割——日本型福祉社会の経済学的分析」『一橋論叢』第 120 巻第 6 号, 38-62 頁.

山重慎二 (2000)「公平性の観点からの政策評価」『会計検査研究』第 22 号, 33-45 頁.

山重慎二 (2001b)「日本の社会経済構造と税制——20 世紀の回顧と 21 世紀の展望」『一橋大学研究年報経済学研究』第 43 巻, 171-244 頁.

山重慎二 (2002)「保育所充実政策の効果と費用——家族・政府・市場による保育サービス供給の分析」国立社会保障・人口問題研究所［編］『少子社会の子育て支援』(第 11 章) 東京大学出版会, 241-264 頁.

山重慎二 (2005)「公共経済」武隈慎一［編著］, 金子浩一・丹野忠晋・小川浩・原千秋・山重慎二［著］『入門ミクロ経済学』(第 6 章) ダイヤモンド社, 218-258 頁.

山重慎二 (2011b)「公共部門のリスク・マネジメント——経済学の観点から」高橋滋・渡辺智之［編著］『リスク・マネジメントと公共政策——経済学・政治学・法律学による学際的研究』(第 1 章), 第一法規, 1-19 頁.

第Ⅱ部

一橋大学経済学部における講義（公共政策論）の講義ノート

第Ⅲ部

山重慎二 (2001a)「日本の保育所政策の現状と課題——経済学的分析」『一橋論叢』125 巻第 6 号, 633-650 頁.

山重慎二 (2006)「税制と社会保障制度の一体改革による格差問題への対応——均等化政策から潜在力支援型底上げ政策へ」貝塚啓明・財務省財務総合政策研究所［編著］『経済格差の研究——日本の分配構造を読み解く』(第 9 章) 中央経済社, 245-284 頁.

山重慎二 (2007)「地方自治体の経営とガバナンス——夕張市を事例として」『経営戦略研究』第 13 号, 44-56 頁.

山重慎二（2008a）「少子高齢化・人口減少社会における財政負担——「投資としての子育て支援」の観点から」貝塚啓明・財務省財務総合政策研究所［編著］『人口減少社会の社会保障制度改革の研究』（第6章）中央経済社.

山重慎二（2008b）「地域社会の構造変化と政策的対応——活性化から調和社会の創造支援へ」樋口美雄・財務省財務総合政策研究所［編著］『人口減少社会の家族と地域——ワークライフバランス社会の実現のために』（第12章）日本評論社.

山重慎二（2009）「少子化対策の経済学——戦略的制度設計」『租税研究』第715号（5月号），5-41頁.

山重慎二（2010a）「地域経済と社会保障」宮島洋・西村周三・京極髙宣［編］『財政と所得保障』（社会保障と経済：第2巻）東京大学出版会，51-71頁.

山重慎二（2010b）「財政制度と地域経済——財政制度を通じた地方の疲弊と再生」『租税研究』728号，56-88頁.

山重慎二（2011a）「少子化と税・社会保障制度の一体改革」『一橋経済学』第5巻第1号，51-74頁.

以上をベースとして，大幅な加筆・修正を行った.

索　引

数学記号

∈　65
≡　93
max　61
$\bar{R}^2$　15
s. t. (subject to)　61

数字・アルファベット

1973年　9, 11, 51, 53, 193
1階条件　62, 64, 73
1階微分　64
2階条件　62, 65
2階微分　64
Cobb-Douglas　98
NPO　17, 163
Old-Age Security Hypothesis　91, 131
replicator dynamics　155, 158
Rotten-Kid Theorem　115, 125, 134

ア　行

愛　134, 276
愛情　113, 275
愛着　248, 269
足による投票　248
新しい共同体　→共同体
安定均衡　155, 156
家（イエ）　13, 194
育児　90
　——休業　204, 205, 208, 276, 277, 281
　——サービス　201
　——財　91, 96
　——財価格　101

遺産　113
いじめ　151, 178
逸脱者　154
遺伝子　89, 90, 113, 137
移動　47, 181, 246, 255
移民　176, 212, 235
入会地　47, 151
医療
　——サービス　258, 259
　——費　13, 228, 258
　——保険　258
　不採算——　256, 257
　老人——費　51, 177
インセンティブ　35, 73, 115, 129, 228, 232, 237
インターネット　186, 283
後ろ向きに解く　74, 75, 123
運　218
　幸——　218
　不——　215, 216, 218
営利企業（形態）　162, 165, 166
大きな政府　→政府
掟　150, 151
脅し　75
　空——　75, 120
　信用できる——　75, 120
親子　113

カ　行

介護　53, 125
　——サービス　193
会社　37, 162
外部性　31, 39, 43, 83, 95, 132, 148, 165, 249

核家族 →家族
格差
　経済―― 177
　所得―― 216, 221
　生活―― 216, 217, 221
　地域―― 245, 250
家事サービス 192
貸付 238, 240
過小投資 105
課税 85
過疎 19, 21, 83, 249, 255
　――対策 21, 252, 253
　――地域 245, 251, 261
家族 3, 13, 45
　核―― 46
　――形成 89, 190
　――の機能 37
価値観 195, 281-283
学校 164, 165, 184, 265, 267
活性化 247, 254
家庭内生産 38
ガバナンス 35, 170, 252
寡夫控除 224, 237
寡婦控除 224, 237
神 84, 191
過密 19, 249, 255
空脅し →脅し
関係特殊的 104, 282
監視 35, 138, 153, 161, 228
寛容 158
機会の平等 34, 65, 217, 225, 246, 280
機会費用 61, 92, 93, 181
危険愛好 66
危険回避 66, 218
基準財政収入 262-264
基準財政需要 262-264
基礎自治体 245, 254, 257, 263, 265, 270
基礎年金 234, 235
期待効用仮説 67

規範 13, 27, 47, 114, 130, 137, 149, 161, 172, 274
　――意識 53, 149, 250
寄付 146, 164, 168, 170, 179
　――ゲーム →ゲーム
規模の経済性 31, 256, 265, 270
基本的人権 33, 34
逆選択 32, 68
救済 21, 76, 216
　――的 55, 246, 252
給付付き税額控除 236
教育 84, 95, 107, 178, 184, 219, 224, 239, 262, 265, 269, 277
　――投資 38, 194, 222, 224, 278
共助 274
兄弟 113
協働 241, 266
共同体 3, 13
　新しい―― 17, 37, 161, 162
　――の機能 37
　――の失敗 40, 274, 275
　――の弱体化 42, 45, 48
　地域―― 15, 48, 267
　地域――の機能 39
　伝統的―― 17, 37, 137, 150, 162, 239
共有知識 118, 150
共有地の悲劇 81, 152, 196
協力者 154
均等化 225, 229, 230, 235
国の役割 233, 256
クラウディング・アウト 45, 142, 145, 160, 170, 220
　――命題 44, 143, 203
クラウディング・イン 146
繰り返しゲーム →ゲーム
グローバル化 18, 222, 225, 229, 269
経済格差 →格差
経済成長 18, 175-177, 199, 248
契約の不完備性 32, 33
ケース・ワーカー 241

索　引——305

ゲーム
　　寄付——　70
　　繰り返し——　77
　　——の木　74
　　——理論　2, 70
　　進化——　154, 158, 159
　　逐次手番——　73
　　同時手番——　70
　　部分——完全均衡　75, 78, 79
　　無限繰り返し——　77, 149
結婚　37, 89, 103, 191, 225
　　——資産　103
限界効用　60, 67
限界集落　245
限界生産性　103
限界税率　228, 237, 240
限界代替率　63, 93, 96, 98, 140
限界的　60
限界変形率　140
現金給付　55, 210, 278
権限委譲　254, 265
健康　178
健全化法　252
現物給付　55, 167, 203, 238, 278
公共財　44, 138, 161, 180
　　——の自発的供給　138, 140, 145, 179
公共性　35
公共選択　36
公共投資　245, 251
合計特殊出生率　→出生率
公債　10, 251
公助　274
交渉　83
　　——決裂　80
交渉費用（取引費用）　40, 43, 44, 83, 108, 138, 172
厚生経済学の第1命題　30, 85
厚生経済学の第2命題　33
公的年金　126, 134, 226
公的扶養　→扶養

交付金　20, 82, 257, 262, 263
幸福　216, 217
高福祉・高負担　160, 275
公平性　33, 229, 280
公平なくじ　66
効用　60
　　——関数　60
　　——最大化　60, 63
　　——フロンティア　80
効率性　30, 43
　　パレート——　43, 85
公立病院　257, 261
高齢化　23, 24, 189, 221
　　——率　7
高齢者　13, 50, 51, 221
コースの定理　43, 83
国民健康保険　256, 257
国民負担率　235
互酬性　40
子育て支援　134, 189, 197, 200, 212, 277
国庫支出金　262
子ども手当　210, 211
子供
　　——の数　95, 107, 127, 133
　　——の質　95, 107
　　——の貧困　223, 239, 278
コミットメント　75, 120
　　——・ディバイス　75, 121
雇用　176, 259
婚姻率　11, 12
婚外子　109, 110
コンパクト　255, 261

サ　行

財源委譲　254
再建法　252
財産権　31
最大化　61
最適戦略　→戦略
再分配　23, 24, 144, 226, 231

差別　224
サマリア人のジレンマ　76, 125, 215, 242
サミュエルソン条件　139
3世代世帯　14, 15
サンボ制度　110
時間　61, 96
シグナル　22, 217, 247
事後的贈与　→贈与
自殺　178
自助　274
市場
　——経済の浸透　42, 45, 161, 190, 273, 276
　——の機能　30
　——の欠如　85
　——の失敗　30, 275
　——の創設　85
事前的贈与　→贈与
失業　49, 50, 176
しつけ　222
実証研究(分析)　110, 121, 146, 175, 183, 194, 199, 202
しっぺ返し戦略　→戦略
私的扶養　→扶養
児童手当　92, 99, 101, 132, 134, 197, 201, 210, 231, 237
児童扶養手当　108, 224, 237
ジニ係数　22, 23
支配戦略　→戦略
自発的制裁　→制裁
資本　134, 173, 212
　——市場　38, 126, 129, 135
　社会——　22, 251
　社会関係——　22, 172, 251
　人的——　95, 177, 180, 218, 273
姉妹　113
社会　4
　——関係資本　→資本
　——規範　84, 147, 148, 150, 153
　——契約　34

　——政策　54, 232, 273, 276
　——選択　36
　——的乗数　→乗数
　——的制裁　→制裁
　——的責任　283
　——的報酬　154
社会保険　7, 50, 220
　——料　235, 279
社会保障　27, 50, 82, 135
　——制度改革　233
　——制度の充実　53, 190, 250, 273
宗教　37, 84, 149, 184, 216
終身雇用　223, 234
囚人のジレンマ　72, 81, 158
就労　184
出産　90, 191
出生率　11, 189, 195, 201
　合計特殊——　11, 12
少子化　7, 82, 189, 261
乗数
　社会的——　183
　——効果　182, 183
消費税　230, 232, 236, 279
消費的　21, 55
　——動機　90, 92
上品　158
情報　32, 165
　——の非対称性　32, 69, 122
　——の不完備性　32, 176
初期賦存　33, 217, 218
所得
　——移転　127
　——格差　→格差
　——効果　64, 101, 201
　——分配　22
　不労——　62, 91, 101
所有権　47, 170
自立　240, 270
進化　153, 155
　——ゲーム　→ゲーム
シングル・マザー　223, 234

人口
　　——移動　　18, 53, 248, 249
　　——減少　　189
　　日本の——　　7, 26, 280
人的支援　　240, 241
人的資本　→資本
信用できる脅し　→脅し
信頼　　162, 172, 276
心理的制裁　→制裁
診療報酬　　256
生活格差　→格差
生活弱者　　217, 229, 234
生活保護　　25, 26, 221, 226, 227, 236, 240
制裁　　39, 79, 84, 129, 137, 149
　　自発的——　　154
　　社会的——　　147, 153, 154, 161
　　心理的——　　84, 149
　　法的——　　131, 154
制裁者　　154
税収中立的　　102
正常財　　64, 139
税制改革　　24, 236
制度　　29
政府　　179
　　大きな——　　143
　　——の機能　　34
　　——の失敗　　35
　　小さな——　　143
税方式　　235, 279
セーフティ・ネット　　27, 227, 241
セーフティ・ネットワーク　　241
世代間移転のルール　　129, 130
世代間扶養　→扶養
世帯規模　　23, 24
専業主婦　　104, 204, 234, 281
選好　　36, 65, 76
潜在力　　56, 216, 229, 238, 246, 268, 270, 276
　　——支援　　230, 235, 277
　　——支援型底上げ政策　　229, 243

選択集合　　34, 65, 246
羨望のない配分　　34, 65
戦略　　71
　　最適——　　72
　　しっぺ返し——　　77, 79, 158
　　支配——　　71
　　——的遺産　　120
　　——的行動　　118
　　トリガー——　　77, 150
相互依存関係　　4, 29, 41, 54, 59
相互最適性　　73
相互扶助　　13, 17, 42, 81, 137, 159, 273
贈与　　113, 122
　　事後的——　　124
　　事前的——　　122
ソーシャル・キャピタル　　16, 17, 162, 171, 172, 186, 249, 267
ソーシャル・ネットワーク　　186, 283
租税競争　　249
ソフトな予算制約　　76, 252, 279

タ 行

待機児童　　194, 204, 207, 208-210
代替効果　　64, 101
ダグラス＝有沢の法則　　101
ただ乗り　　31, 40, 80, 81, 132, 137, 196, 263, 270
地域格差　→格差
地域間移動　　184
地域間再分配　　20, 259
地域共同体　→共同体
小さな政府　→政府
知恵　　282, 283
逐次手番ゲーム　→ゲーム
地方交付税交付金　→交付金
地方政府の役割　　238, 266
地方分権　　254, 264, 270
中立性命題　　45, 144
長期的関係　　18, 84, 149, 153
長時間労働　　94

町内会　15, 17, 39, 175
調和社会の創造支援　247, 254
貯蓄　125, 134
賃金率　93, 101
定常状態　155, 182
できちゃった婚　109
伝統的共同体　→共同体
同居　15, 193, 202, 204
　——率　13, 24, 45, 222
等高線　63
投資　103, 107, 174, 180, 189, 273
　——的　21, 55
　——的動機　90, 92
同時手番ゲーム　→ゲーム
道州　265, 271
淘汰　137, 157
動物社会　159
特権　167
共稼ぎ　14, 15, 282
トリガー戦略　→戦略
取引費用　→交渉費用
努力　76, 82, 122, 125, 215, 218, 228

ナ　行

内部化　134, 148
ナッシュ均衡　72, 79, 105
ナッシュ交渉解　80, 104
日本の人口　→人口
認可保育所　→保育
認証保育所　→保育
ネット・コミュニティ　186, 283
ネットワーク　13, 37, 162, 172, 186, 219, 249, 268

ハ　行

派生効果　42, 52
罰則　83
パレート効率的　30
反応関数　119
非営利制約　164

非営利組織（形態）　146, 162, 163, 166, 233, 239, 266
比較優位　281
ピグー税・補助金　85, 211
ビスマルク　7, 50, 131
非正規　177, 222, 223, 233
一人っ子　121
微分　60, 62
病院　164, 165, 171
貧困　25, 49, 66, 223, 224
品質　167
フィランソロピー　164
不確実性　66
賦課方式年金　31, 82, 131, 196, 199
不完全競争　30
不完全な保険　69
不完備契約　40, 83, 103, 106, 111
不完備情報　32, 40
副作用　197
福祉元年　9, 11, 51, 53, 250
福祉国家　48
不幸　216
不採算医療　→医療
不純な利他心　→利他
負の所得税　236
部分ゲーム完全均衡　→ゲーム
扶養　114, 125, 250
　公的——　126, 131, 135
　私的——　126, 128
　世代間——　135
　——義務　130, 240, 241
　——控除　210, 231, 237
ブリッジング型　174, 175, 178, 179
不労所得　→所得
閉鎖性　41, 249
偏微分　60
保育
　——行政　205
　——サービス　193, 239, 277
　——サービス利用補助　201, 208
　——料　207

索引──309

保育所　202, 204, 239
　　認可──所　207, 208
　　認証──所　208
法的契約　83, 148
法的制裁　→制裁
ホールドアップ問題　106
保険　38, 39, 67, 68, 193, 219, 220
　　──料　67, 256
母子世帯　109, 224, 228, 234
補助　132
　　──金　21, 85, 261
ボランティア　142, 164, 179, 267
ボンディング型　174, 175, 178, 179, 186

マ 行

マッチング　111
未加入・未納　226, 232, 279
ミュルダール　54, 189, 273, 280
民営化　266
民主主義　35, 36, 163
民生委員　241
無限繰り返しゲーム　→ゲーム
無差別曲線　63
村八分　39, 47, 149, 152
モラル　84, 149
　　──・ハザード問題　69, 77, 125, 216, 256

ヤ 行

役割分担　41, 57, 281
夕張市　21, 252
歪み　133, 134, 189, 234
雪だるま式拡大　41, 42
許すということ　80, 158
養育費　240, 241
予算集合　34, 65
予算制約　61

予防的　55
　　──・投資的社会政策　55, 189, 216, 229, 246, 254, 270, 276

ラ 行

ラグランジュ関数　61
ラグランジュ乗数　62, 92
利己心　114
離婚　89, 103, 225
　　──確率　107
　　──法制　103, 111
　　──率　12, 13
リスク　38, 66
　　──・シェアリング　68, 218, 219
　　──・プーリング　68, 218
　　──・プレミアム　67
　　──・マネジメント　219, 225
利他
　　不純な──心　146
　　──主義　117
　　──心　113, 114, 138
　　──的　161
利得表　71
流動性制約　211, 238, 240
累進性　230, 231
連携　162, 238, 240, 266
老人医療費　→医療
労働参加　56, 95, 194, 195, 200, 282
　　──支援　278
労働力不足　282
ロボット　212, 213

ワ 行

ワーキング・プア　25, 222, 261
ワーク・ライフ・バランス　94
割引因子　78
割引現在価値　78

著者略歴

1962 年，鹿児島県生まれ．1985 年，一橋大学経済学部卒業．1988 年，ジョンズ・ホプキンス大学に留学．1992 年，同大学経済学研究科より博士号（Ph. D. in Economics）を取得．トロント大学経済学部助教授を経て，1996 年，一橋大学経済学部に着任．現在，一橋大学大学院経済学研究科および国際・公共政策大学院准教授．

主要著書・論文

Large Games and Large Economies with Incomplete Information（博士論文，1992 年）．『昭和財政史：第 4 巻租税』（田近栄治氏との共著，財務省財務総合政策研究所財政史室編，東洋経済新報社，2003 年）．『日本の交通ネットワーク』（大和総研経営戦略研究所との共同編著，中央経済社，2007 年，第 33 回交通図書賞）．"The Nonexistence of Symmetric Equilibria in Anonymous Games with Compact Action Space," *Journal of Mathematical Economics*, vol. 24, pp. 331-346（共著，1995 年）．"Decentralization and Economic Development: An Evolutionary Approach," *Journal of Public Economic Theory*, vol. 7, pp. 497-520（共著，2005 年）など．

家族と社会の経済分析
日本社会の変容と政策的対応

2013 年 3 月 27 日　初　版
2014 年 7 月 31 日　第 2 刷

　　　　［検印廃止］

著　者　山重慎二
　　　　やま しげ しん じ

発行所　一般財団法人　東京大学出版会
　　　　代表者　渡辺　浩
　　　　153-0041　東京都目黒区駒場 4-5-29
　　　　http://www.utp.or.jp/
　　　　電話 03-6407-1069　Fax 03-6407-1991
　　　　振替 00160-6-59964

印刷所　新日本印刷株式会社
製本所　誠製本株式会社

©2013 Shinji YAMASHIGE
ISBN 978-4-13-046108-5　Printed in Japan

JCOPY 〈(社)出版者著作権管理機構　委託出版物〉
本書の無断複写は著作権法上での例外を除き禁じられています．複写される場合は，そのつど事前に，(社)出版者著作権管理機構（電話 03-3513-6969, FAX 03-3513-6979, e-mail: info@jcopy.or.jp）の許諾を得てください．

社会保障と経済　全3巻
宮島　洋・西村周三・京極髙宣　編

1	企　業　と　労　働	4200 円
2	財　政　と　所　得　保　障	4200 円
3	社　会　サ　ー　ビ　ス　と　地　域	4200 円

阿部・國枝 鈴木・林　著	生活保護の経済分析	3800 円
国立社会保障・ 人口問題研究所　編	社会保障財源の効果分析	4800 円
国立社会保障・ 人口問題研究所　編	社会保障財源の制度分析	4800 円
国立社会保障・ 人口問題研究所　編	社会保障の計量モデル分析 これからの年金・医療・介護	6800 円
井堀利宏 金子能宏 野口晴子　編	新たなリスクと社会保障 生涯を通じた支援策の構築	4200 円
橘木俊詔 高畑雄嗣　著	働くための社会制度	2800 円
橘木俊詔　編	政府の大きさと社会保障制度 国民の受益・負担からみた分析と提言	3800 円
橘木俊詔 浦川邦夫　著	日本の貧困研究	3200 円

ここに表示された価格は本体価格です．ご購入の
際には消費税が加算されますのでご了承下さい．